Susanne Sporrer
Klaus Heymach

said heißt
glücklich

Susanne Sporrer
Klaus Heymach

said heißt glücklich

Unser Jahr im Jemen

Mit 16 Seiten Bildteil und einer Karte

MALIK   NATIONAL GEOGRAPHIC

Mehr über unsere Autoren und Bücher:
www.malik.de

Manche Namen und weitere Charakteristika realer Personen wurden
zu ihrem Schutz geändert. Die deutsche Erstausgabe erschien 2008
unter dem Titel »POST BOX SANAA. Ein Jahr im Jemen«.

Bibliografische Information der Deutschen Nationalbibliothek
Die Deutsche Nationalbibliothek verzeichnet diese Publikation in der
Deutschen Nationalbibliografie; detaillierte bibliografische Daten
sind im Internet über http://dnb.d-nb.de abrufbar.

MALIK NATIONAL GEOGRAPHIC

Erweiterte Taschenbuchausgabe
August 2010
© Piper Verlag GmbH, München 2008 und 2010
Redaktion: Tamara Trautner, Berlin
Umschlaggestaltung: Dorkenwald Grafik-Design, München
Umschlagfotos: Steve Casimiro/Riser/Getty images (vorne),
Petra Dorkenwald (hinten links), Hugh Sitton/Corbis (hinten rechts)
Innenteilfotos: Klaus Heymach
Karte: Eckehard Radehose, Schliersee
Satz: Büro Sieveking, München
Papier: Naturoffset ECF
Druck und Bindung: CPI – Clausen & Bosse, Leck
Printed in Germany   ISBN 978-3-492-40388-7

Das Papier wurde aus chlorfrei gebleichtem Zellstoff hergestellt.

Inhalt

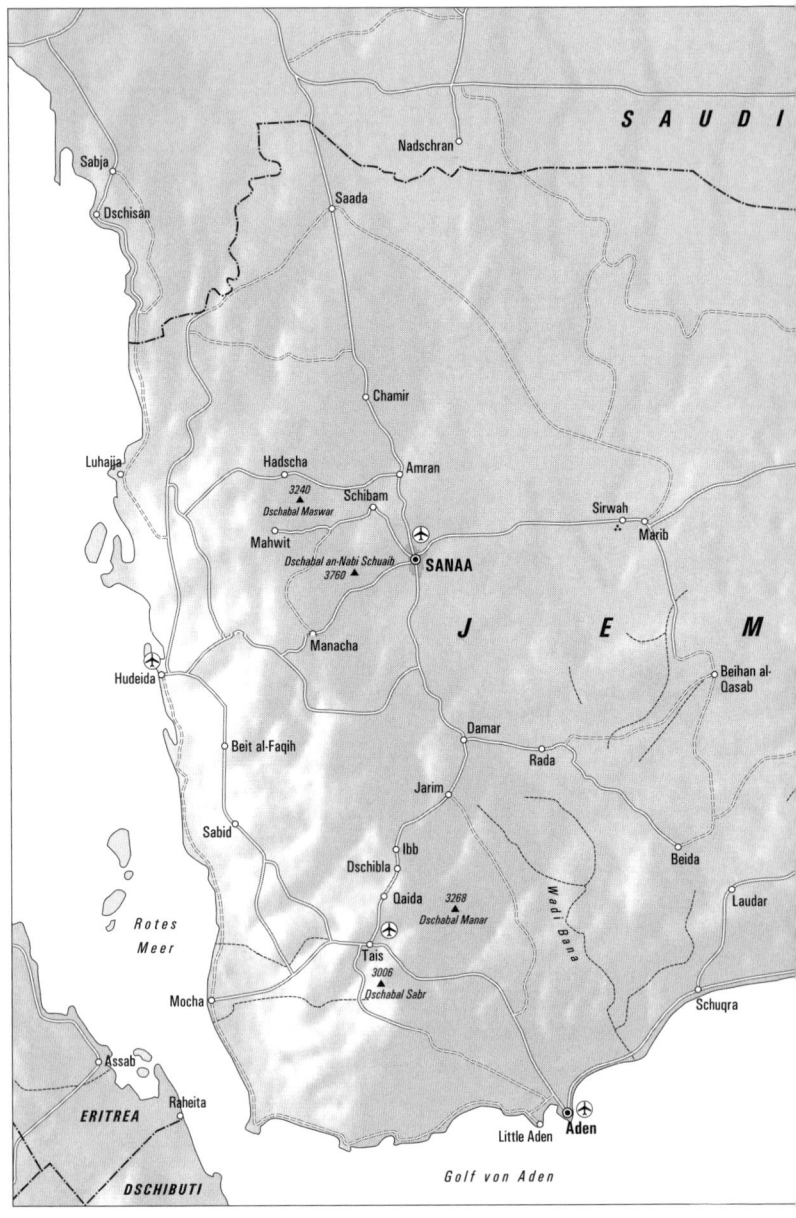

SAUDI

Sabja

Dschisan

Nadschran

Saada

Chamir

Luhajja

Hadscha
3240
▲
Dschabal Maswar

Amran

Schibam

Sirwah

Marib

Mahwit

Dschabal an-Nabi Schuaib
3760 ▲

SANAA

J   E   M

Manacha

Hudeida

Beihan al-
Qasab

Damar

Beit al-Faqih

Rada

Jarim

Sabid

Ibb

Dschibla

Beida

Qaida
3268
▲
Dschabal Manar

Laudar

Rotes
Meer

Tais
3006
▲
Dschabal Sabr

Mocha

Schuqra

Assab

Raheita

ERITREA

Little Aden   Aden

DSCHIBUTI

Golf von Aden

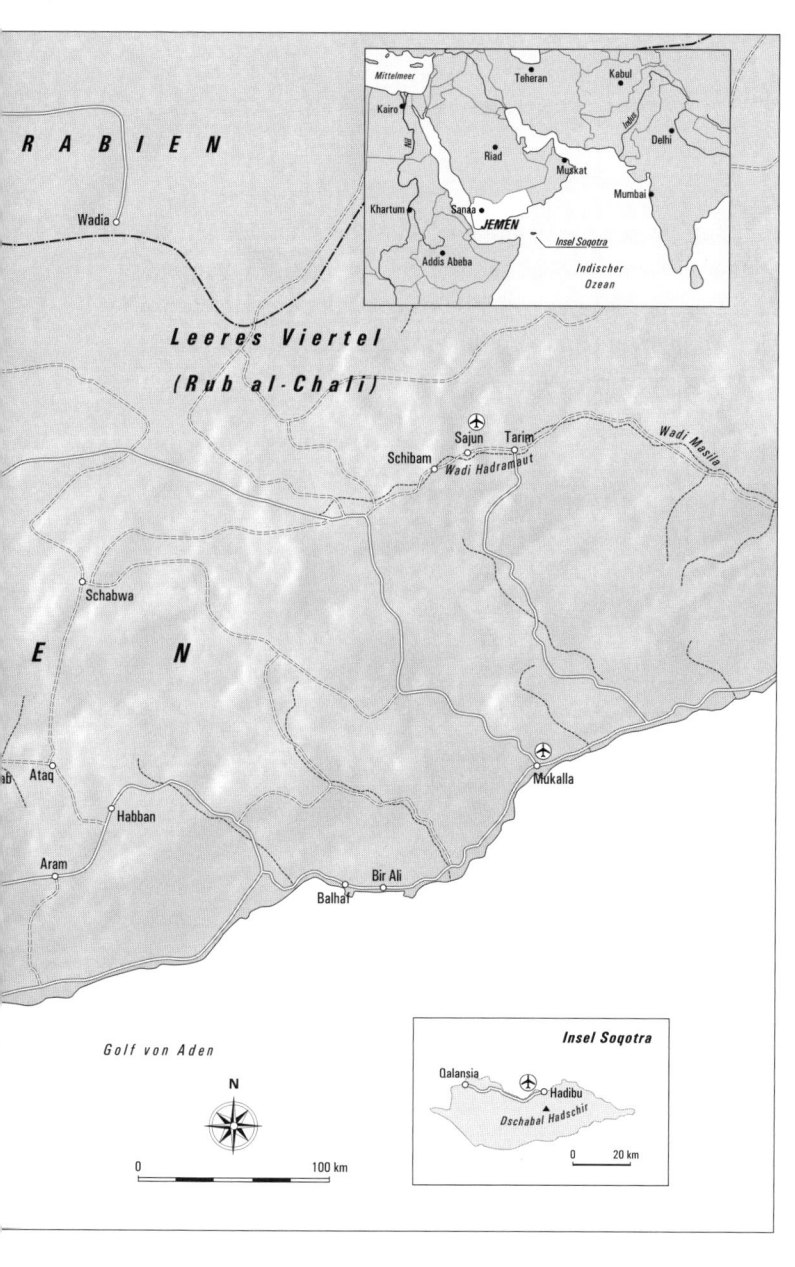

R A B I E N

Wadia

Leeres Viertel

(Rub al-Chali)

Sajun ✈ Tarim
Schibam *Wadi Hadramaut* *Wadi Masila*

Schabwa

E   N

ab Ataq

Habban

Aram

Bir Ali
Balhaf

Golf von Aden

N

0   100 km

Mittelmeer   Teheran   Kabul

Kairo

Riad   Delhi

Muskat

Mumbai

Khartum   Sanaa *JEMEN*

Addis Abeba   *Insel Soqotra*

Indischer Ozean

Insel Soqotra

Qalansia ✈ Hadibu

Oschabal Hadschir

0   20 km

Im Sinne besserer Lesbarkeit haben wir uns für eine vereinfachte Umschrift arabischer Namen und Begriffe entschieden. Die Transkription orientiert sich an der Aussprache und lässt Sonderlaute und Regeln der arabischen Pluralbildung weitgehend außer Acht.

Fasulia

»As-salam aleikum« – »Der Friede sei mit euch«. Die ersten arabischen Worte auf jemenitischem Boden zeigen Wirkung, der Grenzbeamte hinter dem grell orangefarbenen Passschalter am Flughafen von Sanaa lächelt.

Sein Kollege nicht. *»Come!«*, befiehlt er. Beide Pässe in der Hand, umkreist er unser Gepäck, markiert den Koffer und die beiden Rucksäcke mit weißen Kreidekringeln. Dann winkt er uns in ein fensterloses Büro. An der Tür hängt ein Schild »Rauchen verboten«, drinnen an der Wand ein Porträt des Präsidenten. Darunter lehnt sich ein massiger Mann in dunkelblauer Uniform in seinem Ledersessel zurück, sein hellblaues Hemd spannt über dem prallen runden Bauch. Er zündet sich eine Zigarette an, streicht seinen schwarz glänzenden Schnauzbart glatt, schweigt. Abwechselnd blickt er uns in die Augen, blättert in den Pässen, schüttelt den Kopf, murmelt etwas in Richtung seiner Kollegen, die im Nebenraum rauchend auf dem Boden sitzen. Wieder nimmt er die weinroten Dokumente mit dem goldenen Bundesadler zur Hand, der behaarte Zeigefinger fährt über die Seite mit dem Visum der jemenitischen Botschaft in Berlin. Der schwere Kopf hebt sich, die dunklen Augen fixieren uns erneut. *»What do you want in Yemen?«*, fragt er, jedes Wort betonend. Ich zeige ihm unser Arabischlehrbuch. Von den Gründen, die uns hierherführten, scheint der Wunsch, die Sprache zu lernen, der unverfänglichste.

Vor der Bürotür wartet der Beamte mit der Kreide fürs Gepäck. Ein Kringel bedeutet Öffnen, Durchsuchen, Inspizieren. *»Open«*, sagt der Beamte, nachdem er den Koffer auf einen Tisch gewuchtet hat. Er packt den Laptop aus, den kleinen Fotoapparat und die große Kamera. »*What's this?*«, fragt er und hält ein Mikrofon in die Höhe. »*What's that?*«, will er wissen, als er das Aufnahmegerät aus seiner Hülle gefingert hat. »*For music*«, sagen wir, der Einfachheit halber. Endlich erhalten wir unsere Pässe zurück und dürfen den Flughafen verlassen.

Als Koffer und Rucksäcke im Taxi verstaut sind, öffnet ein junger Mann mit einer Sporttasche in der Hand die Beifahrertür und steigt einfach ein. »Ich fahre mit, wir teilen uns den Fahrpreis«, sagt er und schickt ein Lächeln zu uns nach hinten auf die Rückbank. Emad kommt aus Mukalla an der Südküste, er spricht Englisch und hat als Ingenieur geschäftlich in Sanaa zu tun. »Was, ihr bleibt nur ein Jahr im Jemen? Ein Jahr, das ist doch viel zu kurz! Ihr werdet sehen, es vergeht wie ein Augenzwinkern!«

Auf dem Weg in die Altstadt bleibt das Taxi in einer engen Gasse stecken. Die letzten Meter gehen wir zu Fuß. Kein Mensch ist auf der Straße, die Haustüren sind verschlossen. Um an den Stein- und Ziegelmauern ganz nach oben zu blicken, muss ich den Kopf weit in den Nacken legen. Dort, wo sich die Gasse zu einem kleinen Platz erweitert, sollen wir an dem großen braunen Eisentor mit dem gelben Schild klopfen. So hat es ein marokkanischer Freund von Deutschland aus für uns vereinbart.

Ein Mann im Wickelrock öffnet uns das Tor. »*As-salam aleikum!*« Was er sonst noch sagt, verstehen wir nicht, bloß dass er Ahmed heißt. Ahmed schultert unsere schweren Rucksäcke und geht in seinen braunen Schlappen voran. Am Eingang zum Treppenhaus stoße ich mir den Kopf. Es ist niedrig, wie für Kinder gebaut. Die Steinstufen dagegen scheinen für Riesen konzipiert. Jeder Schritt nach oben kostet Kraft, ich spreize die Arme zwischen die kühlen weiß gekalkten Wände und ziehe mich Stufe für Stufe nach oben, erschöpft von der Reise, atemlos in der dünnen Höhenluft von Sanaa.

Und so unachtsam, dass mein Kopf in jeder Etage aufs Neue die Decke rammt, zum letzten Mal ganz oben im sechsten Stock, beim Schritt auf die Dachterrasse.

Wir klammern uns an die weißen Bögen, die die Terrassenbrüstung bilden. Unter uns liegt eine steinerne Landschaft in Brauntönen, verziert mit Gips. Dicht an dicht drängen sich die Häusertürme, bis zu den braunen kahlen Bergen, die ihnen Einhalt gebieten. Minarette recken sich empor, weiß strahlt die Kuppel einer Moschee. Auf den flachen Dächern rundherum rosten Satellitenschüsseln, Wäsche trocknet in der Nachmittagssonne, Tauben rasten. Nur Menschen sind nicht zu sehen, weder auf noch in den Häusern, Vorhänge versperren den Blick hinein. Aus der Ferne dringt gedämpft Autolärm herauf.

Ahmed winkt uns zurück ins Haus. Wir sollen den *mafradsch* bewohnen, das Zimmer neben der Dachterrasse. Bis wir ein eigenes Haus gefunden haben, soll dieser Raum für uns Schlaf-, Wohn- und Arbeitszimmer sein. Ahmed sagt etwas, lächelt und lässt uns allein in unserem neuen Zuhause.

Schwere, mit schwarz-beige geblümtem Stoff bezogene Polster formen ein U auf dem Boden, an den Wänden lehnen mit Stroh gestopfte Kissen, in der Mitte liegt ein in Neonfarben gestreifter Teppich. Kein Bett, kein Stuhl, kein Tisch, kein Schrank. Im winzigen Bad nebenan dient die im Boden eingelassene Toilettenschüssel gleichzeitig als Duschwanne.

Wir setzen uns auf die Polster, die Fenster zu allen vier Seiten sind so niedrig, dass wir in dieser Position nach draußen blicken können, auf die Dächer, in den Himmel. Die Beine schmerzen, stundenlang waren sie eingeklemmt zwischen engen Sitzreihen auf dem Weg von Frankfurt nach Bahrain, von Bahrain nach Abu Dhabi, von Abu Dhabi hierher nach Sanaa. Wir sind angekommen! Nach Monaten der Vorbereitung, nach eineinhalb Tagen Reise. Aber statt

Euphorie spüre ich nur Erschöpfung. An der Zimmerdecke krabbelt eine Spinne, groß wie eine Kinderhand.

Wir beginnen auszupacken. 20 Kilo Gepäck pro Person hat uns Gulf Air zugestanden, 40 Kilo Besitz für ein Jahr in der Fremde. Klaus holt seinen MP3-Player aus dem Rucksack, sein wertvollstes Mitbringsel von zu Hause. Über Wochen hat er Hunderte CDs daraufkopiert, um im Jemen nicht auf Bach, Miles Davis und Die Sterne verzichten zu müssen. Auch eine Mundharmonika und eine Maultrommel haben wir dabei – Hausmusik im *mafradsch* statt Konzerten in der Berliner Philharmonie.

Ein Fenstersims wird unser Regal. Einen Koran auf Deutsch haben wir mitgebracht, noch ungelesen, ein Tütchen Samen für japanischen Zierhopfen, meine Oma hat mir eine Weihnachtskrippe in einem Spanschächtelchen mitgegeben, in einem dicken Umschlag stecken Fotos.

Ich habe weniger zum Anziehen dabei als für zwei Wochen Urlaub an der Ostsee. Ganze vier leichte, aber langärmelige, weite und hochgeschlossene Kleider habe ich im Wintersortiment der Berliner Läden auftreiben können. Immer wieder stand ich zu Hause vor dem Spiegel und versuchte, Tücher möglichst elegant um Kopf und Haare zu binden. Hier gibt es keinen Spiegel, die Digitalkamera dokumentiert meine Verwandlung: schwarze Schlabberhose, schwarzer Kittel, schwarzes Kopftuch, nur im Gesicht und an Händen und Füßen ist Haut zu sehen.

Es klopft an der Zimmertür. »Hello, welcome to Yemen, I'm Kamal.« Kamal ist ein großer runder Mann im schwarzen Anzug. Er setzt sich zu uns auf den Boden und zieht einen Mietvertrag aus der Aktentasche. »Es ist eine große Ehre, dass ihr den *mafradsch* bewohnen dürft«, sagt er. Noch nie zuvor habe der Hausbesitzer diesen Raum vermietet, in dem er normalerweise seine Gäste empfängt. »Aber hier gibt es keine Möbel, wo sollen wir arbeiten?«, wendet Klaus ein. »So ist das im Jemen«, sagt Kamal und schiebt uns den Vertrag zum Unterschreiben hin. Wir besprechen uns auf Deutsch: undenkbar, länger als eine Woche hier zu wohnen. Aber Kamal lässt nicht mit sich reden: »Minimum vier Wochen, 200 Dollar pro Monat.« Wir unterschreiben und bezahlen, Kamal ist zufrieden. »*Welcome to Yemen*«, sagt er und schließt die Tür hinter sich.

Vor den Fenstern dämmert es. Der Magen knurrt. Hanna, eine Deutsche, die auch ein Zimmer im Haus gemietet hat, empfiehlt uns das kleine Lokal von Ibrahim: die dunkle Gasse immer geradeaus, dann links, am Rindermarkt, es sei nicht zu übersehen.

Das Kopfsteinpflaster glänzt im schwachen gelben Licht der wenigen Straßenlaternen. Plötzlich läuft ein Mann neben uns her, der zögerliche Gang hat uns als Neuankömmlinge verraten. Abdallah trägt ein weißes knöchellanges Gewand mit Stehkragen und Knopfleiste bis zur Brust, um den Bauch einen goldbestickten Gürtel, an dem ein kurzer krummer Dolch in einer ledernen Scheide steckt – die *dschambia*. Ein dunkelbrauner Bart hat fast sein ganzes Gesicht zugewuchert, die dicken Brillengläser machen die Augen gespenstisch groß. Abdallah kann ein bisschen Englisch. »Guten Tag, wie geht es Ihnen?«, sagt er sogar auf Deutsch.

Ibrahims Garküche, ein winziger gekachelter Laden, ist gerade breit genug für den Gaskocher. Die Gäste sitzen davor im Freien um den einzigen Tisch, als Rückenlehnen für die Bänke dient eine mit Stoff bespannte Konstruktion aus alten Metallrohren. Abdallah weiß, was eine Vegetarierin ist, und bestellt *fasulia* für uns. Der Eintopf aus kleinen weißen Bohnen, Lauchzwiebeln, Tomaten und Chilischoten wird in Alunäpfen serviert, statt Besteck gibt es kleine, noch warme Weißbrotstangen, Zeitungspapier ersetzt die Tischdecke. Der Eintopf ist scharf, das Brot knusprig, beides zusammen köstlich. *Fasulia* könnte unser liebstes jemenitisches Gericht werden.

Am Tisch, auf Steinstufen und in Schubkarren sitzen nur Männer, alle gekleidet wie Abdallah, manche haben sich noch ein besticktes Tuch um den Kopf geschlungen. Die Männer essen, lassen sich aus dem Laden nebenan in kleinen geriffelten Gläsern Tee bringen, reden. Irgendwann fällt der Strom aus, die Straßenlaternen und die Neonröhren in den Läden erlöschen. Die Männer reden weiter, Ibrahim stellt eine Kerze auf den Tisch. »Das passiert jeden Tag«, beruhigt uns Abdallah. Wir rücken näher zu ihm heran, sein englisches Vokabular ist noch nicht erschöpft, Gott sei Dank.

Auf dem Nachhauseweg in der Finsternis zeigt Abdallah uns seinen Laden, in dem er bis spätabends Silberketten, Krummdolche und Lämpchen aus Gips verkauft. Während er beim Essen war, haben zwei seiner sechs Kinder auf das Geschäft aufgepasst. Zum Glück wollte niemand etwas kaufen, denn zum Rechnen sind sie noch zu klein.

Mit *fasulia* im Magen fällt der Aufstieg in unseren *mafradsch* leichter, erst auf halber Höhe geht mir langsam die Puste aus. Am Durchgang zur Dachterrasse stoße ich mir wieder den Kopf. Über der dunklen Altstadt liegt Stille, nichts zeugt davon, dass die Märchenkulisse bewohnt ist. Aber vier, die hier leben, kennen wir schon: Kamal, der heute ein gutes Geschäft gemacht hat; Abdallah, der sicher gerade seine Kinder ins Bett bringt; Ibrahim, der sein Lokal aufräumt; und Ahmed, der das braune Eisentor zu unserem Haus bewacht.

Es ist kalt hier draußen auf dem Dach, in fast 2400 Metern Höhe, gleich müssen wir uns drinnen im *mafradsch* aus den Polstern und den mitgebrachten Daunenschlafsäcken ein Bett bauen. Da schickt uns unsere neue Stadt ein Lebenszeichen. Der Strom ist wieder da, und mit einem Mal leuchten Hunderte Fenster aus buntem Glas in Blau, Grün, Gelb und Rot in die dunkle arabische Nacht.

Arabia Felix

Lange vor Sonnenaufgang mischt sich der Gesang von den Minaretten in meine Träume. Die Muezzine läuten den heiligen Freitag schon vor dem ersten Gebet am Morgen ein. Über Lautsprecher dringen die Stimmen aus allen Himmelsrichtungen, überlagern sich, schwellen an, verstummen für einen Moment ... um dann erneut anzuheben und mich wieder in den Schlaf zu singen.

Das zweite Mal weckt uns die Sonne. Selbst jetzt, im Februar, steht sie schon vormittags hoch am Himmel und lässt den weißen Gips der Dächer leuchten. Ich schließe die Holztür zur Dachterrasse auf und setze mich auf den warmen Zementboden. Freitägliche Ruhe liegt nun über Alt-Sanaa. Die Minarette ragen still in den klaren blauen Himmel, runde gemauerte und verzierte Säulen, gekrönt von einer kleinen weißen Kuppel. Es sind verwirrend viele, alle paar Straßen eines, es bräuchte vermutlich gar keine Lautsprecher, um den Ruf zum Gebet in alle Schlafzimmer zu tragen.

Sem, der Sohn des biblischen Noah, soll Sanaa erbaut haben, erzählt die Legende. Sem muss ein sehr fantasievoller Mensch gewesen sein. Weiße Zickzackborten umspielen die Häuser, Pflanzen aus Gips ranken entlang der Mauern aus erdfarbenen kleinen Ziegeln, Zinnen zieren schiefe Dächer. Jedes Haus ist anders: Kleine zweistöckige stehen neben Hochhäusern mit sieben oder acht Etagen, manche überragen gar die Minarette. Es gibt runde und halbrunde Fenster, sie alle weiß umrandet, viele aus buntem Glas, einige wenige aus durchscheinendem Alabaster.

Immer wieder hatten wir uns zu Hause in Berlin Fotos von dieser Kulisse angesehen, die Bilder sollten Zweifel an unserem Plan zerstreuen und uns bestärken, wenn wieder mal jemand meinte, wir seien drauf und dran, nicht nur unsere Karrieren, sondern gar unser Leben aufs Spiel zu setzen. »Werden da nicht ständig Leute entführt?«, warnten die einen. »Da gibt es keine Kneipen, und du wirst monatelang keine Frauen zu Gesicht bekommen«, unkten die anderen. »Seid ihr verrückt?«

Inmitten schneeweiß verzierter Wohntürme schicke ich die Augen auf Entdeckungsreise, zähle aus Holz geschnitzte Erker und beobachte Kinder, die zwischen Wassertanks und Wäsche auf den Dächern Verstecken spielen. Hier oben zu sitzen und mir die winterbleiche Haut von der Sonne bescheinen zu lassen – das kommt mir gerade überhaupt nicht verrückt vor. Jedenfalls weniger verrückt als das, was uns bis vorgestern in Atem gehalten hat: die Auseinandersetzung mit der Krankenkasse, die androhte, uns nach einem Jahr im Jemen nicht wieder zu versichern, die Sorge um Möbel und Bücher in unserer Wohnung, in der jetzt ein holländisches Paar zur Untermiete lebt, das tagelange Packen – und wieder Auspacken, weil andere Dinge doch wichtiger erschienen.

»Was wohl passiert, wenn das Wasser auf die Steckdose im Bad spritzt?« Ich stelle mich trotzdem unter das Rohr, das statt eines Duschkopfes aus der Wand ragt und direkt auf die Elektroinstallation zielt. Nach ein paar Minuten beginnt der Stecker des hellblauen Boilers zu qualmen. Doch die Aussicht entschädigt mich für die abenteuerliche Konstruktion. Durch das mit Wasserflecken gesprenkelte Fenster blicke ich auf eine grüne Oase im Braun der Hochhäuser. Eine schlanke hohe Palme reckt sich mir wie ein Staubwedel entgegen. Um ihren Fuß liegt ein breiter braun und grün gemusterter Teppich aus schmalen Beeten.

»*Sabah al-full!*« Ahmed wünscht uns einen »blumigen Morgen«, als er uns das Tor hinaus auf die Gasse öffnet.

16

»Gehen wir nach rechts oder links?« Links geht es zu Ibrahims Garküche, von rechts sind wir gestern angekommen. Wir haben keinen Stadtplan von Sanaa, im Reiseführer gibt es nur grobe Skizzen, die das Labyrinth der namenlosen Altstadtgassen nicht entwirren. Wir entscheiden uns für links. Vorbei an dem riesigen Garten, der von hier unten noch viel größer und weiter aussieht als aus dem Badezimmer im sechsten Stock. Auf einem der Beete sprießt Rauke, auf einem anderen wachsen Zwiebeln. Es riecht nach Knoblauch. Mitten in einem der Beete steht breitbeinig und barfuß ein Mann. Er hat sein Kleid bis zu den Oberschenkeln hochgerafft und repariert mit bloßen Händen die kleinen Erddämme zwischen den Rabatten, die das Wasser zu den Pflänzchen leiten. Auf einem Mauervorsprung kauert eine Frau. Ihr ganzer Körper ist in ein geblümtes Tuch in verwaschenem Rot und Blau gehüllt, das sie mit der Hand vor dem Gesicht zusammenhält. Wir gehen weiter, Abdallahs Laden ist verschlossen, Ibrahims Küche verriegelt, der Tisch davor verwaist. Mädchen in glänzenden bodenlangen Rüschenkleidern, die kreischend Fangen spielen, halten neugierig inne, als sie uns sehen. Die eine packt ihren kleinen Bruder am viel zu großen Sakko und dreht ihn in unsere Richtung. Er trägt einen Kinderkrummdolch vor dem Bauch. Ich sehe das Mädchen an, es sieht mich an, wir lächeln stumm.

Lautsprecher knistern leise, bevor sie zum zweiten Mal am Tag das »allaaaaaahu akbar, allaaaaaahu akbar« über die Stadt schicken. »Gott ist groß«, ruft der eine Muezzin, von einem anderen Minarett stimmt ein Kollege ein, »laaaa illaaaaha illa allaaah«, »Es gibt keinen Gott außer Allah«. Es ist zehn Minuten nach zwölf. Begleitet vom Gesang, laufen wir weiter durch die schmalen leeren Gassen, längst ohne Orientierung, irgendwie werden wir schon zurückfinden. Plötzlich ist der Weg versperrt. Dutzende Männer stehen vor uns, in exakten Reihen zwischen Hauswand und Moscheemauer, ein Meer schwarzhaariger Köpfe. Ihre Sandalen haben sie ausgezogen, die nackten Füße stehen auf Tüchern und Teppichen, die sie auf dem Straßenpflaster ausgebreitet haben. Die riesige Moschee nebenan ist offenbar schon bis zum letzten Platz gefüllt. Synchron heben die Männer ihre Hände bis zu den Ohren, verbeugen sich, fallen auf die Knie, berühren mit der Stirn den Boden. Hunderte Männer, vornehme und zerlumpte, bärtige und glatt rasierte, Jungen und Greise, bewegen sich im gleichen Rhythmus, den Anweisungen einer kräftigen Stimme folgend, die aus der Moschee dringt. Eine einzige Frau ist zu sehen, der einzige Mensch, der sich nicht zu Boden wirft. Die Alte, auch sie in einen ausgebleichten bunten Umhang gehüllt, sitzt am Tor zur Moschee und hält einen Korb Orangen zwischen den Beinen, neben sich eine Balkenwaage. Immer noch kniend richten die Betenden ihre Oberkörper wieder auf, bis die Krummdolche sichtbar werden. Die Hände ruhen auf den Schenkeln, die Gesichter sind gesenkt, in Andacht versunken. Nur ein Junge aus der vordersten Reihe schaut mir ins Gesicht, sucht meinen Blick. Gut, dass ich keine Kamera umhängen habe und nicht dadurch noch mehr auffalle. Susanne zupft ihr Kopftuch weiter in die Stirn.

»Komm, lass uns gehen!« Ich hätte gern ihre Hand genommen, aber das soll man hier ja nicht, steht im Reiseführer. Wir kehren um, irren durch fast menschenleere Gassen. Die Ruhe ist unheimlich. Nur hie und da dringen Fetzen der Predigt aus den Moscheen. Manche Stimmen klingen mahnend, anklagend und aggressiv, verstärkt durch die Lautsprecher überschlagen sie sich fast. »Al-islam«, kann ich verstehen, und »haram«. Meine Jeans ist viel zu warm, die Sonnencreme klebt im Gesicht, an den nackten Füßen in den Schuhen spüre ich erste Blasen. Trotzdem gehen wir immer schneller, ohne Ziel, ohne Plan, bis uns die schmale Gasse auf einem hellen breiten Platz mit einem weit geöffneten Holztor ausspuckt. Das Bab al-

Jemen! Noch vor 30 Jahren wurden die Stadttore nachts verschlossen, und hinter der Mauer begannen die Felder. Heute führt am letzten verbliebenen Tor eine vierspurige Straße vorbei. Der gepflasterte Platz gehört den Fußgängern. Wir setzen uns auf die Stufen vor der mit rötlichen, weißen und schwarzen Steinen verblendeten Mauer, die Farben der Nationalflagge. Es riecht nach den Grillhähnchen, die sich vor einem Lokal auf Spießen drehen. In der Küche dahinter dampft Reis in einem Alubottich. Schräg vor uns treffen sich zwei Frauen. Sie umarmen sich und gestikulieren, das glitzernde Lacklederhandtäschchen der Kleineren baumelt lustig in ihrer Ellenbeuge. Ihr Gespräch wird von schwarzen Gesichtsschleiern gedämpft, die am Hinterkopf mit Bändchen über dem schwarzen Kopftuch befestigt sind. Die Augen verdeckt eine dünne Lage schwarzer Chiffon. Auch die bodenlangen Mäntel der Frauen sind schwarz, ihre Füße stecken in schwarzen Nylonstrümpfen und filigranen Sandalen mit hohem Absatz. Nur die Hände sind – bis auf mehrere goldene Ringe – nackt.

Plötzlich strömen Dutzende Männer aus einer Gasse. Das Schlurfen ihrer Sandalen und das Gewirr ihrer Stimmen erfüllen den Platz. Das Freitagsgebet ist vorbei. Sie laufen in Richtung der Brathähnchen, binnen Minuten ist in dem Lokal, das eben noch leer stand, kein einziger Platz mehr frei, sogar am Boden sitzen Hungrige um Alutabletts mit Reisbergen und Fleisch. Einer winkt und bietet uns von seinem Mittagessen an. »La schukran«, »nein danke«, nicht als einziges Paar in ein überfülltes Restaurant voller Männer.

Stattdessen biegen wir in eine Gasse ein, in der es weder Hähnchen noch Männer gibt. Die Häuser, die von oben betrachtet so verspielt aussehen, wirken von der Straße aus abweisend, wie Festungen, entschlossen, jeden Eindringling abzuwehren. Die untersten Stockwerke sind aus massiven, grob behauenen Steinquadern gemauert, ohne Fenster, nur mit schießschartengroßen Öffnungen.

Die mit Eisen beschlagenen Türen sind aus schwerem Holz, hinter einer meckert eine Ziege. In einem Eckhaus gibt es doch ein offenes Fenster: Ein Junge sitzt dahinter und verkauft Kaugummis und Schokoriegel. »*Salam aleikum!*« – »*Wa aleikum as-salam*«, erwidert er meinen Friedensgruß. »Saila?«, frage ich und schäme mich ein bisschen, dass ich nicht einmal ein arabisches »Wo ist, bitte ...« davorsetzen kann. »Saila?«, probiere ich es noch einmal, diesmal mit leicht veränderter Betonung. Der Junge sieht uns fragend an. »Saila?«, versucht es Susanne. »Saila?«

»*As-saila*«, wiederholt der Junge schließlich, »*aiwa, as-saila*«. »*Amin, ja Amiiiiin!*«, schreit er, bis ein zweiter, etwas kleinerer Junge erscheint. Der erste Junge klettert auf den Tresen und springt von dort auf die Straße, Amin nimmt seinen Platz ein. Der große Junge fasst mich an der Hand, zu dritt laufen wir los, folgen unserem kleinen Führer, biegen um viele Ecken, bis wir wieder Autos hören. Der Junge bleibt stehen. »*As-saila*«, sagt er und deutet in die Richtung, aus der der Lärm kommt, dreht sich um und verschwindet.

Die gepflasterte Straße, auf der die Autos fahren, liegt ein paar Meter tiefer als die Gasse, aus der wir kommen. Sie sieht aus wie ein Kanal ohne Wasser. In der Regenzeit soll sich die Saila tatsächlich von einer Hauptverkehrsstraße in einen Fluss verwandeln, der nur über die Fußgängerbrücken überquert werden kann. Die Autos sind alt, ihre Reifen eiern, und die Fahrer hupen ständig und überholen die *dababs*, weiße japanische Minibusse mit gelben Streifen auf der Seite, die mit offener Schiebetür fahren. Eines der hupenden Autos bremst direkt vor meinen Fußspitzen. »*Taksi?*«, fragt der Mann am Steuer. Ich schüttele den Kopf. »*Taksi!*«, ruft er noch mal. »*Taksi? Taksi!*« Endlich gibt er Gas.

Oberhalb der Straße wuchert eine lila blühende Bougainvillea über eine Mauer. »Arabia Felix – Hotel – Restaurant« ist daraufgemalt, im kleinen Garten stehen sechs Tische. Der äthiopische Kellner legt uns eine in Kunstleder gebundene Speisekarte auf die fleckige Tischdecke. Auf Englisch!

»Two fish curries, please!«

»Two fish curries, yes, Sir«, wiederholt der Kellner mit rollendem R und tauscht die Speisekarten gegen einen Korb dunkler Brötchen. *»Kudam«*, sagt er dazu. Ich breche ein Stück ab und beginne genüsslich zu kauen. Wir essen ein Brötchen nach dem anderen, spüren, wie der große Hunger langsam verschwindet, wie sich die Füße erholen und die müden Augen Ruhe finden. Wir fühlen uns behaglich und beschützt, in einem grünen Refugium, dessen hohe Mauern den Lärm und die Fremde der Altstadt draußen halten. Nach einer Stunde, in der wir es genießen, einfach nur dazusitzen, ohne weitere Eindrücke, ohne Blicke, die wir nicht zu deuten wissen, bringt der Kellner Fisch und Reis, nach einer weiteren halben Stunde eine Kanne Tee mit Kardamom. Am liebsten würden wir ewig hier sitzen bleiben, im Schatten von Bäumen, umsorgt von jemandem, mit dem wir eine Sprache gemeinsam haben.

Der Weg vom Arabia Felix, dem »glücklichen Arabien«, als das die antiken jemenitischen Königreiche den Römern einst galten, zurück in unseren *mafradsch* ist einfach. Ein Stück die Saila hoch, dann links in die Gasse, in der das Taxi stecken geblieben war.

»Wie hat es euch gestern bei Ibrahim geschmeckt?«, fragt Hanna, als sie uns durch das braune Eisentor kommen sieht. Sie steht in der schattigen Ecke des Hofes vor einer großen Leinwand und malt, abstrakt, in gedämpften Farben. Um ihre Beine streicht eine schwarze Katze. Hanna legt den Pinsel aus der blau und gelb gesprenkelten Hand und setzt sich an den kleinen runden Tisch in der Mitte des Hofes, auf dem sich arabische Bücher stapeln. Wir setzen uns zu ihr, die Katze kuschelt sich in ihren Schoß.

Hanna ist Mitte dreißig und lebt seit über einem Jahr im Jemen, davor war sie schon einmal für mehrere Monate in Sanaa. Arabisch spricht sie inzwischen fließend. »Wisst ihr, wie die Nachbarn das Haus nennen, in dem wir wohnen? *Beit al-adschanib*, Ausländerhaus, sagen sie, manche auch ›Hurenhaus‹, weil hier Männer und Frauen unter einem Dach leben, die nicht verwandt sind. Das Haus gehört einem reichen Mann in einem Dorf außerhalb der Stadt, Kamal ist bloß der Verwalter.« Hanna kennt alle Ausländer im Ausländerhaus, sie hat schon viele ein- und ausziehen sehen. »Im ersten Stock wohnen Stefano und Jane, er ist Italiener, sie Britin mit syrischem Vater. Die beiden studieren Arabisch und ziehen sich wie Jemeniten an. Tanja kommt aus Slowenien. Eigentlich ist sie Biologin, aber hier arbeitet sie als Reiseleiterin. Und Shawn, ein Amerikaner, feilt an seinem Arabisch, bis er hoffentlich Arbeit als Dolmetscher findet.«

Die Katze springt von Hannas Knien und läuft auf einen langhaarigen Mann zu, der mit federnden Schritten aus dem Haus tritt. Er trägt eine weinrote Hose und ein wollweißes Leinenhemd, das über der behaarten Brust mit einer Kordel zugeschnürt ist. »Ich bin der Frank. Seid ihr die Neuen?« Frank nimmt sich einen Stuhl und setzt sich mit an den Tisch. Er kommt aus Österreich. Dort wohnt er im Sommer in einer Hütte in den Alpen, im Winter in seiner Eigentumswohnung im Tal. Vor vier Wochen hat er drei Stockwerke unter uns zwei Zimmer bezogen. »Ich hab angefangen, Arabisch zu lernen«, erzählt Frank, während er sich seine frisch gewaschenen blonden Haare zu einem Pferdeschwanz zusammenbindet. »Das ist sauschwer, ich kann mir diese Wörter einfach nicht merken. Aber ich muss es lernen, denn ich bin hierhergekommen, um mit Baumeistern zu reden. Ich will nämlich die Quelle bei meiner Berghütte mit einer Kuppel überdachen, mit einer arabischen Kuppel.«

»Und ihr, warum seid ihr hier?«

»Wir wollen auch Arabisch lernen. Und schreiben. Wir sind Journalisten.«

Über den Jemen schreiben – und uns viel Zeit dafür nehmen. Mehr Zeit, als wir bei unserer Arbeit in der Nachrichtenagentur je hatten. Anschlag in Afghanistan, Wahl in Russland, Börsencrash in New York – egal, wie gut man sich mit einem Thema auskennt, die Meldung muss so schnell wie möglich auf den Draht.

Aber jetzt, für den Jemen, haben wir ein ganzes Jahr. Wir wollen Geschichten aufspüren in einer Stadt, über die in manchen Zeitungen schon seit Jahren nichts mehr geschrieben stand. Ein Land ergründen, das politisch und wirtschaftlich als so unbedeutend gilt, dass keine europäische Redaktion einen Korrespondenten hierherschickt. Wir möchten verstehen, statt nur zu berichten. Statt nur zu beobachten, wollen wir Nachbarn werden.

»Ich bin auch schon zweimal für ein Jahr weg gewesen – bei Pygmäen im Kongo und bei Medizinmännern in Mexiko«, sagt Frank. »Passt bloß auf, wem ihr sagt, dass ihr Journalisten seid, man weiß nie, wer hier für den Geheimdienst arbeitet«, sagt Hanna.

Salzmarkt

»*Maschallah.*« Die alte Frau im geblümten Umhang über dem gebeugten Rücken reicht mir knapp bis zur Brust. Sie steht vor der öffentlichen Wasserstelle einer Moschee auf dem Altstadtmarkt, ihre Hände umklammern den an den Wasserhahn geketteten Trinkbecher. Staunend blicken ihre trüben, zwischen unzähligen Falten eingebetteten Augen zu mir auf. »*Maschallah!*«, dringt es aus dem straff um Mund und Kinn gebundenen Tuch. Allah? Mir ist nicht klar, ob die Alte aus Verwunderung, aus Begeisterung oder aus schierer Bestürzung über meinen Anblick ihren Gott anruft. Ich nicke ihr zu, murmele ein »*salam aleikum*« und gehe weiter. Als ich mich nach ein paar Schritten umdrehe, steht sie mitten in der Gasse und blickt mir nach, der Ausländerin, die zum ersten Mal ohne Kopftuch in Sanaa unterwegs ist.

Acht Tage lang habe ich mir den schwarzen Schal um den Kopf gewickelt, darunter geschwitzt, bis die Kopfhaut juckte, ständig daran herumgezupft, weil er dauernd verrutschte, und mich wie verkleidet gefühlt, als würde das Tuch nicht nur meine Haare verstecken, sondern mich vor allem auch unaufhörlich ermahnen, schweigsam und zurückhaltend zu sein. »Warum trägst du ein Kopftuch?«, »Warum trägst du kein Kopftuch?«, fragte ich alle Ausländerinnen, die mir begegneten. Jetzt zeige ich den Jemeniten zum ersten Mal meine Haare, besser gesagt das, was die trockene heiße Luft aus den braunen Locken gemacht hat: stumpfes, glattes Stroh.

Die Gasse vorbei an der Großen Moschee, die zu den ältesten, wenn auch nicht größten in der arabischen Welt zählt, dort, wo wir auf unserem ersten Altstadtspaziergang Reißaus vor den vielen

Betenden genommen hatten, führt direkt auf den Suq al-Milh. Auf dem »Salzmarkt« gibt es neben Salz auch alles andere, was der Sanaani zum Leben braucht.

In der Töpfergasse, die vor der Moscheemauer nach links abgeht, entdecke ich Klaus im Gewühl wieder. Wir sind die einzigen Ausländer weit und breit. Die einstöckigen Läden sind winzig, mehr Buden als Geschäfte. Trotzdem ist das Angebot an Krügen, Töpfen, Weihrauchfässchen und Kohlehaltern für Wasserpfeifen riesig. Die Gefäße aus unglasiertem Ton stapeln sich auf dem Pflaster vor dem Tresen, nachts schützen eine blaue Plastikplane und ein Wächter sie vor Dieben. Die Tonschalen erscheinen mir wie geschaffen, mit bunten Blumen und unserem Zierhopfen auf der Dachterrasse bepflanzt zu werden – wenn wir hier jemals unser eigenes Haus finden sollten.

Von der Töpfergasse zweigt eine lange Straße nur mit Krummdolchhändlern ab. Ihre Buden sehen aus wie Kasperletheater, eines neben dem anderen. Die Tür, deren zur Straße hin ausgeklappte Flügel über und über mit *dschambias* behängt sind, ist so breit wie der ganze Laden. Der Tresen, der die Buden von der Gasse trennt, ist nicht höher als mein Knie. Anstelle von Kasper und Teufel sitzen zwei Männer dahinter, vielleicht Vater und Sohn, im Schneidersitz auf dem mit Teppich und Kissen ausgelegten Boden. Zwischen ihnen steht ein hölzerner Schemel – die Werkbank. Der Jüngere beschlägt einen Griff mit silbern glänzenden Nägeln, der Ältere umwickelt die Scheide mit dünnen Streifen türkis gefärbten Leders. »Salam!«, ruft er uns zu. »*Welcome to Yemen!*«

»*Welcome to Yemen!*«, schallt es uns auch aus der Gasse der Teppichverkäufer, vom Platz der Herrenschneider, aus dem Hof der Rosinen- und Nusshändler und aus der schmalen Straße der Wasserpfeifenschmiede entgegen. »*Welcome to Yemen!*«, rufen Männer und Jungen, lachen, tippen sich mit der ausgestreckten rechten

Hand zum Gruß an die Schläfe. Aber keiner versucht, uns etwas zu verkaufen, keiner lockt mit seiner Ware.

Bei den Wasserpfeifenmachern riecht es nach Teer. Auf Gasbrennern brodelt eine schwarze zähe Masse in Konservenbüchsen. Als ich einen feinen alten Herrn dabei beobachte, wie er prüfend das aus der Schale einer Kokosnuss gefertigte Gefäß einer Schischa in seinen Händen wiegt, klingelt unser Handy. Das Telefon mit der neuen jemenitischen Nummer. Abdallah hatte uns geholfen, eine SIM-Karte von Sabafon zu kaufen. Aus einem Laden neben der Teestube bei Ibrahims Garküche streckte er uns nach einem kurzen Wortwechsel mit dem Verkäufer den golden glänzenden Plastikchip entgegen. »Nur 2000 Rial, gebraucht, von einem Soldaten.« Seither klingelt es ständig, auch morgens um fünf oder abends um elf, als hätten wir hier in wenigen Tagen schon gute Freunde gefunden, die uns jederzeit anrufen können. »Aiwa«, sage ich, wie ich es bei telefonierenden Jemeniten aufgeschnappt habe. »Mohammed! Mohammed?«, ruft eine Männerstimme aus dem Telefon. »Man mai?« – »Ma afham«, antworte ich, »ich verstehe nicht.« Ein lauter Schwall Arabisch ergießt sich in mein Ohr, auch ein zweites »ma afham« kann ihn nicht stoppen. »Ma as-salama«, »auf Wiedersehen«, sage ich und lege auf. Kurz darauf klingelt es wieder, wieder dieselbe Stimme, die, vermutlich neugierig geworden, herausfinden will, was der Soldat Mohammed mit dieser ausländischen Frau zu schaffen hat. Ich würde es ihm gern erklären, aber es geht nicht: »Ma afham.«

Die Gasse mit den Wasserpfeifen führt uns in die Abteilung für Gewürze und Getreide. Hier stehen die Verkäufer auf Podesten, damit sie über ihre prallen Säcke mit Chilischoten, Koriander und Linsen hinwegblicken können, hinter ihnen Weihrauch, Muskatnüsse und faustgroße Klumpen Zuckerkristalle in den Regalen. Wir haben ein Tütchen mit einem Rest Haferflocken aus der Gemeinschaftsküche des Ausländerhauses dabei, außerdem den auswendig gelernten

Satz aus dem Sprachführer: »*Aina mumkin aschtari hadha?*« – »Wo kann ich das kaufen?«

»*Aina mumkin aschtari hadha?*«, frage ich den Mann auf dem Podest und strecke ihm das Tütchen hin. Er betrachtet die Flocken durch das durchsichtige Plastik, dann schüttet er sich das Getreide in die Hand, probiert. Zwei Frauen mit schwarzer Haut und unverschleiertem Gesicht mischen sich ein, wollen auch kosten. Jede steckt sich eine Flocke in den Mund, schiebt sie mit der Zunge auf dem Gaumen hin und her. Binnen Minuten sind wir umringt von Menschen. Ein zahnloser Greis beobachtet durch fingerdicke Brillengläser die Szene, kleine Jungen in olivgrünen Schuluniformen haben sich durch die Erwachsenen hindurch bis nach vorn zu den Säcken gedrängt, ihre schmutzigen Finger greifen nach den Haferflocken. Die beiden Äthiopierinnen besprechen sich, dann steht ihr Urteil fest: Sie schreiten die Reihe der Getreidesäcke ab, bleiben vor einem stehen und vergraben die Hände in den goldbraunen Haferkörnern. Ein vielleicht zwölf Jahre alter Schuljunge zupft Klaus am Ärmel, gestikuliert und sagt etwas, wir verstehen »*beit*«, »Haus«. Bietet er uns gerade an, die Körner bei sich zu Hause in Flocken zu verwandeln? Der Verkäufer misst den Hafer mit einem hölzernen Messbecher ab und überreicht ihn mir in einer dünnen schwarzen Plastiktüte, die mir der uniformierte Junge sofort abnimmt. Wir folgen ihm durch die Menschentraube hindurch über enge Marktgassen in ein dunkles, modrig riechendes Haus.

In einem rosarot gestrichenen Zimmer mit abgedunkelten Fenstern setzen wir uns unter einer flackernden Neonröhre auf dünne Matten am Boden, in der Mitte des Raumes ist eine mit Blumen bedruckte Plastikfolie ausgebreitet. Durch die Wand dringen Frauenstimmen. Der Junge verschwindet durch die Tür, um kurz darauf zusammen mit einem kleineren Bruder zurückzukehren. Die beiden schleppen einen schweren goldfarbenen Mörser aus Metall, in den sie eine Portion Hafer schütten und mit dem Stößel zu bearbeiten beginnen. Sie wechseln sich ab, hämmern mit der ganzen Kraft ihrer dünnen Kinderarme auf die Getreidekörner ein, wollen sich dabei nicht helfen lassen. »Bazooka«, erklärt der größere Bruder und zeigt auf den Mörser.

»Bazooka?«

»Bumm! Bumm!«, ahmt er das Geräusch der imaginären Waffe nach, die er sich in die Hände gelegt hat, sein Bruder illustriert gebärdenreich, wie ihr Vater das Rohr einer Panzerfaust zu einem Mörser umfunktioniert hat. Zur Haferflockenproduktion taugt er anscheinend nicht, aus den Haferkörnern ist Haferschrot geworden. Doch der ältere Bruder hat noch eine Idee. Aus der Küche kommt er mit einem elektrischen Mixer zurück, dessen Plastikaufsatz mit gelbem Puder überzogen ist und nach Curry riecht. Dahinein schütten die Kinder den übrigen Hafer, stecken das Stromkabel in eine Steckdose und produzieren noch mehr Hafergehacktes, Haferhack mit Currygeschmack.

»Limadha?« Erst jetzt stellen die Jungen die Frage, die sie schon die ganze Zeit über beschäftigt haben muss: »Warum das Ganze?«

»Lil-futur«, antworten wir. »Fürs Frühstück.«

Zurück im Freien, blendet das grelle Tageslicht. Es ist kurz nach Mittag. Männer schreien hektisch durcheinander, rufen nach Freunden, geben Bestellungen auf und grüßen Bekannte hinter den Tresen der kleinen Buden. Schulter an Schulter schieben sie sich durch die Gasse, einige halten sich an den Händen. Mir aber weichen sie aus, aufmerksam darauf bedacht, jegliche Berührung mit dem Frauenkörper zu vermeiden. Ich muss aufpassen, nicht über die auf dem Pflaster sitzenden Händler und ihre in offenen Tüten zu Bergen aufgehäuften Zweige zu stolpern. Auch in diesem Teil des suqs herrscht Monokultur: Es gibt ausschließlich qat, berauschendes Grün – auf dem Boden, in Buden und auf Schubkarren. Männer beugen sich über die Berge, begutachten einen nach dem anderen, befühlen die Blätter, knicken die Stängel, kommentieren laut die Qualität. 1000-Rial-Scheine wandern von Brusttasche zu Brusttasche. Dicke Bündel Zweige, die aussehen wie Viehfutter, werden in transparentes giftgrünes Plastik eingeschlagen und unter den Arm geklemmt nach Hause getragen, kleinere Portionen baumeln in Plastiksäckchen an Krummdolchgriffen. Die Händler haben längst begonnen, Blätter zu zerkauen und den grünen Brei in ihrer Backe zu horten. Ihre Gesichter sind entstellt von einer wie durch eine Geschwulst prall ausgebeulten Wange, an der dicksten Stelle ist die Haut derart gespannt, dass der dunkle Teint blassem Weiß gewichen ist. Die Augen sind glasig, der Blick starr. »Yemeni whiskey«, ruft uns einer von ihnen zu und streckt uns einen grün leuchtenden Zweig entgegen.

Auf dem Weg nach Hause entdecken wir einen Schleichweg, der hinter Abdallahs Laden vorbeiführt. »Nehmt euch vor Abdallah in Acht, der bespitzelt die Ausländer in der Altstadt für den Geheimdienst«, mahnte uns die Gerüchteküche im Ausländerhaus und hat uns vorläufig den Spaß am Teetrinken und fasulia-Essen mit unserem Freund des ersten Abends verdorben.

Im Treppenhaus ist Lautenmusik zu hören. Vor einer dunklen Holztür im dritten Stock liegen teure Turnschuhe, Plastiksandalen, wie sie die Männer hier tragen, und ein Paar Birkenstocks. Drinnen mischen sich Arabisch und Englisch. Die Tür geht auf, Shawn schaut heraus: »Wir kauen qat. Habt ihr Lust?«

Drei Jemeniten sitzen an der Stirnseite des Raumes vor den tiefen Fenstern auf einer Matratze. Zwischen ihnen liegen quaderförmige Polster, auf die sie sich mit den Ellenbogen stützen. Ihre weißen Kleider haben sie zwischen den Oberschenkeln festgeklemmt. »Mohammed«, stellt sich der junge Schlanke links in der Ecke vor. »Mohammed«, nuschelt der bräsige pausbäckige Typ in der Mitte, als ich ihm die Hand reiche. »Mohammed«, sagt auch der rechts neben ihm, verweigert aber meine angebotene Hand und legt stattdessen seine Rechte auf sein Herz. Hanna ist auch da, neben ihr sitzen Jane und Stefano. Alle haben eine Tüte voller Grünzeug mitgebracht. »Das läuft anders als bei uns eine Einladung zu Kaffee und Kuchen. Zur qat-Runde bringt jeder sein qat selbst mit«, belehrt uns Gastgeber Shawn. Der jüngste der drei Mohammeds steht auf und überreicht Klaus und mir einen Strauß Zweige. »I show you«, sagt er und setzt sich zwischen uns auf das Polster. Ganz wichtig sei es, das qat vor dem Kauen gründlich zu waschen, weil die Pestizide schlimme Halsschmerzen auslösen könnten, erklärt er. Danach schön trocken tupfen, denn feuchtes qat verursacht Blähungen. An einem Zweig demonstriert Mohammed, wie wir gute von schlechten Blättern und gehaltvolle von holzigen Stängeln unterscheiden können. Am besten sind die kleinen Blätter an den Spitzen der Zweige, kurz vor der Ernte erst gesprossen, eher violett als grün. Gute Stängel lassen sich leicht brechen, die zähen wirft Mohammed auf den Boden. Vor den nackten Füßen unserer qat-Runde türmt sich schon der Ausschuss, ein grüner Komposthaufen mitten auf dem Teppich.

Mit seinen schlanken langen Fingern wählt Mohammed mein erstes qat-Blättchen aus. Es schmeckt scheußlich, furchtbar bitter. »Nicht runterschlucken, nur kauen«, mahnt Hanna. Mohammed beobachtet mich, wie ich widerwillig langsam Blättchen für Blättchen zermalme und die fasrige Pampe mit der Zunge in die rechte Backe schiebe, vorsichtig, damit der grüne Speichel nicht aus dem Mundwinkel tropft. Fürsorglich reicht mir Mohammed eine Flasche knallroter Limonade – die Süße soll den bitteren Geschmack vertreiben – und eine jemenitische Kamaran-Zigarette – Nikotin soll die Wirkung der catha edulis verstärken. Die Limo nehme ich, aber das künstliche Erdbeeraroma schmeckt nicht wesentlich besser als das bittere Laub.

»*Any service?*«, fragt Mohammed. »Die beiden suchen ein Haus in der Altstadt«, mischt sich Hanna ein. »*I show you*«, sagt Mohammed wieder.

»Ein eigenes Haus? Da hab ich was für euch!«, ruft Jane und läuft aus der Tür. Ein paar Minuten später kommt sie mit einem flauschigen Fellknäuel vor der Brust wieder. Der winzige Kater hebt sein weißes rotbraun geflecktes Köpfchen und öffnet für einen Moment seine grünen Augen. »Den habe ich gestern auf der Straße aufgelesen, als ein Mann gerade mit einer Flasche nach ihm warf«, erzählt Jane. »Wenn ich in einem Monat abreise, ist er hoffentlich stubenrein, dann bringe ich ihn zu euch.«

»Einen Namen haben wir ihm auch schon gegeben«, sagt Stefano. »Hamdani. Das ist eine der besten *qat*-Sorten hier. *Qat* – klingt doch fast wie *cat*.«

Als der Muezzin ruft, geht keiner beten. Aber der bräsige Mohammed macht die Musik aus, damit sie nicht das »*allahu akbar*« stört. Auf dem niedrigen Tischchen neben dem Kassettenrekorder steht ein Bild von Shawns Familie: Mutter und Schwester, dick und blond, in engen T-Shirts. »Meine Eltern verstehen bis heute nicht, warum ich in den Jemen gegangen bin, schon gar nicht seit dem 11. September.« – »Kommen sie dich denn nicht besuchen?« – »Das wäre ein Kulturschock für sie. Ich glaube nicht, dass sie den verkraften würden.«

Shawns Arabisch klingt in meinen Ohren perfekt. Während er sich mühelos mit den Jemeniten unterhält, kritzelt er mit Bleistift neue arabische Wörter auf hellblaue Karteikarten und legt sie in eine Kiste mit Hunderten anderen Vokabeln. Ob wir das nach einem Jahr im Jemen auch können werden? Noch haben wir keinen Lehrer gefunden. Wir wissen auch nicht, wo wir in drei Wochen wohnen werden und ob sich irgendjemand für Reportagen aus dem Jemen interessieren wird. Trotzdem wächst mit jedem Tag in Sanaa die Gewissheit, genau die richtige Entscheidung getroffen zu haben.

Das Leben nach Dienstplan scheint unendlich weit weg. Die Anspannung der Wochen vor der Abreise ist einer großen Zuversicht gewichen, dem Vertrauen, dass es hier immer Menschen wie Abdallah geben wird, die uns helfen, Probleme zu lösen. Ich fühle mich unbeschwert wie schon lange nicht mehr.

Meine rechte Backe kommt mir vor, als würde sie gleich platzen, auf jeden Fall so voll, dass nicht das kleinste Blättchen mehr hineinpasst. Vor dem neuen Spiegel im Bad entdecke ich aber nur ein winziges Beulchen, nicht größer, als wenn ich eine Kirsche im Mund hätte. Und ich habe großen Hunger auf *fasulia*, obwohl *qat* doch den Appetit zügeln soll. Für heute breche ich das Experiment ab, kratze den Blätterbrei aus meiner Backe und schrubbe mir mit der Zahnbürste den bitteren Geschmack aus dem Mund.

Almanja okay

Der schmächtige grün uniformierte Mann hat eine Kalaschnikow über der Schulter hängen. Er streckt seine rechte Hand vor und wedelt energisch mit dem Zeigefinger. »Nein«, bedeutet uns die Geste, »hier kommt ihr nicht weiter.« Wir sitzen auf der verschlissenen Rückbank eines Toyota Cressida, eine Sprungfeder hat mir gerade ein kleines Loch in das rechte Hosenbein des einzigen Anzuges gebohrt, den ich nach Sanaa mitgenommen habe. Das Sitzpolster muss einmal leuchtend rot gewesen sein, die Armaturen schützt der Taxifahrer mit einem schmalen Teppich vor den Einwirkungen von Sonne und Staub. Wo einst ein Rückspiegel angebracht war, baumelt eine weiße Gebetskette. Den rechten Ellenbogen stützt der Fahrer bequem auf ein zwischen die Vordersitze geschobenes Kissen, die Hand greift in die durchsichtige Plastiktüte mit *qat*-Blättern, die am Schalthebel hängt. Um mit dem Uniformierten zu sprechen, schaltet er das Autoradio aus, indem er zwei Kabel trennt, die aus dem Kassettenschlitz ragen.

»Flughafen«, nuschelt der Fahrer und zeigt mit dem Daumen nach hinten in den Fond. Aber der Soldat schüttelt nur den Kopf. Ich drücke die Scheibe, für die es keine Kurbel mehr gibt, so weit es geht, nach unten. »Schröder«, sage ich und blinzele den Uniformierten an, »Presse.« Aus meiner Sakkotasche ziehe ich die mit dem Bundesadler verzierte Visitenkarte des Presseattachés von der deutschen Botschaft und strecke dem Soldaten die auf Arabisch beschriftete Seite hin. Augenblicklich hört der Zeigefinger auf zu wedeln, mit einer ausladenden Handbewegung werden wir durchgewunken.

Keine 14 Tage nach unserer ersten Bekanntschaft mit strengen Schnauzbartträgern und weißen Kreidekringeln sind wir wieder am Flughafen. Als wir aus dem zerbeulten Taxi steigen, geleitet man uns – vorbei an einer Tür mit der Aufschrift »Very Very Important Persons« – zur Lounge für »Very Important Persons«. Der dicke rote Teppichboden in der lichten Halle schluckt die Tritte von Männern in blauen Anzügen. Militärs, die bunte Orden zur Schau tragen, plaudern Hand in Hand. Auf kleinen Marmortischen mit geschwungenen Holzbeinen stehen feine Porzellantassen und schwere Aschenbecher aus geschliffenem Glas. Das Einzige, was hier noch an unser Leben in der Altstadt erinnert, sind die riesigen halbrunden Oberlichter, traditionelle Schmuckelemente, die auch bei den Betonbauten am Flughafen nicht fehlen dürfen. Und ein paar alte Männer mit feinen Jacketts über dem Krummdolch.

Gleich soll der Airbus landen. Ein Mann fegt mit einem Besen aus Palmblättern den roten Teppich auf dem Rollfeld, Soldaten stehen vor einer langen Reihe Fahnenmasten in Positur. Dutzende Männer und zwei Frauen versammeln sich am Rande des Läufers: Aufstellung zum Händeschütteln. Die weißen Röcke der graubärtigen Honoratioren flattern im Wind, die Nachmittagssonne scheint durch den Stoff und macht stämmige Männerbeine sichtbar.

Dann brummt und dröhnt es, die Maschine mit der Aufschrift »Bundesrepublik Deutschland« rollt an. Weiße Handschuhe recken Bajonette in den Himmel, blaue Uniformen glänzen, Kordeln, Quasten und Fransen überall. Die deutsche Hymne klingt schräg, nicht ganz im Takt und trotzdem vertraut genug, um überraschend ein patriotisches Herz schlagen zu lassen: Der Mann mit der roten Krawatte, der da winkend aus dem Flugzeug steigt, ist unser Kanzler, der uns in unserer abgelegenen Wahlheimat besuchen kommt.

Aber für Pathos ist jetzt keine Zeit: Der Kanzler hat die vielen Hände schnell geschüttelt, die Agenda ist gedrängt, also flott in die

Autos und einmal quer durch die Stadt! In einem klimatisierten Kleinbus jagen wir mit Journalistenkollegen aus Deutschland über leer gefegte Kreuzungen. Alle Straßen sind gesperrt, und wenn sich keine alten Minibusse hupend durch die Spuren schlängeln und alle paar Meter auf Zuruf halten, dann ist die gut ausgebaute Flughafenstraße eine hervorragende Rennstrecke.

Seit Tagen wurde fieberhaft gearbeitet, auf dass Sanaa sich dem deutschen Gast und seinem Gefolge von der besten Seite zeige. Selbst im idyllischen Innenhof unseres Lieblingslokals sind die Wände frisch gestrichen: Unser Kanzler soll auch ein authentisches Altstadthaus von innen sehen – VVIPs im Arabia Felix.

Aber erst einmal bittet der Präsident zum Abendessen: Als uns der Kanzlertross direkt vor seinem Palast ablädt, duftet es schon im üppigen grünen Garten fein nach Weihrauch. Drinnen prachtvoll gemusterte Teppiche auf Marmorböden, Stuckdecken mit Kronleuchtern, gold lackierte Barocksessel. Auf einem sitzt Jürgen Chrobog, Staatssekretär im Auswärtigen Amt, der gleich seine Unterschrift unter ein Abkommen setzen wird. Der Kanzler steht vor einem Wandrelief mit Lehmhochhäusern und Palmen, über ihm ein Porträt, auf dem der Staatspräsident ungefähr 30 Jahre jünger aussieht. Nachdem Ali Abdallah Saleh mit ernster Miene die Lage in Palästina, Somalia, im Libanon und im Irak referiert hat, versichert er Schröder großmütig, dass er Deutschland dabei helfen wolle, endlich einen ständigen Sitz im Sicherheitsrat der Vereinten Nationen zu bekommen. Der Kanzler revanchiert sich mit Lob für Salehs Verdienste um Einigung und Demokratisierung des Landes. Als Beweis für die deutsch-jemenitische Freundschaft bekommt Schröder die 22.-Mai-Medaille Erster Klasse, benannt nach dem Tag der jemenitischen Einheit – die höchste Auszeichnung, die Saleh zu vergeben hat. Mit der schweren Goldkette um den Hals sieht unser Kanzler ein wenig aus wie ein Karnevalsprinz.

In einem riesigen Speisesaal versucht sich eine kleine Combo mit Bass, Laute und Keyboard an Mozart und jemenitischer Folklore. Auf Silberplatten türmen sich Lämmer, Hummer und Garnelen. Zwischen Terrinen mit dampfender Suppe stehen Coca-Cola-Flaschen aus Plastik und mit Frischhaltefolie umwickelte Orangensaftkaraffen. Was der Präsident auffahren lässt, erscheint uns nach den knapp zwei Wochen, die wir uns hauptsächlich von Bohnen, Brot und Reis ernährt haben, wie ein Ausflug in ein unwirkliches Schlaraffenland. Als ich gerade die ersten Happen auf den Goldrandteller befördert habe, tragen die Kellner schon Schokoladentörtchen, Cremeschnitten und Obst auf. Jemenitisch ist – neben den Wappen auf dem Geschirr – nur die Geschwindigkeit: Keine zwanzig Minuten sind vergangen, da sind Saleh und sein deutscher Gast schon mit den zwölf Gängen fertig. Beide Staatsmänner erheben sich: das Signal für die Saaldiener, auch die Teller der langsameren Esser abzutragen – um sich dann mit den Fingern an den Resten gütlich zu tun.

Vielleicht trinkt der Kanzler jetzt beim Präsidenten noch ein Feierabendbier, für die Abgeordneten, Diplomaten und Journalisten, die Schröder auf seiner *tour d'orient* begleiten, endet der offizielle Teil des ersten Tages nach dem opulenten Diner. Eine rasante Kleinbusrallye bringt sie zum Taj Sheba, einem nach der legendären Königin von Saba benannten Luxushotel. Doch nicht alle möchten schon ins Bett. »Wir haben doch noch gar nichts von der Stadt gesehen«, sagt eine Mitarbeiterin des Bundespresseamts und lächelt mich an. »Sie kennen sich doch aus hier. Wollen Sie uns nicht ein bisschen was zeigen?«

Nach Alt-Sanaa ist es nicht weit. Der Chef vom Dienst aus dem Bundespresseamt und seine Kollegin, der Bereitschaftsarzt des Auswärtigen Amtes mit seinem Arztkoffer und ein Bundestagsabgeordneter, dem der Bürgermeister von Sanaa einen Krummdolch geschenkt hat, folgen Susanne und mir auf dem Weg zum *suq*. An

der vierspurigen Straße, die die Betonbauten von den alten Turmhäusern trennt, hat sich der Bürgersteig wie jeden Abend zu einer
Hunderte Meter langen Verkaufsfläche unter freiem Himmel verwandelt. Wir schlängeln uns an Socken, Oberhemden und Krawat-
ten aus Fernost vorbei, die hoch auf dem Asphalt gestapelt sind. Der
Duft von billigem Parfüm mischt sich unter den Dieselgeruch von
der Straße. »Chanel! Boss!«, preist ein Händler seine Ware an. Vor
dem Bab al-Jemen verkaufen Männer in Wickelröcken chinesische
Radiogeräte, tragbare Fernseher und Mehrfachsteckdosen.

Hinter dem Tor in der Altstadt sind die Straßenlaternen erlo-
schen, aus manchen Fenstern dringt flackerndes Kerzenlicht. Nur
bei zwei oder drei Turmhäusern verraten die bunt leuchtenden
Oberlichter, dass die Bewohner mit einem eigenen Generator gegen
die Stromsperre gewappnet sind. Die Schmiede auf dem Suq al-Milh
brauchen keine Elektrizität. Sie hocken vor ihren Feuerstellen, die
Zange in der Linken presst das glühende Eisen auf den Amboss, die
Rechte hämmert so lange darauf ein, bis das weiche Metall sich zu
einer Klinge verformt hat. Funken sprühen in hohem Bogen, die
klirrenden Schläge hallen durch die enge Gasse. »Das ist ja wie in
1001 Nacht«, höre ich eine Stimme hinter mir sagen. »Richtig mittel-
alterlich.«

Die vier Schmiede am Ende der Gasse haben ihr Tagwerk bereits
vollendet. Sie sitzen am Boden um einen schwarz gebrannten Stein-
topf voll *fasulia*. Einer von ihnen winkt uns zu. »*Almanja tamam, Almanja okay*«, ruft er, streckt seinen Daumen in die Höhe und bleckt
seine braunen Zähne. »*Baja Mjunitsch! Bickenbauer! Bundisliga!*«

Dem Abgeordneten ist die dunkle Altstadt trotz der Begrüßung
durch den FC-Bayern-Fan nicht ganz geheuer. »Ist es hier nicht gefährlich?«, fragt er. »Gibt es nicht viel Kriminalität?«

»Es ist sicherer als nachts im Berliner Tiergarten«, versucht
Susanne ihn zu beruhigen.

»Wir haben noch von keinem einzigen Überfall in der Altstadt gehört«, pflichte ich ihr bei. »Und seit Jahren ist hier kein Ausländer mehr entführt worden.«

»Taffadalu«, ruft der zweite aus der Männerrunde am Boden, »bitte schön«, und zeigt auf Brot und Bohnen. »Tamam!«

Der Mann vom Bundespresseamt winkt ab, zückt seine Kamera und schießt ein paar Fotos. »So was sieht man im Tiergarten nicht!«

Da biegen Soldaten im Kampfanzug um die Ecke, Maschinengewehre auf dem Rücken, in ihrer Mitte eine Gruppe ausländischer Männer in Anzügen. Der Mann mit dem Arztkoffer erkennt sie sofort: Es sind Unternehmer und Firmenvertreter aus der deutschen Wirtschaftsdelegation. Nach den Terminen in Saudi-Arabien und den Emiraten, und bevor es morgen in den Oman weitergeht, ist die Stippvisite in Sanaa für sie eine Art Kurzurlaub, schließlich sind hierzulande keine großen Aufträge zu vergeben, um die zu feilschen sich lohnen würde.

Warum haben die Militärschutz und wir nicht? fragt der Blick des Bundestagsabgeordneten. Die Soldaten beratschlagen kurz, vielleicht überlegen sie, sich aufzuteilen, damit unser Grüppchen nicht länger schutzlos durch die dunkle Stadt ziehen muss. Von Abdallah, Ibrahim oder Kamal wollen wir nicht in Begleitung von Sicherheitskräften gesehen werden, also gehen wir schnell weiter.

Auch der Abgeordnete kommt mit. Am nächsten Morgen ist er zum Telefoninterview mit einem Radiosender in Deutschland verabredet, dafür braucht er noch ein kurzes Briefing. »Wie demokratisch ist der Jemen? Wie sieht es mit der Pressefreiheit aus?«, fragt er. »Und wie ist der Umgang der Regierung mit Islamisten zu beurteilen?«

Wir erzählen, was wir gelesen haben. Doch – was wissen wir nach 13 Tagen schon aus eigener Erfahrung über dieses Land, davon abgesehen, um welche Zeit die Muezzine rufen, woher wir Hafer bekommen und wie man gute *qat*-Stängel erkennt? Wir stellen uns selbst mehr Fragen als wir Antworten geben könnten.

Am nächsten Morgen sind noch mehr Soldaten in der Altstadt unterwegs, in blauen und grünen Uniformen, manche in Tarnanzügen. Sogar auf den flachen Dächern sind Schützen mit Helmen postiert. An anderen Tagen erwacht um diese Zeit der *suq* erst langsam, heute herrscht um halb neun schon Gedränge in den Gassen, die zum Bab al-Jemen führen. Der Kanzler will die Altstadt besuchen.

»*Almanja okay*«, ruft ein Händler und hält seinen Daumen in die Höhe. Er streckt mir die rechte Hand entgegen und winkt mich mit nach unten gekrümmten Fingern zu seinem Stand mit Datteln und Rosinen. Neben einem Koranvers hängt ein großes Zeitungsfoto von Schröder, dem Mann, der auf den Titelseiten seit Tagen Artikel zu neuen Wasser-, Bildungs- und Energieprojekten schmückt. »*Tamam*«, jetzt strecke auch ich meinen rechten Daumen hoch. Seite an Seite mit Schröder ist Hisbollah-Führer Nasrallah an der Wand verewigt. Ich muss grinsen.

Vom Bab al-Jemen sind Trommeln zu hören, innerhalb der Stadtmauer drängen sich Jungen und Männer, Händler und Altstadtbewohner. Sogar die Tagelöhner, die sonst um diese Zeit an der Straße sitzen und auf Arbeit hoffen, haben sich heute Morgen freigenommen. An manchen Fenstern der Turmhäuser sind die Vorhänge ein klein wenig zur Seite gezogen, Frauenaugen versuchen auch etwas von dem mitzubekommen, was ihre Männer nach draußen gelockt hat. Am Tor fährt ein silbergrauer Mercedes mit deutschem Fähnchen vor, die Trommler werden lauter. Zwei Männer mit braunen Westen über ihren blütenweißen Kleidern beginnen zu tanzen. Synchron setzen sie ihre frisch polierten schwarzen Lederschuhe auf das graue Pflaster, Krummdolche schneiden kunstvoll Achten in die Luft.

Wie schön es sei, dass hinter all diesem alten Gemäuer noch Leben ist, sagt Schröder in die Kameras. Und dass er gut nachvollziehen könne, warum sich immer wieder Deutsche in diese Stadt verliebten. Er steuert auf die tanzenden Männer zu, greift nach einer *dschambia* und versucht auch ein paar Schritte, ohne genau den Takt zu treffen. Die berockten Männer rundherum spenden trotzdem Beifall: »*Almanja okay!*«, rufen sie und klatschen sich in Stimmung.

Vielleicht wissen sie, wie viel deutsches Geld in manchen strahlenden Fassaden ihrer Stadt steckt. Vielleicht haben sie auch gehört, dass dieser Fremde, der da unbeholfen seinen Krummdolch schwingt, gern den Irakkrieg verhindert hätte. Oder sie freuen sich einfach, dass sie ein Staatsmann mit so großer Delegation besuchen kommt, in dieser abgeschiedenen Altstadt, wohin sich selbst mancher Landsmann aus den Neubauvierteln oder den Städten des Südens niemals verirren würde.

Als der Kanzler, beschenkt mit Weihrauch, Datteln und einem Steinnapf, wieder in seinen Wagen gestiegen ist, spricht eine junge Frau Susanne an. Ihr Gesicht ist unverschleiert, sie hält einen Schreibblock in der Hand, um den Hals baumelt an einem gelben Band die schwarz-rot-gold und rot-weiß-schwarz verzierte Akkreditierung für den Staatsbesuch. »Sind Sie aus der Bundesrepublik? Sind Sie mit Schröder gereist?«, fragt sie und stellt sich als Journalistin vor, die für die staatliche Nachrichtenagentur arbeitet. Wo sie unsere Sprache gelernt habe, fragen wir sie. »Ich habe Germanistik an der Universität studiert. Mein Vater verehrt Hitler, deshalb ließ er mich Deutsch lernen. Ich mag Deutschland wirklich sehr.«

Intarsien

Der Schlüssel ist aus Eisen geschmiedet, gut 15 Zentimeter lang und ein halbes Pfund schwer. Drei Umdrehungen an der richtigen Stelle im Schloss, und die geschnitzten Zähne der hölzernen Mechanik schieben den Riegel zurück. Mit einem dumpfen Knarzen öffnet sich das schwere Hoftor. Über eine kniehohe Schwelle betreten wir zu dritt den Vorhof. Eine Schar Katzen stiebt verschreckt auseinander, ein pummeliger grau getigerter Kater hat Mühe, den anderen über die Mauer in den Nachbarhof zu folgen. Das Steinpflaster liegt unter einer dicken Schicht Dreck begraben, im Beet links neben dem Tor ist die Erde mit Glasscherben und Fetzen rosaroter Plastikfolie gemischt. »Schufi«, »schau«, sagt Mohammed und öffnet eine schmale Tür vom Vorhof in den verwilderten Garten. »Schufi«, sagt er und hebt die rostige Klappe des blechernen Wassertanks, der dort vor einem Haufen Schutt und Steinen steht. Das Wasser riecht modrig, die Oberfläche schimmert grün.

Es ist das fünfte leer stehende Altstadthaus, das wir besichtigen. Abdallah hat in den vergangenen Tagen Makler für uns gespielt und uns zwei dunkle baufällige Häuser gezeigt, Mohammed – jener, der uns das *qat*-Kauen beigebracht hat – wollte uns mit Beton und Alufenstern renovierte Wohnungen vermitteln. Und jetzt zeigt uns der bräsige Mohammed aus der ersten *qat*-Runde das am Ende einer Sackgasse versteckte fünfstöckige Haus. »300 Jahre alt«, sagt er.

Die Bauherren damals müssen schreckliche Angst vor Feinden gehabt haben, der untere Teil des Hauses gleicht einer Burg. Zickzackfriese markieren ihre Stockwerke, die Fenster sind weiß umrandet, und dreieckige Zinnen krönen das flache Dach. Wir betreten die Festung durch eine niedrige Holztür, die von außen schwarz verkohlt ist und von innen mit zwei senkrechten und zwei waagerechten Riegeln verschlossen wird. In der Eingangshalle empfangen uns angenehme Kühle und der Gestank nach Katzenurin. Durch die Schlitze in der dicken Mauer fällt kaum Licht herein, selbst als Mohammed den Schalter findet, bleibt die Glühbirne aus. »Für die Tiere«, sagt Mohammed und zeigt auf die beiden Räume rechts und links von der Eingangshalle. In den ehemaligen Ställen liegt das Gerümpel von Jahrzehnten: Mühlsteine, Fensterläden, Glasscherben, eine Leiter. Im Düstern ertasten wir den Weg nach oben. Die gekalkten Wände hinterlassen weiße Spuren auf meinem schwarzen Kleid. Mohammed öffnet eine der drei Türen im ersten Stock. Dahinter liegt ein Raum, der mit hüfthohen Mauern unterteilt ist. Von Mohammeds Erläuterung verstehe ich »*chubs*«, »Brot«. Der Getreidespeicher?

Gegen den Uhrzeigersinn schlängelt sich die steinerne Treppe weiter nach oben, sie windet sich um eine Säule, die *umm al-beit*, »Mutter des Hauses«. Auch in diesem Haus sind die Stufen viel zu hoch und die Türen viel zu niedrig. Die dunkle Holztür, die im zweiten Stock vom Treppenhaus abgeht, ist verschlossen. Die im dritten Stock steht offen. Wortlos geht Mohammed mit seinen schweren Schritten voran in einen hohen Raum mit einem groben Pflaster wie auf der Straße. Aus einem Loch im Fußboden kommt ein blaues Seil und verschwindet durch ein zweites Loch in der Decke. Mohammed fasst den Strick. »*Schufi*«, befiehlt er und schickt mich zum gemauerten Erker an der Stirnseite. Als ich meinen Kopf in den Vorbau stecke, kann ich durch eine Öffnung im Boden den Hof und den davor liegenden Platz einsehen, ohne selbst gesehen zu werden. Als Mohammed am Seil zieht, öffnet sich die Haustür.

In einem langen schmalen Raum nebenan sind die Scheiben der beiden Fenster zerbrochen. Auf dem blanken Zementboden liegen

zwei zerschlissene Matratzen, verdorrte *qat*-Blätter und Zigaretten-
stummel. Aber ich habe das Gefühl, eine Kapelle zu betreten. Neun
Oberlichter mit Mosaiken aus buntem Glas, schmal und hoch wie
Kirchenfenster, verwandeln die Sonnenstrahlen, zaubern zarte Farb-
kleckse an die schiefen weißen Wände, lassen sie in Rot, Blau, Gelb
und Grün leuchten. Stege aus Gips formen symmetrische Muster,
die mit farbigem Glas ausgelegt sind – strahlende Sterne, Herzen
und Blüten. Unter diesen *qamarias* ragen Simse aus der Wand, verbunden durch weißen Stuck, geformt mit den Händen und viel Fan-
tasie, ohne Wasserwaage oder Winkel. Mohammed lehnt mit einer
Kamaran zwischen den Lippen in der Diele und beobachtet, wie sich
unsere Skepsis in Faszination verwandelt, wie wir staunend zwischen den Zimmern hin und her laufen. »Alabaster!«, ruft Klaus aus
dem kleinen Zimmer gegenüber. Über den Fenstern sind fein mar-
morierte honigfarbene Alabasterscheiben in die Mauer eingelassen,
in der Wand zum Hof sitzen in einer Nische zwei runde *qamarias*.
Die Fenster sind mit Läden verschlossen, in deren Flügel die Schreiner jeweils ein weiteres kleines mit Schnitzereien geschmücktes
Türchen eingearbeitet haben.

Den Weg zum Bad weist uns der Geruch. Der Steinboden sieht
noch aus wie damals, als das Haus gebaut wurde, das Klo im Boden
funktioniert ebenfalls wie seit Jahrhunderten – mit einem Eimer
Wasser daneben. Nur eine ehemals wohl hellblaue Badewanne, in
die sich eine grün schimmernde Kalkschicht gelegt hat, und ein
elektrischer Boiler sind in jüngerer Zeit dazugekommen. Die Zimmerdecke ist halb so hoch wie in den anderen Räumen, ich kann
gerade noch aufrecht stehen. Darüber befindet sich ein Stauraum,
der über eine große Luke in der Wand des Zimmers mit den Alabasterscheiben zugänglich ist. »*Jalla*«, treibt Mohammed zur Eile. Der
vierte Stock ist die Küchenetage. Hier gibt es kein buntes Glas, keinen Alabaster und keine Schnitzereien. Dafür eine Holzklappe hin-

unter zu einem Brunnen. Das Steinchen, das ich hineinwerfe, schlägt auf trockener Erde auf. Der Grundwasserspiegel in Sanaa ist in den vergangenen Jahrzehnten dramatisch gesunken. Das Wasser, das aus einem Hahn in die Blechspüle tropft, stammt aus mehreren hundert Meter Tiefe.

Durch den Vorraum der Küche gelangen wir auf eine Terrasse. Ein paar mit dem erdigen Boden verklebte Federn und der Gestank lassen vermuten, dass frühere Bewohner hier ihre Hühner hielten. Eine zwei Meter hohe Mauer schützt die Terrasse vor Blicken. Nur aus dem kleinen Fenster im obersten Stockwerk des Nachbarhauses beugt sich eine alte Frau und beobachtet, was sich nebenan tut.

Acht weitere der riesigen Stufen, und wir stehen im *mafradsch*. Die Tür ist mit Intarsien aus Knochen verziert, die Fenster sind auch hier kaputt, und die Fensterläden drohen beim nächsten Windstoß aus den Angeln zu brechen. Aber wieder diese bunten Schatten auf weiß glänzendem Stuck! Und der Blick von der Dachterrasse! Wie aus Ton geformte Bauklötze liegen die Häuser der Altstadt um uns herum, ab und an ragt ein Baum zwischen dem Braun hervor. Doch die Aussicht geht weiter, viel weiter noch als vom Dach des Ausländerhauses, bis zur Neustadt, bis zu den kahlen Bergen. »Dschamil«, »schön«, sage ich zu Mohammed, und sein weiches Gesicht verzieht sich zu einem schüchternen Lächeln. Mehr arabische Vokabeln habe ich nicht, um meine Begeisterung auszudrücken. Hier will ich wohnen, hier will ich jeden Tag sitzen, lernen, arbeiten, Freunde einladen und über unsere neue Stadt blicken.

Aber fünf Stockwerke – gebaut für eine Großfamilie von der Uroma bis zum Urenkel und noch ein paar Ziegen dazu – sind zu groß für uns zwei. Wer außer uns kann sich noch in dieses Haus verlieben, in dem es keine Kanten, sondern nur Rundungen, keine ebenen Flächen und viele kaputte Fenster gibt? Wer kann genügend Arabisch, um die Renovierung zu organisieren? Und mit wem möchten wir eine Jemen-WG gründen? Es gibt nicht viele Ausländer, die in einem eigenen Haus in der Altstadt wohnen. Wer Arabisch lernt, begnügt sich meist mit einem Zimmer in der Sprachschule. Und fast alle Diplomaten und Entwicklungshelfer leben in Hadda oder anderen Vierteln der Neustadt. Dort gibt es moderne Villen mit großen Gärten und Wächtern, breite Straßen und Supermärkte und weniger neugierige Nachbarn. Einige internationale Organisationen verbieten ihren Mitarbeitern sogar, innerhalb der Altstadtmauern zu wohnen. In den engen Gassen, durch die im Notfall kein gepanzerter Wagen passt, könnten sie nicht für die Sicherheit garantieren.

Ein paar Tage später lernen wir die Mitarbeiterin einer solchen Organisation bei Jane kennen. Chiara ist als Ortskraft angestellt, nicht als Entsandte. Deshalb gilt diese Regel für sie nicht. Sie sucht eine neue Bleibe, denn sie möchte sich nicht länger vom Wächter des Sprachschulwohnheimes fragen lassen, woher sie kommt und wohin sie geht, und ab zehn Uhr abends vor verschlossener Tür stehen. Chiara hat wie wir gerade erst mit dem Arabischlernen angefangen. Aber im Gegensatz zu uns kann sie sich ohne große Mühe mit den Sanaanis verständigen. Sie spricht einfach wie zu Hause in Malta, der Dialekt der einst von Arabern beherrschten Insel ist dem in der Altstadt ähnlich. Chiara nimmt die zweite Etage. Wir die dritte. Und Hanna entscheidet sich für ein kleines Zimmer im ersten Stock.

Hanna übernimmt auch die Verhandlungen mit Mohammed, Fachmann für Gips und von der Hausbesitzerin mit der Renovierung beauftragt. Gips-Mohammed nennen wir ihn, um ihn von den vielen anderen Mohammeds, die wir inzwischen kennengelernt haben, zu unterscheiden. »Mohammed Gips«, meldet auch er sich bald am Telefon, wenn er uns anruft.

Wir bezahlen drei Monatsmieten im Voraus, dafür übernehmen die Besitzer die Instandsetzung, vereinbart Hanna mit Mohammed.

Gemeinsam erstellen wir auf Englisch und Arabisch eine Liste mit allem, was noch zu tun ist: den Schutthaufen im Garten abtragen, die Fenster ausbessern beziehungsweise erneuern, in Chiaras Stockwerk ein Bad und in unserem ein Waschbecken einbauen, neue Wassertanks installieren, die Wände streichen, das Haustürschloss auswechseln.

Nach dem Abendgebet nehmen Gips-Mohammed, Hanna, Klaus und ich ein *dabab*. »Zum Ibn-Sina-Krankenhaus auf der Dairi-Straße«, ordnet Gips-Mohammed an. Dort arbeitet Doktor Ibrahim, der Schwiegersohn der Hausbesitzerin, der aufgrund seiner Auslandsreisen und Englischkenntnisse von der alten Frau bestimmt wurde, sich um die Vermietung ihres Elternhauses zu kümmern. Ibrahim ist Spezialist für Nierentransplantationen an der Privatklinik. Er empfängt uns im weißen Kittel in seinem Chefarztzimmer. Wir nehmen auf schwarzen Kunstledersesseln und chromglänzenden Stühlen Platz. Doktor Ibrahim geht unsere Liste durch, nickt und setzt seine Unterschrift darunter. »Bis zum Einzug in zwei Wochen ist alles erledigt. Ich kümmere mich persönlich darum«, verspricht er. Jetzt sind wir dran. Wir unterschreiben den auf Arabisch verfassten Mietvertrag, in dem wir bis auf »300 Dollar« nichts entziffern können, und überreichen Doktor Ibrahim 900 Dollar. »*Mabruk*«, »Glückwunsch«, sagt Gips-Mohammed. Doktor Ibrahim ruft seinen Assistenten. Der bringt fünf eiskalte blaue Pepsi-Dosen. »Bibsi!«, sagt Doktor Ibrahim und reicht uns je eine. Mit »Bibsi« stoßen wir auf unser neues Zuhause an.

Charas heißt unser zukünftiges Viertel. Von der Saila führt eine Gasse, gerade so breit wie ein Auto, zu einem großen quadratischen Platz. Ein paar Autos parken hier, Kinder spielen Ball, und zwei winzige Läden verkaufen Waschmittel, Windeln, Milchpulver und vor allem Süßigkeiten. Die beiden Häuser mit den Läden trennt ein mit großen Steinen gepflastertes Gässchen. »*Ma fisch tariq!*«, »Hier geht's nicht durch!«, rufen die Kinder und stellen sich uns in den Weg. »Unser Haus, hier«, stammeln wir und gehen trotzdem weiter. Nach wenigen Schritten biegt die Gasse im rechten Winkel links ab und mündet in einen kleinen Platz, ebenfalls quadratisch, auf jeder Seite begrenzt von einem oder zwei Häusern. Das links an der Stirnseite ist unseres. Diesen Weg gehen wir jetzt täglich zweimal, vormittags und nachmittags. Und immer stehen wir vor verschlossener Tür. Die Fenster sind immer noch nicht neu verglast, kein Handwerker ist zu sehen.

Trotzdem bereiten wir den Umzug vor. Wir haben weder Tisch noch Bett, nicht mal einen Teller und Besteck. Und keine Ahnung, wo wir all das bekommen könnten. Vor allem brauchen wir Vorhänge. Die Geschichte einer Deutschen, die vor einigen Jahren für ein paar Monate ein Haus in der Altstadt bezog, ist uns noch gut in Erinnerung. Kurz nach dem Einzug kamen die Vermieter und brachten einen Ballen Stoff mit. Sie konnten es nicht länger mit ansehen, wie sich diese Ausländerin ungeniert in die Wohnung blicken ließ.

Sitara steht im Wörterbuch für Vorhang, in mehreren Gassen auf dem *suq* wird ausschließlich Stoff verkauft, daneben sitzen Schneider in kleinen Buden und fertigen *sannas*, die langen Männerkleider, nach Maß an. Der Älteste unter ihnen winkt, als er mich mit dem Stoff in der Hand unschlüssig dastehen sieht. Er sitzt im Schneidersitz vor seiner Nähmaschine, eine einzige Glühbirne taucht den vielleicht drei Quadratmeter kleinen Raum in schummriges Licht. Die Wangen des Schneiders sind eingefallen, der Mund ist fast zahnlos, die glasigen Augen scheinen kaum mehr etwas zu sehen. »*Sitara*«, sage ich, er nickt und fasst ein Ende des dünnen weißen Stoffes. Ich lege mein Maßband an, er schneidet zu. Ich falte den Saum, er näht – auch ohne zu sehen – fast gerade. Als wir auf diese Art alle zwölf Vorhänge fertig haben, nimmt er meine Hand und küsst sie.

Endlich treffen wir Gips-Mohammed im Haus an. Er hat sich in der kühlen Eingangshalle ein Lager aus geblümten Schaumstoffmatten gebaut. Dort sitzt er und kaut *qat*. »Warum arbeitet hier niemand? Wie soll das alles in einer Woche fertig werden?« Hanna spricht mit Mohammed. Die Hausbesitzerin zahle nicht, also arbeite er auch nicht, es sei denn, wir gäben ihm Geld. Und was ist mit dem Mietvorschuss, den wir für die Renovierung gezahlt haben? Mohammed kaut, die rechte Backe des ohnehin dicken Gesichts wird noch dicker, er versteht unsere Aufregung nicht. Aber Doktor Ibrahim hat versprochen, dass alles fertig wird! Dann sollen wir doch den Doktor anrufen! Der Doktor beschwichtigt, die Wassertanks seien bereits bestellt, er kümmere sich, keine Sorge, wir könnten pünktlich einziehen.

Das nächste Mal bringt uns ein Lieferwagen auf den großen Platz vor dem Haus. Wir haben endlich Stühle gefunden, gezimmert aus Treibholz von der Küste des Roten Meers und mit Seilen aus Palmfasern bespannt. Heute versperren uns die Kinder nicht den Weg, mittlerweile wissen sie, dass wir keine neugierigen Touristen, sondern zukünftige Nachbarn sind. Die Kleinen klettern auf die offene Ladefläche, hieven sich Stühle und Bänke auf die schmalen Schultern, schleppen die Möbel in unseren Hof, gucken neugierig ins Haus. Dort sitzt Gips-Mohammed, kaut *qat* auf seinem Schaumstoffthron, heute zusammen mit einem Freund.

»*Aml?*«, »Arbeit?«, frage ich, er reagiert nicht. Sitzt und kaut, weicht auch nicht von der Stelle, als wir die Stühle an seinem Thron vorbei nach oben tragen wollen. Ich bin verzweifelt angesichts der Vorstellung, in vier Tagen in ein Haus ohne Wasser und Fenster ziehen zu müssen. Fühle mich ohnmächtig, weil mir die Sprache fehlt, um herauszufinden, warum hier niemand arbeitet. Werde immer wütender, je länger ich auf diesen dicken Mann blicke, der sich durch nichts aus seiner nachmittäglichen Ruhe bringen lässt. Und dann brülle ich los, auf Deutsch. Beschimpfe Mohammed, dass er uns hängen lasse, dass er nichts als sein *qat* im Kopf habe. Und sich in unserem Haus breitmache, ohne auch nur einen Finger zu krümmen!

Mohammed erwidert nichts, bleibt sitzen und schweigt. Er scheint peinlich berührt von dieser Deutschen, die derart die Fassung verliert.

Ein paar Stunden später hat er einen Sack Sägespäne besorgt, macht sie feucht, verteilt sie auf den verdreckten Treppenstufen und kehrt Sägespäne und Dreck zusammen auf.

Am nächsten Tag arbeiten sieben Männer gleichzeitig im Haus. »Viel Arbeit«, sagt Gips-Mohammed und streckt uns seine staubigen Handflächen entgegen. Doktor Ibrahim kommt zwischen zwei Operationen selbst zur Baustelle, verspricht, was er schon mal versprochen hat, und dass er die Handwerker notfalls aus eigener Tasche bezahlen werde.

In Chiaras künftigem Badezimmer kracht beim Verlegen der Rohre die Decke ein. Spätestens jetzt ist klar: Wir müssen den Einzug verschieben. Eine Woche später wird alles fertig sein, denken wir, und besorgen weiteres Mobiliar: einen gusseisernen Gaskocher *»made in China«*, Porzellanschüsselchen aus England, die ein Mann in einer Schubkarre anbietet, einen Teppich aus Ziegenhaar, gewebt auf der Insel Soqotra. Nur Messer und ein Esstisch sind schwer zu finden in einem Land, in dem fast alle auf dem Boden mit den Händen essen.

Am Umzugstag, Gründonnerstag in Deutschland, laden wir unsere zwei Rucksäcke, den Koffer, die beiden Laptops und alles, was wir in den vergangenen Wochen angeschafft haben, auf Schubkarren. In Schubkarren wird in der Altstadt alles transportiert: Frauen lassen sich darin von Halbwüchsigen ihre Einkäufe nach Hause schieben, Schreiner liefern damit ihre Fenster aus, Händler nutzen sie als mobile Verkaufsstände. Während sie auf Kundschaft warten, sitzen die Schubkarrenjungs in ihren Schubkarren und trinken Tee.

Oder sie betreiben auf dem Markt Akquise, laufen potenziellen Auftraggebern hinterher und rufen: »*Arrabia, arrabia!*«

Zwei *arrabias* bringen unser Hab und Gut zum neuen Haus. Es riecht nach frischer Farbe! Aber die Fenster haben immer noch kein Glas. Und in der Eingangshalle sitzt Gips-Mohammed, kauend. »*Bukra*«, »morgen«, das verstehen wir inzwischen, werde der Rest erledigt.

Bis morgen wollen wir nicht warten und legen selbst Hand an. Wir beginnen in der Küche. Dort gibt es nicht nur den vertrockneten Brunnen, sondern auch drei Öfen: in einer Nische eingemauerte Tonfässer. Unter jedem Ofen ist ein Hohlraum zum Befeuern. Die Decke über den Öfen ist rußschwarz, als Rauchabzug dienen pyramidenförmige Öffnungen. Von der Dachterrasse kann man durch sie in die Küche sehen – nachschauen, ob das Essen schon fertig ist. Wie in solchen Öfen Brot gebacken wird, wissen wir aus den Garküchen. Der Brotteig wird auf einem runden Kissen zu einem hauchdünnen Fladen geformt, an die heiße Wand des tönernen Ofens geklebt und so lange gebacken, bis die Ränder anfangen, schwarz zu werden. In unseren Öfen scheint viel gebacken worden zu sein. Einen Eimer Asche nach dem anderen schaufeln wir heraus, der graue Staub beißt in den Augen, kitzelt in der Nase, klebt auf der schweißnassen Haut. Am Abend geben wir den Kampf gegen die Asche der vergangenen Jahrhunderte auf und beschließen, die Ofenlöcher mit Steinplatten zu verschließen. Unser Brot wollten wir ohnehin nicht selbst backen.

In den folgenden Wochen als Heimwerker stellen wir fest, dass der *suq* mehr zu bieten hat als jeder Baumarkt. Der erste Schraubenzieher ist ein Fehlkauf, schon nach einer einzigen Schraube löst sich der Griff. Wir bringen ihn zurück in das bis unter die Decke mit Zangen, Feilen, Schlössern, Haken und Schläuchen voll gestopfte Geschäft in der Werkzeugmachergasse. Der Verkäufer hat

Verständnis, probiert die anderen Schraubenzieher derselben Sorte aus, keiner hält. Eines der nutzlosen Werkzeuge nach dem anderen wirft er in hohem Bogen auf die Gasse. »Aus China«, kommentiert er und verzieht abfällig sein Gesicht. Der Werkzeugverkäufer wird unser Lieblingshändler, und wir werden seine treuen Kunden. Er schenkt uns Schrauben, wir kaufen einen Hammer und Drähte und Sägen. Er zeigt uns, welcher Schmied die schönen großen Nägel schmiedet, die wir als Kleiderhaken verwenden, welcher Schreiner Holz für Regale zurechtsägt und wo wir Fassungen und Kabel für Lampen bekommen.

Nur wie die Wasserversorgung im Haus funktioniert, müssen wir selbst herausfinden. Statt des blechernen steht inzwischen ein neuer schwarzer Kunststofftank im Garten, ein kleinerer zweiter ist auf dem Dach montiert. Der Tank im Garten ist an die öffentliche Wasserleitung angeschlossen. Mehrmals pro Woche, wenn unser Viertel an der Reihe ist, läuft er voll.

»Susanne, es kommt kein Wasser mehr!« Chiara steht nur in ein Handtuch gewickelt im Treppenhaus, auf ihren dunklen Haaren türmt sich ein Berg weißer Schaum. Ich laufe in die Küche und lege den kleinen vergilbten Schalter um, auf den Gips-Mohammed uns mit dem Wort »bumba« hingewiesen hat. Ein tiefes Brummen setzt ein, ein Gurgeln, ein Blubbern, und dann rauscht das Wasser vom Garten- in den Dachtank, getrieben von einer elektrischen Pumpe. »Die Dusche läuft wieder, danke!«, ruft Chiara zehn Minuten später durchs Haus. Zufrieden, ein Problem mehr in diesem Haus bewältigt zu haben, setze ich mich wieder an den Computer. Nach einer Weile, Chiaras lange Haare sind längst trocken, schlägt jemand hektisch den eisernen Klopfer gegen das Hoftor. »Al-ma, al-ma!«, tönt eine Kinderstimme durchs offene Fenster herein. Ich laufe zum Fenster und sehe »al-ma«: Das Wasser, das längst nicht mehr im Tank auf dem Dach Platz hat, ergießt sich von der Dachterrasse in den Gar-

ten, überschwemmt den Hof und fließt, zu einem Bächlein an-
geschwollen, die Gasse hinunter.

Endlich, die Fenster sind dicht, und die Haustür hat ein neues
Schloss. Um die ersten Besucher einladen zu können, brauchen wir
bloß noch Polster. Alle Zimmer in einem jemenitischen Haus sind
mit schmalen schweren Matratzen auf dem Boden eingerichtet, oft
die einzigen Möbel – tags Sofa, nachts Bett. Auch die Matratzenma-
cher haben eine eigene Gasse auf dem *suq*. Ob er sie mit Baumwolle,
Stoffresten oder Stroh füllen solle, fragt der Chef im hintersten Laden
der Matratzenmachergasse kurz vor dem Bab al-Jemen. Und: Matrat-
zennähen ist Maßarbeit, lernen wir von ihm. Deshalb schickt er uns
gleich seinen Gehilfen mit nach Hause. Der schreitet den *mafradsch*
ab, dann unsere Etage, schließlich nimmt er in Chiaras Wohnzimmer
Maß. Während er am Boden hockt und die gewünschte Länge und
Breite notiert, öffnet Chiara zum ersten Mal das Schränkchen in der
Zimmerecke, einen in die Wand eingelassenen Stauraum, verschlos-
sen mit einer geschnitzten Tür, wie es sie überall im Haus gibt.
Chiara schreit auf, Hanna lugt neugierig hinter die kleine Holztür.
    »Eine Handgranate!«, ruft sie, nicht ganz so entsetzt wie Chiara.
    »Die funktioniert noch«, stellt Hanna fest, die in der Schule in der
DDR auch im Handgranatenwerfen unterrichtet wurde. Der Matrat-
zenmachergehilfe versteht die Aufregung nicht. Eine Handgranate?
»Haben viele Familien zu Hause«, sagt er. Er lässt das verstaubte
Wurfgeschoss in seiner Jackentasche verschwinden und verspricht,
es bei der Polizei abzugeben.

Alif, ba, ta

Ein Strich wie ein großes I, ein kleines u mit einem Punkt darunter, dann eines mit zwei Tüpfelchen darauf. Langsam wie eine Erstklässlerin male ich die Buchstaben des arabischen Alphabets in mein Heft, von rechts nach links: ‏ت ب ا‎

Alif, ba, ta. Die ersten drei kann ich schon, das sind die einfachsten. Fehlen noch 25 und ihre Variationen, denn: »Die meisten Buchstabengrundkörper werden abgewandelt, wenn sie im Wortzusammenhang geschrieben werden«, steht im Lehrbuch. Und dass ich den Querstrich mit einem Punkt darüber und dem nach rechts offenen Halbkreis darunter wie einen »stimmlosen Gaumensegelreibelaut« aussprechen muss ...

Ich habe mich mit dem Arabischlehrbuch auf die Dachterrasse unseres neuen Hauses geflüchtet, denn unten in der Wohnung sind immer noch die Handwerker zugange. Hier auf dem Dach liegen inzwischen ein Teppich aus Stroh und mit rotem Stoff bezogene Kissen. Entlang der Brüstung stehen gut ein Dutzend Tontöpfe und Schalen vom *suq*, in denen Oleander, Bleiwurz und pink blühende Sukkulenten in der steinigen Erde aus unserem Garten ums Überleben kämpfen. Der Zierhopfensamen ist gar nicht erst aufgegangen.

Hamdani, der von Jane aufgepäppelte Kater, läuft Slalom zwischen den Blumentöpfen. Dann springt er auf die Brüstung und beobachtet aus sicherer Höhe den Streit der fauchenden Straßenkater unten im Vorhof. Dies ist sein Terrain – wie mir scheint er sich allmählich zu Hause zu fühlen.

»Den Kehlkopf in die Höhe pressen und bei verengter Stimmritze die Luft hindurchpressen«, lese ich die Anweisung für die Aussprache des Buchstabens, der aussieht wie ein großes E in Schreib-schrift. Im grellen Licht der Vormittagssonne verschwimmen Kringel, Striche und Punkte zu einem großen Fragezeichen. Wie naiv zu denken, selbst eine der schwierigsten Sprachen ließe sich leicht lernen, wenn man sich nur eine Weile dort aufhält, wo sie gesprochen wird.

Dass wir noch immer keinen Lehrer haben, der uns im Kampf mit glottalen Plosiven, Trägervokalen und Nunation beisteht, liegt an den Sprachschulen. In den vergangenen Wochen haben wir uns die drei Institute in der Altstadt angesehen. In der ersten Schule an der Saila saßen bis auf die Augen verschleierte Japanerinnen im Hof und erzählten vom Streit, den es im Wohnheim der Schule gebe: Die Malaysier, die zum Koranstudium im Jemen seien, wollten sich die Küche nicht mit den in ihren Augen Ungläubigen teilen. Außerdem habe der Direktor den Lehrerinnen verboten, mit den Lehrern zu sprechen. Unser Lehrer in der Probestunde hieß Ussama. Er war Anfang zwanzig, kicherte, wenn ich ein Wort falsch aussprach, und wusste auch nicht, wie er mir den »Gaumensegelreibelaut« beibringen sollte.

Die anderen beiden Schulen stellten eine merkwürdige Rechnung auf: Da der Einzelunterricht zehn Dollar je Stunde koste, würden für Klaus und mich 20 Dollar fällig, wenn wir uns den Lehrer teilten. Ein gutes Geschäft für den Schuldirektor, der dem Lehrer bestenfalls fünf Dollar bezahlt. Und ein zu hoher Preis für uns, angesichts der vielen hundert Stunden, die wir wohl brauchen werden.

Nach frustrierenden Wochen als erfolglose Autodidakten bekommen wir von Hanna den entscheidenden Tipp: »Mein früherer Arabischlehrer sucht Privatschüler, er braucht Geld, weil er ein Haus baut.« Mansur ist bereit, uns täglich von zwei bis vier Uhr nachmittags zu unterrichten – bei uns zu Hause und heimlich, der Leiter der Schule, an der er vormittags arbeitet, darf nichts von dem Zuverdienst erfahren. Mansur ist so alt wie wir, klein und schmal wie fast alle jemenitischen Männer, und wie fast alle trägt auch er einen Bart unter der spitzen Nase. Seine Dienstkleidung besteht aus einer weiten braunen Bundfaltenhose und einem karierten Hemd.

»As-salamu aleikum«, ruft er überdeutlich betont, streift die Sandalen ab und betritt atemlos von der steilen Treppe unser Wohnzimmer. Aus einer kunstledernen Aktentasche holt er die blasse Kopie eines amerikanischen Arabischlehrbuchs, eine Kassette und ein Säckchen qat. In einer Plastiktüte transportiert er den Kassettenrekorder.

Zu dritt hocken wir barfuß auf dem Boden um das Buch. Mansur zeigt auf Zeichnungen von einer Rose, einem Auto und einem Brocken Fleisch. Er spricht vor, wir sprechen nach: »ward«, »sajjara«, »lachm«. »Read this«, sagt er, wenn er uns Grammatik beibringen will, und deutet auf die Erläuterungen. Mansurs englischer Wortschatz ist kaum größer als unser arabischer. Aber er hat lange Jahre Übung, Zwei-Wort-Sätze von Ausländern zu interpretieren, und wir haben ein dickes Wörterbuch.

»Was habt ihr gestern gemacht?«, fragt Mansur täglich am Anfang der Stunde. Wir konstruieren Sätze über Begegnungen mit Nachbarn, allmähliche Fortschritte bei den Renovierungsarbeiten und die Dauer der Stromausfälle. Wir erzählen, wie wir den mafradsch ans Internet angeschlossen und mit Faris, dem Verkäufer aus unserem Laden, einen Freitagsausflug gemacht haben. Und dass Ibrahim, der fasulia-Koch, zum ersten Mal Vater geworden ist.

»Wa as-sunduq al-barid?«, erkundigt sich Mansur nach unseren langwierigen Bemühungen, ein Postfach anzumieten. Seit gestern haben wir den Schlüssel zu einem gelben kleinen Fach in der Hauptpost am Midan at-Tahrir, dem Platz der Befreiung am Rand der Altstadt. »Post Box 5604, Sanaa, Yemen«, notierte der Schalterbeamte unsere neue Anschrift.

Mansur ist unser wichtigster Verbindungsmann zur jemenitischen Gesellschaft, unser Aufklärer, was Religion und Sitten und Politik betrifft. »Bitte nicht!«, sagt er, als Klaus die Beine so dreht, dass die nackten Fußsohlen in Mansurs Richtung zeigen. »Das ist unschicklich«, erklärt er peinlich berührt und stellt ein Kissen so auf, dass er den Anblick nicht länger ertragen muss.

Als Klaus erzählt, dass Faris den neuen Nachbarn zuliebe jetzt auch aus Bremen importiertes alkoholfreies Beck's im Angebot hat, rümpft Mansur die Nase. »Nicht in Ordnung«, lautet sein Urteil. Auf die Frage, wie wir den arabischen Schriftzug für Coca-Cola korrekt aussprechen sollen, macht er eine wegwerfende Handbewegung und sagt, die komme doch aus Israel, wir sollten lieber »Bibsi« trinken. Bei einer Übung zu den Verwandtschaftsverhältnissen sage ich versehentlich »der Ehemann meines Onkels«. »Das ist falsch!«, korrigiert mich Mansur und weist auf die weibliche Endung hin, die aus dem arabischen Ehemann eine Ehefrau macht. Aber Klaus kann es sich nicht verkneifen anzumerken, dass mein Satz in Deutschland durchaus korrekt sein könnte, schließlich dürften dort Männer auch Männer heiraten. Mansur schüttelt sich angewidert.

»Würdest du gerne einmal ins Ausland gehen?«, fragen wir ihn, als er von seinen Jahren im saudischen Dschidda erzählt, wo sein Vater als Gastarbeiter lebte. »Nein, niemals. Andere Länder sind vielleicht reicher, aber im Jemen ist es am schönsten.«

Der Unterricht folgt einem festen Ritual. Gleich zu Anfang packt Mansur sein *qat* aus und freut sich, als wir endlich verstanden haben, was er am liebsten dazu trinkt: eiskaltes Wasser. Mansur braucht sein *qat* wie wir unseren Nachmittagskaffee. Was passiert, wenn er nicht kauen kann, erleben wir ein paar Wochen später. Der Zahnarzt hat ihm nach einer Kariesbehandlung für einen Tag *qat*-Verbot erteilt. Mansur ist ungeduldig, schlecht gelaunt, gereizt und kann sich kaum wach halten.

Nach der ersten Fragerunde korrigiert Mansur die Hausaufgaben. Um Punkt drei Uhr schaltet er den staatlichen Radiosender ein, denn wir sollen nicht nur Alltagsarabisch lernen. Ein Militärmarsch ist die Erkennungsmelodie für die Nachrichten, auch die Meldungen fangen immer gleich an: »Seine Exzellenz Bruder Präsident Ali Abdallah Saleh, Präsident der Republik …« Es folgt, was Seine Exzellenz an diesem Tag gemacht hat. Gern verschickt er Glückwunschtelegramme zu Nationalfeiertagen, und wenn ein arabischer Bruderstaat feiert, greift er zum Gratulieren auch mal zum Hörer. Einmal verkündet der Staatsfunk als Erstes die freudige Nachricht, dass »Bruder Präsident« »in Frieden« von der vierstündigen Reise aus Tais nach Sanaa zurückgekehrt sei. In der zweiten Meldung geht es grundsätzlich um *filastin*, um Palästina, fast täglich wird vermeldet, dass dort ein »palästinensischer Bürger durch die Kugeln der israelischen Besatzungstruppen den Märtyrertod gestorben« sei. Weiter geht es zu den Toten im Irak, und manchmal, ganz selten, gibt es etwas über den Rest der Welt zu berichten. Mansur nimmt die Nachrichten auf Kassette auf und spielt sie uns so lange immer wieder vor, bis wir zumindest die Schlagzeilen verstanden und fehlerfrei aufgeschrieben haben.

»*Allahu akbar*«, murmelt Mansur, wenn die Muezzine zum Nachmittagsgebet rufen, und stellt für einen Moment den Kassettenrekorder aus, »damit nichts ablenkt vom Gebetsruf«. Erst später, in unserer kurzen Unterrichtspause, verschwindet er im Bad, wäscht sich und geht zum Beten aufs Dach. Das macht er mehrere Wochen lang so – bis er mit dem neuen Vorsteher seiner Gemeinde gesprochen hat. »Der Imam sagt, dass man die Gebete nicht aufschieben und später nachholen darf.« Von nun an verlässt Mansur unmittelbar nach dem »*allahu akbar*« den Raum und verneigt sich auf dem Dach gen Mekka.

Statt einer Zeitung wie in Deutschland gibt es zum morgendlichen Müsli auf der Dachterrasse Vokabelkarten. Das Gedächtnis weigert sich anfangs störrisch, die fremden Laute zu speichern. Nur mühsam gelingt es, eine Verbindung zwischen den geschwungenen Linien mit Punkten und Strichen und der Bedeutung der Wörter herzustellen, noch schwieriger ist es, die kurzen Vokale zu erraten, die im Arabischen nicht ausgeschrieben werden. Stundenlang sitzen wir in der Sonne auf dem Dach, machen Hausaufgaben, versuchen die Logik der Grammatik zu durchdringen, bauen Eselsbrücken. Mansur belohnt unsere Anstrengungen dann mit einem »*mumtas*«, »hervorragend« in Rot unter jedem selbst verfassten arabischen Sätzchen. Ein viel größerer Ansporn ist es jedoch, wenn die fremden Laute etwas bewirken: wenn der Wäscher aufgrund unserer Beschreibung tatsächlich das verloren gegangene Hemd aus einem Stapel hervorzieht, wenn wir auf dem Markt nicht mehr stumm auf Eier, Auberginen oder Granatäpfel zeigen müssen. Oder wenn wir beim Einkaufen bei Faris ein wenig plaudern können. »Warum kauft ihr immer nur eine oder zwei Flaschen Beck's?«, fragt eines Tages Faris' Vater, ein hagerer alter Herr mit feinen Gesichtszügen, der immer eine gehäkelte weiße Kappe trägt. »Wir haben keinen Kühlschrank«, erklären wir ihm. Er überlegt kurz, fragt sich vermutlich, warum diese Menschen sich den Flug aus Europa, das große Haus, teures Importbier, aber offenbar keinen Kühlschrank leisten können. »Wir haben zwei Kühlschränke, einen schenke ich euch«, sagt er und duldet keinen Widerspruch. Kurz darauf schleppen Faris und ein Mann, den er uns als »*muhandis*«, als Ingenieur, vorstellt, den Kühlschrank vier Stockwerke hoch zu uns in die Küche. Der *muhandis* versieht die Kühlschranktür mit einer neuen Dichtung und schraubt ein neues Lämpchen ein, wir versuchen das Gerät mit Holzresten und Wasserwaage einigermaßen gerade auf dem unebenen Küchenboden zu platzieren. Dann brummt es los und produziert in

kürzester Zeit eine dicke Eisschicht im Innern. Später kommt Faris'
Vater mit seinem jüngsten Sohn und einem Neffen vorbei, er will
sich überzeugen, ob sein großzügiges Geschenk auch funktioniert.

Interessiert sieht er sich in unserer Küche um. »Bei uns gibt es
auch in der Küche warmes Wasser«, sagt er nicht ohne Stolz. Dann
erzählt er von seiner Waschmaschine und dass er für uns auch noch
eine alte auftreiben könnte. »Warum reden die so komisch?«, will
der Neffe von seinem Onkel wissen. Faris' Vater erklärt es dem Kleinen: »Das sind Ausländer, die wollen unsere Sprache lernen, um den
Koran zu lesen.«

Auch wenn Mansur nie im Ausland leben möchte, ist er brennend
daran interessiert, was im Westen vor sich geht. Ganz genau will er
wissen, warum Schröder Neuwahlen abhalten lässt. »Euer Regie-
rungschef riskiert sein Amt, weil er nur regieren will, wenn die Deutschen ihn auch unterstützen?« Mansur kann es kaum glauben. »Das
würde kein Machthaber in einem arabischen Land je tun«, sagt er
und erklärt seine tiefe Sympathie für unseren Kanzler. Aber schon
schöpft Mansur Verdacht. Ob hinter Schröders Ankündigung die
Amerikaner stecken könnten? »Vielleicht haben sie ihn bezahlt,
damit in Deutschland jemand an die Macht kommt, der ihre Politik
unterstützt?«, lautet seine Verschwörungstheorie.

Das Böse lauert in Mansurs Vorstellung überall. Wenn er über
Politik spricht, besonders über die seines Landes, schließt Mansur
die Fenster. »Das Mikrofon bitte ausschalten«, sagt er halb scherz-
haft, zeigt auf unser Aufnahmegerät und senkt die Stimme. »Ich war
der Lehrer von John Walker Lindh«, verrät er uns.

»Der Lehrer des ›amerikanischen Taliban‹?« Ich kann mich noch
gut an die Meldungen erinnern, die ich in der Nachrichtenagentur
geschrieben habe: über den bärtigen Konvertiten, der in Afghanistan gegen die Truppen seines eigenen Landes kämpfte. Hier im

Jemen soll er sich vom Sprach- zum fanatischen Koranschüler gewandelt haben. »Ich habe ihm nur Arabisch beigebracht, er war ein ganz normaler Schüler«, beteuert Mansur. »Aber als er festgenommen wurde und sein Bild auf der ganzen Welt im Fernsehen war, bestellte mich die Polizei zum Verhör.«

An einem Mittwochnachmittag ruft Mansur an. »Tut mir leid, ich bin unterwegs, ich kann heute nicht kommen«, sagt er. »Und die Handwerker am neuen Haus verlangen ihr Geld. Könnt ihr mir 100 Dollar leihen?« Ich zögere, denn wir haben den Unterricht bereits für viele Wochen im Voraus bezahlt. Aber es scheint sehr dringend zu sein. »Einverstanden, wir geben dir das Geld«, sage ich, und Mansur kommt noch am Wochenende vorbei. »Ihr könnt mich doch mal besuchen«, lädt er uns ein, nachdem er den Schein mit dem Porträt Benjamin Franklins in seine Brusttasche gesteckt hat. »Dann lernt ihr auch meine Frau und die Kinder kennen.« Allerdings müsse ich mich dann komplett verschleiern. »Die Nachbarn gucken ganz genau, wer uns besucht. Sie sollen nicht wissen, dass ich mit Ausländern zu tun habe, und deshalb denken, ich wäre reich.« Wie Klaus mit seinen blonden Haaren und den blauen Augen als Jemenit durchgehen soll, verrät Mansur nicht.

Im Unterricht behandeln wir jetzt Fabeln, Geschichten von Ziegen, Kühen, Eseln und dummen Dieben. Der Dieb war »zu dumm, um die Ziege zu stehlen« möchte ich auf Arabisch sagen, aber ich weiß nur, was »dumm« heißt, nicht, wie man »zu« ausdrückt. »Was sage ich, wenn mein Tee so heiß ist, dass ich ihn nicht trinken kann?«, versuche ich es mit einem anderen Beispiel.

»Sehr heiß«, sagt Mansur.

»Oder wenn die Hose so kurz ist, dass sie nur bis zum Knie reicht?«

»Sehr kurz«, sagt Mansur.

»Wenn ich aber zehn Minuten nach Abfahrt des Busses an der Haltestelle ankomme, dann bin ich doch mehr als nur sehr spät, wie kann ich das ausdrücken?« Mansur begreift immer noch nicht, worauf ich hinauswill, auch das Wörterbuch weiß keine Antwort, also lassen wir es bei »sehr dumm«, »sehr heiß«, »sehr kurz« und »sehr spät«.

Wochen später finden wir in einem Grammatikbuch des Rätsels Lösung: Es gibt im Arabischen einfach kein »zu«. Und damit auch kein »zu spät«. Das kommt Mansur sehr entgegen. Denn statt wie am Anfang zehn Minuten kommt er jetzt oft eine halbe oder Dreiviertelstunde zu spät. Manchmal kommt er auch gar nicht, sondern ruft abends oder am nächsten Tag an und sagt »Ich war müde« oder »Ich war weit weg«, vermutlich »zu müde« und »zu weit weg«. An einem der Tage, an denen Mansur zu weit von uns entfernt ist, um uns zu unterrichten, braucht er wieder Geld. 100 Dollar fehlen noch, um den Wassertank fürs Haus zu kaufen.

Die Einladung in sein Dorf aber wiederholt er nicht. Dabei war ich schon so neugierig darauf zu erfahren, mit wem unser Lehrer verheiratet ist. Wenn ich Mansurs Frau schon nicht kennenlernen kann, dann wüsste ich zumindest gern, wie die Ehe zustande kam. Lässt sich jemand, der an der Uni zusammen mit Frauen im Hörsaal saß, seine Braut auch von den Eltern aussuchen? Mansur ist die Frage offenbar nicht zu persönlich, ohne zu zögern, erzählt er die Geschichte: Seine Mutter hatte eine Cousine für ihn als Braut ausgewählt, doch er wollte weder die noch sonst eine Frau aus der Verwandtschaft. Aber aus einer guten Familie sollte sie schon stammen. Also fragte er seinen besten Freund, ob er nicht eine Schwester habe, die noch einen Mann brauche. Der Freund bejahte, und so schickte Mansur eine Abordnung weiblicher Verwandter los, die sie begutachten sollten. Da die Delegation nichts einzuwenden hatte, begann er mit dem Vater der Auserwählten über das Brautgeld zu verhandeln. Die Verlobung fand im Haus der Braut statt – eine Unterredung zwischen Mansur, seinem Freund und dessen Vater.

Plötzlich ging die Tür auf, und eine Frau – nur mit Kopftuch, ohne Gesichtsschleier – brachte mit zitternden Händen Getränke. Als Mansur klar wurde, dass es sich dabei um seine künftige Gattin handelte, war sie schon wieder aus dem Zimmer verschwunden. Es dauerte ein ganzes Jahr, bis er sie wiedersehen sollte – in der Hochzeitsnacht. Seither sind zwölf Jahre vergangen, vier Kinder wurden geboren, und die Liebe, sagt Mansur, sei inzwischen sehr groß. Schon kommen die ersten Anfragen aus der Familie, wann denn die älteste Tochter verheiratet werden solle. Jetzt noch nicht und auf keinen Fall an einen Cousin – darin sind sich Mansur und seine Frau einig. Für eine Tochter ein paar tausend Dollar Brautgeld zu nehmen, findet er dagegen völlig in Ordnung. »Schließlich geht man mit Dingen, die man teuer bezahlen muss, sorgfältiger um als mit geschenkten.«

Laufzettel

Der Kugelschreiber kratzt von rechts nach links über die karierte Seite eines Schulhefts. »Im Namen Gottes«, entziffern wir, »bitten die beiden Antragsteller, deutsche Sprachschüler bei einem jemenitischen Privatlehrer, um die Verlängerung ihres Visums, das in zwei Tagen abläuft.« Ahmed rückt sich die grüne Schirmmütze zurecht, die immer wieder auf dem Kopf verrutscht, nimmt den Stift zwischen die Lippen, mustert den Schriftsatz und scheint zufrieden. Er reißt den Antrag aus dem Heft, faltet ihn und deutet auf die Treppe. »Wir müssen in den zweiten Stock!« Dort oben, so hoffen wir, bekommen wir gleich ein Jahresvisum und brauchen uns nicht mehr um unseren Aufenthaltsstatus zu sorgen.

Ahmed, den Beamten, kennen wir, seit wir vor zwei Monaten schon einmal den Bus an der Ausfallstraße hinter dem Bab al-Jemen genommen haben, der zu dem imposanten Neubau mit dem hohen Eisentor fährt. Spätestens 30 Tage nach der Einreise muss sich jeder Ausländer hier auf dem Passamt anmelden – was gar nicht so einfach ist, wenn man kaum die Büroschilder lesen kann. Nur weil Ahmed, ein schmächtiger junger Mann in einer etwas zu großen Uniform, uns aufmunternd mit ein paar Brocken Englisch ansprach, als er uns über die Flure irren sah, und uns schließlich persönlich zu den Kopierern, zur Amtskasse und zu dem Mann mit dem richtigen Stempel geleitete, konnten wir die Behörde bald als ordentlich registrierte Ausländer wieder verlassen.

»Wir sind jetzt Freunde. Ruft mich an, wenn ihr wieder Hilfe braucht«, verabschiedete er uns damals. Unser Handy kennt ihn seitdem als Ahmed Pass.

Jetzt fasst mich Ahmed an der Hand, und wir nehmen mit großen Schritten die breiten Stufen. Ahmed zieht uns über einen langen Flur, vorbei an Aufklebern mit durchgestrichenen Kalaschnikows. Ohne zu klopfen, treten wir durch eine angelehnte Tür in eine dunkle Amtsstube, Ahmed, Susanne, der karierte Zettel und ich. Es riecht nach Putzmitteln. Hinter einem leeren Schreibtisch sitzt ein Uniformierter und tippt mit dicken Fingern in sein Handy. Als ihm Ahmed wortlos den Zettel über das Pult schiebt, öffnet er eine der unteren Schreibtischschubladen und holt einen Stift heraus. Ohne aufzublicken, setzt er schwungvoll seine Unterschrift auf das Dokument.

Nun geht es quer über die glänzenden Steinfliesen im Flur, mitten durch eine Gruppe palavernder Männer in ein zweites Büro. Es ist heller und größer als das erste, hinter drei langen Schreibtischen sitzen ein Dutzend Männer in unterschiedlichen Uniformen, gruppiert um kleine Papierstapel. Sie reden mit Männern, die sich vor den Schreibtischen drängen. Manche sehen aus wie Kollegen, andere wie Bittsteller, dritte sind wohl wie Ahmed beides. Während Susanne und ich vorsichtig an der Tür warten, legt Ahmed unseren Zettel auf einen der Stapel, dazu die beiden Pässe und unsere Aidstests, die wir für die Verlängerung des Visums vorlegen müssen.

Von der Diskussion, die sich hinter den Tischen entzündet und in die sich bald auch lautstark die Männer davor einmischen, verstehe ich nur Bruchstücke. »Ausländer«, sagt Ahmed und zeigt in unsere Richtung, »Deutsche« und »Aids«. Begleitet von ausladenden Gesten, unterhalten sich die Männer über unser Anliegen, während Ahmed zu uns an die Tür kommt und uns die Einwände seiner Kollegen knapp ins Englische übersetzt. Der Aidstest aus dem Deutsch-Jemenitischen Krankenhaus werde nicht anerkannt, wir müssten uns in einer staatlichen Klinik untersuchen lassen, sagt er. Und ohne die Bestätigung einer Sprachschule, dass wir ordnungsgemäß angemeldet seien, könne man unser Visum nicht verlängern.

»Aber wir haben einen Privatlehrer«, wende ich ein. »Und das private Krankenhaus ist doch bestimmt nicht schlechter als das staatliche«, meint Susanne. Ahmed streicht sich über den Schnauzbart und nickt. Zurück am Schreibtisch, redet er erneut auf die Umstehenden ein. Als einer der Männer plötzlich aufsteht und das Zimmer verlässt, löst sich die Menschentraube wie auf Kommando auf und verteilt sich auf die anderen Plätze. Jetzt hat Ahmed mehr Erfolg. Nach ein paar Minuten Reden und Gestikulieren kommt er mit einer weiteren Unterschrift auf dem Zettel zurück.

Die Unterschriftensammlung ist schon beachtlich, als wir zwei Stunden später im Vorzimmer des Bürochefs sitzen. Weil selbst Ahmed sich hier nicht einfach vordrängeln darf, warten wir auf harten Stühlen, bis wir vorgelassen werden. Über einem dicken Ledersessel hängt ein Präsidentenporträt. In gebührendem Abstand zum großen aufgeräumten Schreibtisch des Bürochefs, dessen Schulterklappe mehrere Sterne und der Greifvogel aus dem Staatswappen zieren, stehen sich sechs tiefe Wohnzimmersessel gegenüber. Auf dreien nehmen wir Platz. Der Bürochef blickt kurz auf unseren Zettel, vom Zettel zu uns und sagt: »*La.*« Ein kurzes und bündiges Nein.

Vielleicht hilft Reden. Wir versuchen zu argumentieren. »Unterricht zu Hause«, sagt Susanne und klingt ein wenig verzweifelt. »Deutsch-Jemenitische Gesellschaft«, sage ich, stehe auf und lege dem Mann hinter dem mächtigen Schreibtisch unsere Mitgliedsbescheinigungen auf den Tisch. Aber der Bürochef interessiert sich nicht für deutsche Vereine oder dafür, wie man sich am besten einen Sprachkurs organisiert. Unser Lehrer müsse vorsprechen und für uns bürgen, gebietet er mit knappen Worten. Nur so könne er unsere Visa verlängern.

Am nächsten Morgen stehen wir um acht Uhr mit unserem Lehrer Mansur vor dem Tor, so wie es uns Ahmed empfohlen hatte: »Seid pünktlich, dann werdet ihr die Ersten sein.« Doch außer den

Wachsoldaten, die unter einer rot-weiß-schwarzen Flagge das geschlossene Tor hüten, ist um acht Uhr noch niemand im Passamt. Wir warten auf dem Parkplatz. Mansur holt eine Plastiktüte mit Pausenverpflegung aus seinem Auto: eine Thermoskanne und Weißbrot mit Streichkäse und süßer Sesampaste. Wir setzen uns auf den Asphalt in die Sonne, Mansur schenkt uns *qischr* ein. Die überbrühten Kaffeebohnenschalen schmecken kräftig nach frischem Ingwer.

»Die wissen sicher schon, dass ihr nicht nur einfache Arabischschüler seid«, unkt Mansur. »Einer eurer Nachbarn hat der Politischen Sicherheit bestimmt berichtet, dass ihr als Journalisten arbeitet.«

Ich verschlucke mich. »Politische Sicherheit?«

Wenn nur ein Bruchteil der Gerüchte stimmt, die in *qat*-Runden und unter Ausländern kursieren, dann wissen die Passbeamten tatsächlich längst alles über uns. Unsere E-Mails würden gelesen, warnte uns der Mitarbeiter einer deutschen Stiftung, der Geheimdienst beschäftige so manchen von der Stasi geschulten Spitzel. »Knackt es bei euch auch so komisch im Telefon?«, fragte uns neulich eine amerikanische Freundin.

Um halb neun werden wir ins Gebäude gelassen, aber die meisten Büros sind noch verschlossen, auch das des Chefs – der erst um kurz vor zehn erscheint. Irgendwie sieht er mürrisch aus, noch abweisender als gestern. Mansur zeigt ihm seinen Lehrerausweis, bezeugt, dass wir seine Schüler sind, aber der Bürochef winkt ab. »Ihr braucht die Bestätigung einer Sprachschule«, sagt er, »so wie alle anderen Sprachschüler auch. Wir haben viele Sprachschüler im Jemen.« Während er sich schon der nächsten Akte auf seinem Schreibtisch zuwendet, sagt er uns noch, dass auch unser Aidstest nichts gelte. »Krankenhaus der Revolution«, sind seine letzten Worte. Wir wagen nicht zu widersprechen, auch Mansur schweigt betreten.

Draußen auf dem Parkplatz serviert er uns noch einen heißen *qischr* und ruft Mohammed an, einen Kollegen, der für die Studenten der Sprachschule die Visaangelegenheiten erledigt. Der wisse, wem man wie viel bezahlen müsse, murmelt Mansur verschwörerisch. »Du darfst nicht zu viel zahlen und auch nicht zu wenig und auf keinen Fall dem Falschen«, erklärt er uns die Regeln. Genaueres weiß allerdings auch Mansur nicht, und als Mohammed ans Telefon geht, sagt er, dass er so etwas nur für die Schüler seiner Schule machen könne. Dafür hat unser Lehrer noch eine Idee. »Gibt es in Sanaa nicht auch ein Büro der Deutsch-Jemenitischen Gesellschaft?« Nein, aber eines der Jemenitisch-Deutschen Freundschaftsgesellschaft. »Können die nicht für euch bürgen?«

Ich krame eine Visitenkarte hervor, die mir ein vornehmer älterer Herr vor ein paar Tagen beim »Deutschen Tag« der Fremdsprachenfakultät an der Uni zusteckte: Amin Dirhem, Vizepräsident der Jemenitisch-Deutschen Freundschaftsgesellschaft, Ehrenmitglied der Deutsch-Jemenitischen Gesellschaft, Generalvertreter von Siemens und Lufthansa im Jemen. »Ihr findet mich bei Lufthansa auf der Subeiri-Straße«, sagt er am Telefon. »Kommt gerne vorbei!«

Die unverschleierte Empfangsdame führt uns durch einen schmalen Flur in ein ruhiges Büro. »Tee? Cola? Wasser?« Der kleine ergraute Geschäftsmann, der im eleganten schwarzen Anzug hinter einem Monitor sitzt, schickt einen Bediensteten nach drei Gläsern Tee. »Was kann ich für euch tun?«, fragt der Mann, der nicht viel mehr über uns weiß, als dass wir zwei deutsche Journalisten sind, die sich aus irgendwelchen Gründen um ihr Visum sorgen.

Ich schiebe ihm Ahmeds handgeschriebenen Zettel hin. »Wir haben keine Sprachschule, kein Visum. Und niemanden, der für uns bürgt.«

»Aber schon so viele Unterschriften«, lacht Amin. »Dann lasst mich mal machen.« Er ruft nach einem Sekretär, dem er Ahmeds

Zeilen zum Abtippen überlässt. Bis morgen soll alles fertig sein, mit Stempel und Unterschrift. »Ich muss nach nebenan zu Siemens«, entschuldigt sich Amin und lässt uns mit dem Tee alleine. »Aber warum kommt ihr nicht am Donnerstag zur qat-Runde zu mir nach Hause?«

Doch vorher müssen wir noch ins Krankenhaus der Revolution, nur ein paar Straßen südlich der Altstadt. Von der Lufthansa-Niederlassung fahren die Minibusse direkt dorthin. Mit den Worten »HIV, Aids« melden wir uns bei der Aufnahme. Als der Diensthabende seine Augenbrauen nach oben zieht, zeige ich zur Erklärung auf unsere Pässe.

»HIV, Aids, okay«, nickt er und schickt uns über lange Gänge, vorbei an wimmernden Patienten, die das Personal in ihren Betten auf dem Flur vergessen zu haben scheint. Es riecht so sehr nach Krankheit und Desinfektionsmitteln, dass ich versuche, nicht durch die Nase einzuatmen. Eine Traube Angehöriger stützt und schiebt einen Mann, dessen weißes Kleid rot vor Blut ist und in dessen nackter Brust ein langer Schnitt klafft.

»60 Dollar«, sagt die Krankenschwester, bevor sie uns Blut abnimmt. Eine halbe Monatsmiete für den zweiten Aidstest binnen weniger Tage.

Die Schwester kommt von den Philippinen. Wie bei jemenitischen Patientinnen zieht sie einen Vorhang zu, bevor sie Susannes Unterarm entblößt. Warum sie als Philippinin im Jemen arbeite? »Die meisten Jemenitinnen wollen oder dürfen diese Arbeit nicht machen – fremde Männer anfassen, Nachtschichten.«

Das dicke Papier mit dem Bab al-Jemen und dem Brandenburger Tor im Briefkopf sowie der schwungvollen Unterschrift eines wichtigen Geschäftsmanns spendet uns neuen Mut. Für alle Fälle gibt uns eine holländische Bekannte noch einen Tipp mit auf den Weg zum

Passamt: »Einfach losheulen, so habe ich mein Visum bekommen.« Aber heute scheint der Bürochef besserer Laune zu sein, es geht auch ohne Tränen. »Sechs Monate«, kritzelt er unter Amins Brief, nicht so lange, wie wir erhofft hatten, aber lange genug, um nicht gleich die Koffer packen und das Jahr im Jemen nach einem Viertel der Zeit abbrechen zu müssen.

Ich fasse Ahmed an den Schultern und würde ihm am liebsten um den Hals fallen, doch er wehrt ab. »Sorry! Wir sind noch nicht fertig.« Da gibt es nämlich noch einen Direktor und einen Oberdirektor und noch zahlreiche andere wichtige Männer im Amt. Jeder schreibt einen – für uns unleserlichen – Kommentar auf den Bogen mit den beiden Stadttoren und schickt uns zum jeweils nächsten Büro. Erst nach der siebten Unterschrift ist Ahmed zufrieden.

»Jetzt sind wir fast fertig, lasst uns etwas trinken.« Neben den Büdchen mit den Fotokopierern steht eine kleine Imbissbude. Es ist der zweite freudige Anlass im Jemen, den wir mit »Bibsi« begießen. Ahmed füllt ein letztes Formular aus und schickt uns zur Kasse. In einem fensterlosen Büro tippt jemand hinter einem grün leuchtenden Monitor die Daten vom Pass und vom Briefbogen mit den sieben Unterschriften in einen Computer. Wir zahlen 100 Dollar. Kurz vor Dienstschluss um 13 Uhr ist alles erledigt – beinahe. Die Pässe mit den neuen Stempeln darf ich erst am nächsten Tag abholen.

Dieser fünfte soll auch der letzte Besuch auf dem Passamt bleiben. Als wir unser Visum ein halbes Jahr später noch einmal verlängern lassen müssen, machen wir es uns einfacher. Amin Dirhem hat einen Mitarbeiter, der sich um Pass- und Visaangelegenheiten kümmert. Ihm geben wir unsere Pässe. Das Geld für den Aidstest legen wir einfach dazu.

Lichterketten

Am Abend um kurz vor elf schlägt der eiserne Klopfer gegen die Haustür. Die Altstadt liegt im Dunkeln, kein Strom, nur ein paar Kerzen als Leselicht. Das Klopfen wird energischer. Vom Erker aus ist im Finstern nicht zu erkennen, wer uns so spät noch besuchen kommt. »Man?«, rufe ich drei Stockwerke in den dunklen Hof hinunter. »Al-aqil«, tönt eine raue Stimme zurück. Al-aqil, die höchste Autorität des Viertels. Ich ziehe mir eine lange Bluse über das T-Shirt, um den Männerbesuch empfangen zu können. Eine Taschenlampe leuchtet uns die Treppen hinunter und dem aqil ins Gesicht mit dem grauen Dreitagebart und der getönten Brille mit Goldrand. Über dem weißen Kleid trägt er eine Armeejacke in Tarnfarben, um die Schultern ein rot-weißes Tuch, in der Armbeuge hängt ein Spazierstock.

»As-salam aleikum«, sagen wir, er wünscht uns keinen Frieden, nur einen guten Abend, bevor er zum Amtlichen kommt. »Ich brauche Kopien von den neuen Visa«, sagt er. Kurz nach dem Einzug hatte er schon einmal an unsere Tür geklopft, die Pässe kopiert, in einem Fragebogen den Grund unseres Hierseins notiert, Passfotos eingesteckt und sich offenbar genau gemerkt, wie lange die Aufenthaltsgenehmigung gültig ist. Ob alles in Ordnung sei, will der Viertelvorsteher wissen und rät uns, das Hoftor immer verschlossen zu halten. Und noch ein Anliegen hat er: »al-bint«. Mit al-bint, dem Mädchen, ist Chiara gemeint, über sie möchte er mit dem einzigen Mann im Haus sprechen. Chiara komme sehr spät nach Hause, werde von verschiedenen Männern mit dem Auto gebracht, die Nachbarn redeten von ihr bereits als »bint as-sajjara«, dem Automädchen. »Chiara arbeitet für die UNO, oft bis spätabends«, verteidigt Klaus sie. Und die Männer, die sie nach Hause brächten, seien Kollegen. *Al-aqil* bleibt dabei, Chiara ruiniere ihren Ruf und setze ihre Sicherheit aufs Spiel. »Das muss sich ändern«, sagt er und wünscht eine gute Nacht.

Jeden Abend steht der *aqil* auf dem großen Platz bei unserem Haus, schwatzend mit anderen Männern. Trotzdem entgeht den Augen hinter der großen Brille nichts, mit kritischem Blick registrieren sie, wer kommt, wer geht, wann und mit wem. Oder er spaziert mit seinem Stock durch die Gassen, jede Ecke inspizierend, jedes Kind ermahnend. *Aqil* bedeutet »Vernunft« und »Verstand«. Die Menschen im Viertel haben ihn gewählt, damit er für Sicherheit, Sauberkeit und Ordnung sorge, Hochzeiten und Beerdigungen organisiere. Unser *aqil* macht seine Arbeit gründlich, kein anderes Viertel der Altstadt ist so sauber wie das unsere, kein ausländischer Freund in anderen Stadtteilen hat je Besuch von einem *aqil* bekommen. Mehr als zwei Millionen Menschen leben in Sanaa, 70 000 von ihnen in der Altstadt, doch hier zu wohnen fühlt sich – nicht nur wegen des *aqils* – an wie auf dem Dorf.

Ein Dorf hat einen Krämerladen, unser Krämer ist Faris. Die beiden Geschäfte am Eingang der Sackgasse zu unserem Haus haben das gleiche Sortiment, die gleichen Preise, die gleichen Öffnungszeiten. Trotzdem kaufen wir aus Sympathie vom ersten Tag an nur bei Faris. Und nachdem uns sein Vater den Kühlschrank schenkte und Faris eine kleine schwarze Schlange, die sich in unser Haus verirrt hatte, tötete, auch aus Dankbarkeit. Faris ist 16, der älteste Sohn. Seine Mutter stammt aus Saudi-Arabien und ist Englischlehrerin, Faris spricht dennoch kein Wort der fremden Sprache und geht auch nicht mehr zur Schule. Morgens gegen neun Uhr schließt er das Tor zum Lädchen im Erdgeschoss seines Elternhauses auf und klettert über den Tresen in den winzigen Verkaufsraum, der nicht einmal groß genug für ein Bett wäre. Über einem Karton mit Schokoriegeln hängen die Fotos von Faris und uns beiden auf dem ersten gemeinsamen Ausflug zum ehemaligen Sommerpalast des Imams. Von Samstag bis Donnerstag trägt Faris zu seinen schwarzen Locken Hemd und Hose, am Freitag *sanna* und Krummdolch. Sobald er uns sieht, verzieht sich sein Mund in dem noch kindlichen Gesicht zu einem breiten Grinsen: »*Keif halkum?*«, »Wie geht's euch?«

Nur einen Kilometer westlich von Faris' Laden, am Tahrir, beginnt ein anderes jemenitisches Leben: Junge Männer üben sich Hand in Hand in Müßiggang, schießen auf Kronkorken oder lassen sich mit Rosen aus Kunststoff im Haar auf einem gestriegelten Pferd ablichten. Von einer Seitenstraße des Platzes fahren die *dababs* ab. Mit offener Schiebetür – und gebührendem Abstand zwischen weiblichen und männlichen Passagieren – steuern sie das geschäftige Zentrum der Neustadt an. »*Ala dschamb!*«, »Zur Seite!«, lautet das Kommando, auf das der Fahrer genau dort hält, wo ich aussteigen möchte. Zum Beispiel an dem großen Supermarkt an der Hadda-Straße, der dänische Butter, amerikanische Haferflocken und Apfelsaftschorle in Sektflaschen im Sortiment hat und wo unverschleierte Kassiererinnen arbeiten. Oder beim libanesischen Fast-Food-Lokal, in dem Männer und Frauen gemeinsam zwischen grellgrünem Kunststoffmobiliar sitzen und sich der Angestellte am Crêpe-Eisen bitter über seine Versetzung von Beirut nach Sanaa beschwert. Das Einkaufszentrum auf der Algierstraße, wo Cappuccino, malaysische Kopien von Hollywoodfilmen und Jeans in Tüten mit dem Aufdruck »Less Fashion« an die kleine reiche Oberschicht verkauft werden, betrete ich nach einem Vierteljahr als Altstadtbewohnerin wie ein Mädchen vom Land mit staunenden Augen. Im Obergeschoss tanzen junge Männer Hip-Hop! Nach jedem Ausflug in die laute quirlige Neustadt, wo die Abgase in den Augen brennen, freue ich mich, wieder zurück in unser heimeliges, ruhiges, fast autofreies Dorf zu kommen und von Faris mit einem »*keif haluki?*« aus seinem strahlenden Mund begrüßt zu werden.

»*Adschnabia*«, »Ausländerin«, hatten mir die Kinder in der Nachbarschaft anfangs noch nachgerufen, inzwischen wissen auch sie und ihre Eltern, dass wir »*Sausan wa Klaus*« sind – ohne dass wir uns hätten vorstellen müssen.

»Heute ist Hochzeit, habt ihr schon gesehen?«, fragt Faris eines Donnerstags. Am Abend erleuchten Hunderte Glühbirnen an einem Kabelzickzack zwischen den Fassaden eine Gasse unweit unseres Hauses. Ein Lautenspieler packt sein dickbauchiges Instrument aus einem schwarzen Koffer, die Trommler spielen sich schon warm, der Sänger testet sein Mikrofon. Lautsprecherboxen werden montiert. Ein mit weißem Jasmin und einem rot blinkenden Herz geschmückter Geländewagen blockiert den Weg. Aus den Häusern und am Hochzeitsauto vorbei strömen Männer und Kinder zu dem Fest unter freiem Himmel. Eingeklemmt zwischen Männern mit zum Dreieck gefalteten Kaschmirtüchern über den Schultern, ermuntert durch ein vielfaches »Willkommen«, sind wir bald nicht mehr Schaulustige, sondern Teil der Hochzeitsgesellschaft.

Inmitten der Menge spielen Mädchen Verstecken, in ihren weißen Rüschenkleidchen sehen sie aus wie kleine Bräute. Die Lautsprecher knistern. Verzerrt und in ohrenbetäubender Lautstärke beginnen die Musiker zu spielen, leiernd, scheppernd, fröhlich. »Er kommt!«, raunt mir mein Nebenmann zu. Die Menge weicht zurück, macht Platz für den, den sie feiert. Geleitet von zwei Männern, zeigt der Bräutigam sich seinen Gästen: Ketten aus weißen und lila Blüten vor der Brust, Blumen auch im Turban aus schwarz-goldgestreiftem Tuch, um die Taille des weißen knöchellangen Gewandes den Gürtel mit der *dschambia*, in der Linken ein reich verziertes Schwert. Verlegen, beinahe ängstlich blickt er in die Menge, Schweißperlen stehen ihm auf der Stirn. Ein Junge stellt einen dreistöckigen Ständer mit brennenden bunten Kerzen vor seinen Füßen aufs Pflaster. Die Trommelschläge schwellen an, wippenden Schrittes formen zehn Männer einen Kreis vor dem Bräutigam. Wie auf Kommando zücken sie gleichzeitig ihre Krummdolche und wedeln damit im Takt. Mit leichtfüßiger Eleganz tänzeln sie über das Kopfsteinpflaster, synchron, als hätten sie wochenlang geprobt. Immer mehr schließen sich ihnen an, aus dem Kreis werden Reihen, die Dolche wandern zurück in die Scheiden. Die Tänzer fassen sich an den Händen, hopsen vor und zurück, einen Schritt nach rechts, einen nach links, den Oberkörper wiegend, den Kopf stolz erhoben, im Gesicht ein entspanntes Lächeln.

Endlich entkrampft sich auch die Miene unter dem Turban. Ich blicke nach oben, zu den Lichtern, in deren gleißendem Schein die weiß verzierten Häuser mit ihren bunten Fenstern leuchten. Und entdecke, dass ich nicht die einzige Frau im Publikum bin. Auf den Dächern stehen schwarz Verhüllte und blicken auf das Treiben in der Tiefe. Ihre Umrisse verschwimmen mit dem nächtlichen Himmel.

Inzwischen sind die Männer vom gemeinsamen Tanz zum gemeinschaftlichen Singen übergegangen. Einer singt vor, die anderen antworten im Chor, preisen Gott, schreien sich das Lob Allahs aus der Seele, während der Bräutigam immer noch an derselben Stelle steht, als wäre er nur ein Komparse. Stundenlang sind die Lieder noch in unserem Schlafzimmer zu hören.

Zwei Wochen später ruft unsere Vermieterin an. Sie komme am Nachmittag vorbei, um Hanna, Chiara und mich abzuholen. Warum und wohin es gehen soll, verstehe ich nicht, sie spricht den Dialekt der Altstadtfrauen. Egal, was sie mit uns vorhat, ich komme mit.

Schon einmal hatte sie mich zu einer Frauenrunde eingeladen, in das Haus ihrer Tochter in der Neustadt. Hauptsächlich ältere Frauen aßen stundenlang gemeinsam Kuchen, Cremes, Eintöpfe, belegte Brote und was sie sonst noch alles in Plastikschüsseln mitgebracht hatten. Kinder wurden von Schoß zu Schoß gereicht, zwischendurch zogen sich die Frauen weite pastellfarbene Kleider über und beteten im Nebenraum. Sie erzählten mir von ihren Männern, die früher einmal Minister oder Diplomaten gewesen waren. Ich fragte nach dem Grund der Feier, und sie antworteten mit Schweigen. Als sich die Plastikschüsseln allmählich leerten, nahm mich eine Rothaarige zur Seite und sprach mich auf Spanisch an. Sie stamme aus Salamanca, lebe schon seit über 50 Jahren mit ihrem jemenitischen Mann in Sanaa, »aber ich bin immer noch Katholikin«. »Und jetzt hör mir genau zu: Ein Schwiegersohn deiner Vermieterin hat jemanden erschossen und musste ins Gefängnis. Jetzt hat ihn der höchste Scheich des Landes bei sich aufgenommen und unter seinen Schutz gestellt. Das feiern sie heute.«

Nun steht die in viele Schleier gehüllte rundliche kleine Frau zum zweiten Mal in unserem Hof. Sie lüpft das Tuch vor ihrem Gesicht, damit wir sie nicht nur an der knarzigen Stimme und dem unverständlichen Dialekt als die Eigentümerin unseres Hauses erkennen. Zwei Deutsche und eine Malteserin folgen ihr in eine der Gassen, die zur Saila führen, hinein in ein herrschaftliches Haus, aus dem die Männer offenbar für heute verbannt wurden. An der Garderobe im Flur türmen sich *abajas*. Die Frauen sind unter sich und brauchen ihre schwarzen Überkleider nicht. Im Treppenhaus mischt sich orientalische Popmusik mit traditionellen jemenitischen Klängen. Die Vermieterin schiebt uns in einen stickigen *diwan* im dritten Stock. Es riecht nach Weihrauch, blumigem Parfüm und Schweiß. Die Frauen, die eng aneinandergedrängt auf den Polstern entlang der Wände sitzen, leuchten in allen Farben: Lippen in Rot und Pink, grüne und lila Schatten auf den Lidern, türkis oder gelb glänzende Roben mit tiefen Dekolletés. Die Läden in der Neustadt sind voll mit solchen gewagten Kunstfaserkreationen – bisher habe ich sie aber nur an Schaufensterpuppen gesehen. Die Frauen rücken noch enger zusammen und machen Platz für die in ihren schlichten Baumwollkitteln gekleideten Besucherinnen. Die feuchte Hitze im Raum macht müde, der Geruch benebelt, die vielen Stimmen verwirren mich. Hanna und Chiara übernehmen die Konversation mit ihren Nachbarinnen zur Rechten und zur Linken, ich versuche mich zu orientieren. An der Wand rechts von mir sitzt leicht erhöht eine dreiköpfige Mädchenband – Laute, Trommel und Sängerin. Links steht eine tönerne Wasserpfeife. Der Schlauch ist dick wie ein Elefantenrüssel, mit Wolle umhäkelt, und reicht einmal quer durch den Raum. In der Mitte tanzen zwei Frauen im Wiegeschritt, geschmeidig, perfekt im Takt der Trommel, mit leerem Blick wie in Trance. Mir gegenüber beulen *qat*-Blätter einige der geschminkten Wangen aus.

Eine Frau im weißen Hosenanzug und mit Pagenfrisur, etwa so alt wie ich, kommt auf mich zu. »*Do you speak English?*«, fragt sie. Sie heißt Jasmin. Jasmin bringt mich ein Stockwerk weiter nach oben, dorthin, wo die Popmusik läuft, noch mehr Frauen dicht an dicht sitzen und einige wenige mit kreisenden Hüften und wackelndem Busen tanzen. »Hast du Kinder?«, will Jasmin wissen. Meine Antwort überrascht sie nicht, mich aber die ihre: Sie hat auch keine Kinder, ist nicht einmal verheiratet, sondern leitet zusammen mit ihrem Vater das Familienunternehmen. »Ich verkaufe Traktoren, ich bin zuständig für das Marketing.«

»Siehst du die dort drüben? Die mit dem goldenen Band im Haar?«, fragt Jasmin und zeigt auf eine Frau mit zu einem Berg aufgetürmten Locken. »Sie hat kürzlich geheiratet. Heute ist sie zum ersten Mal in das Haus ihrer Eltern zurückgekehrt.« Ich erzähle Jasmin von der Hochzeitsfeier auf der Straße mit dem schüchternen blumengeschmückten Bräutigam. »Genau den hat sie geheiratet«, lacht Jasmin und berichtet von dem Teil der Hochzeitsfeier, den ich verpasst habe – dem Fest der Frauen. Drei Tage lang haben sie ge-feiert, die Braut mit Henna bemalt, bis um Mitternacht des letzten Tages der Bräutigam seine Frau zu sich holte – zum ersten Treffen zu zweit, das gleich im Schlafzimmer stattfand.

»Ich muss euch etwas sagen«, eröffnet Hanna das Gespräch, als wir zu dritt in der Dämmerung nach Hause laufen. Sie strahlt über das ganze Gesicht. »Ich heirate auch!«

»Wen?«, fragen Chiara und ich wie aus einem Mund, während ich überlege, in welchen ihrer ausländischen Freunde sich Hanna ver-liebt haben könnte.

»Er heißt Latif.«

»Ein Jemenit?«

»Ja, ich habe ihn bei einem Konzert kennengelernt.«

Chiara und ich sind sprachlos, aber dann überschütten wir Hanna mit unseren Fragen: »Was sagt seine Familie dazu, dass er eine Christin heiratet?« – »Wie haben deine Eltern reagiert?« – »Bleibst du jetzt für immer im Jemen?«

Seit vier Wochen sind Hanna und Latif in aller Heimlichkeit ein Paar. Weder Chiara noch wir haben je den Männerbesuch im Haus bemerkt, nur dass unsere Mitbewohnerin sehr gute Laune hatte. Selbst dem *aqil* scheint nichts aufgefallen zu sein, sonst hätte er längst vor unserer Tür gestanden. Um dem Versteckspiel ein Ende zu bereiten, hat das deutsch-jemenitische Paar nun beschlossen, zum Kadi zu gehen.

Ein paar Tage später ruft Hanna vom Gericht aus an. Sie klingt verzweifelt. »Ich brauche Zeugen, zwei Männer oder vier Frauen. Sie müssen Moslems sein und bestätigen, dass ich nicht schon ver-heiratet bin.« Chiara bittet den Fahrer ihrer UN-Organisation, den Zeugen zu spielen. Doch der weigert sich, weil sein Bruder vor dem-selben Gericht als Mörder angeklagt ist und er die Blutrache des

Stammes des Getöteten fürchtet. Aber der Fahrer verspricht, zwei Zeugen von der Straße anzuheuern. Schließlich beglaubigen zwei mit jeweils 1000 Rial bestochene Jemeniten, die weder Latif noch Hanna je zuvor gesehen haben, dass die Braut ungebunden und frei für die Ehe ist.

Händchen haltend – zum ersten Mal in aller Öffentlichkeit – kehrt das Brautpaar am Nachmittag ins Haus zurück. Aus der Tasche seiner Jeansjacke, die Latif über dem weißen Männerkleid und dem Krummdolch trägt, zieht er stolz den Ehevertrag mit seiner Unterschrift und der des Richters. Eigentlich hätte auch der Brautvater noch sein Einverständnis geben müssen, da er aber knapp 5000 Kilometer weit entfernt lebt, verzichtete der Richter darauf. Auf dem hellblauen Formular hatte Hanna 1000 Rial als Brautpreis eingetragen. Dem Richter schien die blonde blauäugige Braut für umgerechnet vier Euro zu billig, und er hängte an die Ziffer noch zwei Nullen an.

Als das nächste Mal in unserem Viertel Lichterketten gespannt werden, bestürmen mich auf dem Platz vor Faris' Laden kleine Kinder. »Feiert deine Schwester jetzt Hochzeit?«, fragt ein Junge und klammert sich an meinem Bein fest. »Ich habe keine Schwester«, antworte ich und versuche den Kleinen abzuschütteln. Er bleibt hartnäckig, zeigt auf die vielen Glühbirnen und erzählt weiter von der Hochzeit meiner Schwester. Endlich verstehe ich. Mit meiner »Schwester« meint er Hanna! Alle Frauen hier sprechen voneinander als »Schwestern«, genauso wie alle Männer »Brüder« sind. Ich muss den Jungen enttäuschen. Meine »Schwester« wird nicht drei Tage lang gefeiert, und auch für Latif wird niemand Blumenketten binden oder den Krummdolch schwingen. Dazu sind die beiden viel zu sehr mit ihrer neuen Wohnung beschäftigt und dem Kind, das sie erwarten.

Zauberberge

Der Busfahrer schüttelt stumm den Kopf, fährt weiter und lässt uns im Regen stehen. Auch der Verkehrspolizist, der die hupenden Autos mit seiner Trillerpfeife antreibt, weiß keinen Rat. »Touristenpolizei?« Mit angewinkelten Armen dreht er die Handflächen nach oben. Kalt klebt die nass gespritzte Hose an meinen Unterschenkeln. Dann endlich hält ein Taxi, eines der neuen gelben Fahrzeuge mit Funk. Auch der uniformierte Fahrer hat von der Touristenpolizei noch nichts gehört. Trotzdem steigen wir zu ihm ins Trockene. Wenn wir morgen in die Berge wollen, müssen wir uns, Regenzeit hin oder her, eine Reisegenehmigung besorgen. »Sonst lassen euch die Soldaten an den Checkpoints nicht durch«, wusste Chiara aus eigener Erfahrung.

Der Taxifahrer fragt Männer, die am Straßenrand mit hochgerafften Röcken durch die Pfützen waten. Die einen zucken mit den Schultern, andere zeigen vage irgendwohin, nach fast jeder neuen Antwort ändern wir die Richtung. Eine Dreiviertelstunde später irren wir durch al-Qa, das frühere jüdische Viertel. Die Straßen sind leer, das Wasser steht mittlerweile knöchelhoch, es dämmert bereits. Am Ende der Teerstraße brennt ein schwaches Licht. Vor einem geöffneten Eisentor steht ein Wächter. Kein Schild, nichts. »Touristenpolizei?« Der Uniformierte deutet mit seiner Kalaschnikow hinter sich.

Die Beamten bemerken den späten Besuch, einer kommt uns entgegen. Was wir wollen? Die Reisegenehmigung für Mahwit! Doch der Beamte schüttelt den Kopf. Für Mahwit braucht man doch keine Erlaubnis! Ich kann es kaum glauben. Kein *tasrih*? Nein, nein, sagt der Mann in grüner Uniform. Bloß Reisen in den Norden und Osten müssten genehmigt werden, Richtung Amran oder Marib. »Nur Saada ganz im Norden ist momentan wieder gesperrt, dort kämpfen die Rebellen gegen unsere Soldaten, das wäre zu gefährlich für euch. Aber nach Mahwit könnt ihr einfach so fahren. Oder nach Aden, Mukalla, wohin ihr wollt.« Er schreibt uns seine Telefonnummer auf, falls das Militär am Kontrollpunkt doch Probleme machen sollte. Susanne bittet den Beamten, auch noch die Adresse seiner Wache zu notieren, damit wir nicht suchen müssen, wenn wir das nächste Mal verreisen wollen. Doch die Straße hat keinen Namen, »hinter der Bank, wo früher das Hotel war«, schreibt er.

Am nächsten Morgen erinnert nur noch ein Rinnsal daran, dass die Saila gestern für ein paar Stunden ein gewaltiger Fluss war. Es fahren schon wieder Autos durch das Stadtwadi, und der Taxifahrer, der uns aufliest, weiß auf Anhieb, wo die Sammeltaxis nach Mahwit abfahren. »Peugeot, Peugeot«, nickt er und bringt uns zur Ausfallstraße nach Westen, vorbei an wartenden Kleinbussen und Kombis, bis er uns neben einem weißen Peugeot Caravan mit blauem Streifen auf den Flanken aussteigen lässt.

Unser Ziel ist ein zweieinhalb Autostunden westlich von Sanaa thronender Burgberg mit weiß getünchten Steinhäusern inmitten jahrhundertealter Terrassenfelder. »Hohe Berge!«, schwärmte Faris und riss die Augen auf, als wir ihm von unserem Plan für das Wochenende erzählten. »Habe ich schon im Fernsehen gesehen.«

»Imposante Stadtanlage«, berichteten jene, die schon dort waren, »atemberaubende Bergpanoramen!«

Auf dem Dach des weißen Peugeots sind dicke Plastiksäcke verschnürt, das Gepäck der Pendler und Wochenendheimkehrer. Sammeltaxis sind das einzige Verkehrsmittel, das die Bergdörfer regelmäßig mit Sanaa verbindet. »Mahwit, Mahwit!«, ruft der Fahrer und versucht, weitere Säcke im Kofferraum unterzubringen. Der Wagen sieht schon ziemlich voll aus, aber die Gesten des Fahrers bedeuten uns einzusteigen. Ein Platz kostet 400 Rial, keine zwei Euro. Wenn wir drei Plätze zahlen, geht die Reise gleich los, und wir haben es ein wenig bequemer. Also teile ich mir mit Susanne die hinterste Bank. Hier soll man auch zu dritt Platz haben? Aber ja, in der Reihe vor uns sitzen sogar vier Männer, auf dem Beifahrersitz zwei, insgesamt ist der Peugeot-Kombi am Ende seines langen Lebens für neun Passagiere vorgesehen, kleine Kinder nicht mitgezählt.

Die Enge gibt Halt in den steilen Kurven hinunter auf 1800 und wieder hinauf auf 2200 Meter. Wir nehmen sie viel zu schnell. Doch der Fahrer ist furchtlos, er hat gerade, lange vor dem Mittagessen, seine erste Tüte *qat* geöffnet, raschelt mit dem dünnen Plastik und sucht die schönsten Zweige heraus, die qualmende Zigarette hält er zwischen den Lippen. Neben dem laut leiernden Kassettenspieler funktioniert immerhin auch die Hupe, damit kündigt uns der Fahrer vor jeder Kurve dem nicht weniger wagemutigen Gegenverkehr an. Von der Decke baumelt ein kleiner Koran, den hat der Fahrer vor der Abfahrt kurz berührt. Quer über die Windschutzscheibe steht »Allah« geschrieben. Der wird uns schon schützen.

So eindrucksvoll die Fahrt von Sanaa nach Westen auch ist – es geht durch terrassierte Berghänge, grüne Wadis und an Dörfern auf schier unzugänglichen Gipfeln vorbei –, am besten lässt sich diese Landschaft zu Fuß erkunden. Gut zwei Stunden bräuchten wir für den Weg von Mahwit bis zum Weiler Beit Kausa, sagt der Mann an der Rezeption, nachdem wir unser Gepäck ins Hotel gebracht haben. Zwei Stunden – vielleicht wenn man sein Leben lang in über 2000 Meter Höhe zu Fuß unterwegs war und die Umgebung einen so unbeeindruckt lässt wie uns der Weg von der Schönhauser Allee zum Kurfürstendamm.

Doch das Staunen braucht Zeit. Wie zerknüllte Alufolie liegt das Hochgebirge in der Mittagssonne. Sie taucht die fernen Berge in Blau, dahinter der weiße Horizont, eingerahmt von den grünen Terrassen, die Stufe für Stufe in den Himmel wachsen und den Duft von frischem Gras und feuchter Erde verbreiten. Wie ausdauernd müssen die Menschen gewesen sein, die beschlossen, mit Spitzhacke und Muskelkraft die Hänge in Treppen fruchtbarer Felder zu verwandeln? Wie groß die Angst vor dem Feind, um genau auf jenem zu allen Seiten hin steil abfallenden Felsen ein Dorf zu bauen? Wie arm oder wie traditionsverhaftet muss man sein, um dort noch heute zu leben – ohne Straße, ohne Strom und ohne fließendes Wasser?

Den Kopf fast bis zum Boden geneigt, schneiden alte Frauen Viehfutter, wickeln es in einem Tuch zu einem Bündel, packen es auf den Kopf und balancieren damit scheinbar mühelos über die Abhänge. Kinder hüpfen die schmalen Eselspfade entlang, halb im Spiel, halb bei der Arbeit: Sie hüten Schafe und Ziegen, holen Wasser aus den Zisternen und erledigen Besorgungen im Nachbardorf. Was für eine Abwechslung vom langweiligen Hirtenjob – Fremde in Sicht!

Schon haben uns die kleinen Schafhüter, Wasserträgerinnen und Boten entdeckt, sie springen uns leichtfüßig von Felsbrocken zu Felsbrocken entgegen. Ein Junge, der einen zerschlissenen grünen Kinderanzug und einen Hirtenstab trägt, fragt nach »*pièces*«, Münzen, auf Französisch – offenbar sind wir nicht die ersten Fremden, die diese scheinbar unentdeckte Idylle bestaunen.

Erst am späten Nachmittag kommen wir wieder zurück nach Mahwit. Über dem Felskegel, auf dem sich dicht an dicht die hohen Sandsteinhäuser drängen, türmen sich weiße Wolkenhaufen. Das Labyrinth aus engen Gassen und steinernen Treppen ist wie leer gefegt, in trübes Licht getaucht.

»*Sura, sura!*«, wird die Stille jäh unterbrochen. Zuerst ist es nur eine einzelne Kinderstimme, die um ein Foto bittet. Aber kaum ist die Kamera gezückt, strömen sie aus allen Winkeln zusammen. Zweijährige im Anzug, noch unsicher auf den Beinen, legen mit ernstem Gesicht die Fingerspitzen an die Schläfe und stehen stramm. Kleine Mädchen in goldglänzenden Rüschenkleidern und Stöckelschuhen aus Plastik ringen mit Schülern in zerschlissener grüner Uniform um den besten Platz vor der Linse. Aus einer leeren Tablettenverpackung hat sich einer eine schillernde Brille gebastelt. Immer mehr Kinder kommen aus den Seitengassen gerannt. »What's-your-name? Where-are-you-from?«, skandieren sie im Chor.

Wir stellen uns artig vor und lernen der Reihe nach ein Dutzend Mohammeds, Fatimas und Ussamas kennen. Im Pulk führen sie uns durch das Gewirr der Gassen, das die weißen Häuser auf dem für Autos unpassierbaren Hügel verbindet. Der fröhlichen Kinderschar vertrauen wir uns bereitwillig an, denn ohne Führer wären wir hier schnell verloren. Und die Wohntürme – einst gebaut, um feindliche Stammeskrieger und plündernde Osmanen abzuwehren – wirken auch heute noch abweisend. Ein junger Mann meint, uns vor der Kinderhorde beschützen zu müssen, und wirft mit einem Stein nach ihr.

Da fallen die ersten Tropfen. Dicke, schwere Tropfen, die mit einer Wucht wie Hagelkörner aufschlagen. Ich spüre das Wasser auf meiner Haut und schmecke den Regen, der mir ins Gesicht platscht. Alles wird nass. Die nachmittäglichen Wolkenbrüche zur Regenzeit sind hier noch heftiger als in Sanaa. Wir flüchten unter einen Torbogen. Die Kinder sind längst verschwunden, nur zwei Jungen leisten uns noch Gesellschaft. Der eine führt die zu einem Becher geformten Hände zum Mund. »Schai?« Einladung zum Tee.

Flache, aus Lehm gestampfte Stufen führen nach oben, das Treppenhaus ist so finster, dass eines der Kinder uns an der Hand nimmt und den Weg in den diwan weist. Statt dicker mit Baumwolle gestopfter Sitzkissen wie bei den wohlhabenden Hauptstädtern liegen hier nur abgewetzte Teppiche auf dem Boden. Die schiefen Wände hat jemand mit Fetzen einer grün-weiß geblümten abwaschbaren Tapete zu verschönern versucht, darüber hängen Bilder mit Koransuren. In einer Wandnische, so hoch, dass keines der Kinder sie erreichen könnte, liegt das heilige Buch in einer aus Wollresten gehäkelten Hülle. Auch wenn der Koran die meiste Zeit des Unterrichts einnimmt, wissen die Jungs, wie das mit dem Glauben bei den Ausländern funktioniert. Einer faltet die Hände zum christlichen Gebet. »Das habe ich im Fernsehen gesehen, als der Papst gestorben ist.«

Etwas missmutig und mit schon stattlich ausgebeulter Wange lugt der Vater durch den Türspalt, um zu sehen, wen seine Söhne da ins Haus geholt haben. Schnell verschwindet er wieder zu seiner Männerrunde. Dem Elfjährigen gefällt das gar nicht: »Unser Vater kümmert sich den ganzen Nachmittag nicht um uns«, beklagt er sich. Und ordentliches Essen gebe es nur, wenn nach dem teuren *qat* das Geld noch reiche.

»Almani? Welcome!« Als wir am nächsten Mittag mit unseren Rucksäcken auf dem Weg zum Halteplatz der Sammeltaxis sind, spricht uns vor einem Lebensmittellädchen ein alter Herr an. »Willkommen in Mahwit!« Ob wir denn schon gegessen hätten, fragt der Mann mit dem weißen Tuch um den Kopf und dem dunkelblauen Mantel über dem Kleid. Wir erklären ihm, dass wir mit dem Peugeot zurück nach Sanaa wollen, aber er scheint es ernst zu meinen mit seiner Einladung. Im Lädchen lässt er Bananenmilch und Mangosaft einpacken, nimmt seinen Spazierstock, und wir besteigen wieder den Hügel, auf dem die Altstadt liegt. »Mein Name ist Ahmed«, sagt der kleine Mann mit dem kurzen grauen Bart.

Dann zückt Ahmed seinen Geldbeutel und zeigt uns seine Visitenkartensammlung. Sie bezeugt rege Geschäftskontakte nach Aschaffenburg, Bonn und Neuss. Sein Sohn sei in Sanaa und verkaufe deutsche Anzüge, sagt er stolz und erzählt von seinen Häusern in der Hauptstadt, in Mahwit und in Hudeida am Roten Meer. Und von dem Auto, das er der nicht ganz so wohlhabenden Nachbarsfamilie heute für eine Hochzeit geliehen hat. Das Zimmer, in das uns Ahmed führt, ist mindestens zehn Meter lang und auf allen Seiten mit bequemen Sitzpolstern ausgelegt. Der Blick durch die breiten Fenster geht hinunter ins grüne Tal. Ahmeds Frau schiebt üppig beladene Plastikschalen mit Kartoffeln, Reis und selbst gebackenem Brot sowie Teller mit kräftiger Suppe durch den Türspalt, ihr Gesicht bleibt unsichtbar.

Immer wieder sagt Ahmed »*sorry*«, entschuldigt sich, weil es nur zwei Stückchen Rindfleisch und so wenige Bananen, Mangos und Melonen gebe. Dass er überhaupt nicht auf Besuch vorbereitet gewesen sei, schiebt er nach. Sein Englisch hat Ahmed kürzlich bei einer Nierenoperation in Großbritannien aufgefrischt. »*More rice?*«, fragt er immer wieder. Noch beim Essen reicht er uns sein Mobiltelefon, am Apparat ist der Sohn in Sanaa. Der lobt die Qualität des deutschen Tuches und sagt, er wolle uns treffen, sobald wir wieder zurück seien. Ahmed will uns zum Abschied etwas schenken, »*sorry*«, sagt er und hält uns ein Stück Seife hin.

»Sie sind herzlich willkommen in Berlin, wenn Sie das nächste Mal nach Deutschland kommen«, laden wir ihn ein. »Wie weit ist das von Bonn entfernt?«, will er wissen. Fünf Stunden mit dem Zug – das ist Ahmed zu weit.

Rote Rosen

»Ich kenne viele Frauen, die gegen ihren Willen verheiratet wurden«, sagt Asisa am Telefon. Asisa studiert Englisch und schreibt für den *Yemen Observer*. Dort habe ich sie kennengelernt. »Wenn du willst, bringe ich dich zu ihnen.«

Wir treffen uns am Tahrir-Platz. Asisa erkennt mich sofort – ich bin die einzige unverschleierte Frau weit und breit. Die 23-Jährige hingegen zeigt nur ihre dunkelbraunen Augen. Sie spricht schnell und sehr gut Englisch, doch wegen des Schleiers vor dem Mund verstehe ich sie trotzdem kaum. Sie fasst meinen Arm und hetzt mit mir zu einem Busparkplatz. Der Bus fährt in Richtung Flughafen, durch schäbige Neubauviertel.

In einer dieser Siedlungen steigen wir aus, biegen um einige Ecken und bleiben vor einem Betonhaus stehen, in dem eine von Asisas Freundinnen wohnt. Das Erdgeschoss gehört heute den Frauen: Sie feiern die Hochzeit einer Cousine. Endlich klappt Asisa das Tuch vor ihrem Gesicht zurück, jetzt sieht sie aus wie eine katholische Nonne im schwarzen Habit und fragt forsch: »Na, gibt's hier eine Zwangsverheiratete?« Die Frauen lachen, auch die Braut in ihrem hellblauen Schlabberkleid. Eine Hochzeit ist vielleicht nicht der richtige Anlass, um über Zwangsheirat zu sprechen. Ob ich mir nicht den Bräutigam ansehen wolle? Aber Asisa ziert sich, nein, nicht einmal verschleiert will sie zu den Männern nach oben gehen. Wieder auf der Straße, erklärt sie den Grund. Ihr Vater ist der Imam des Viertels, ihm würde sofort zugetragen, was seine Tochter sich Ungehöriges geleistet hat. »Hörst du den Ruf von der Moschee? Das ist er.« Es ist kurz nach drei, Zeit für das dritte Gebet am Tag.

Ein paar Straßen weiter hängen in einem langen und schmalen Innenhof gewaschene Wegwerfwindeln auf der Leine. Asisa ruft die Frauen und fordert ganz direkt: Erzählt, wie das ist, wenn man gegen seinen Willen verheiratet wird! Eine runde kleine Alte trägt sarkastisch grinsend ein Gedicht über die *sauwadsch bil-rasb* vor, die Zwangsehe, Verse über ein Herz, das gebrochen wird.

Hamida steht schweigend dabei, hält ihren jüngsten Sohn auf der Hüfte. Sie ist erst 35, doch ihr Gesicht wirkt alt, die Augen blicken starr auf den Betonboden. Erst als wir allein mit ihr sind – Asisa hat die anderen Frauen raffiniert mit Wasserholen und Teekochen beschäftigt –, beginnt Hamida zu erzählen. Von ihrer großen Liebe, einem Soldaten aus ihrem Dorf, der ihr Briefe und Gedichte schrieb. Sie darf mit ihm reden und ihn sehen, denn er ist ihr Cousin. Eines Tages, Hamida ist 14 Jahre alt, sitzt ihre Familie fröhlich zusammen, als sie nach Hause kommt. Sie feiern die bevorstehende Hochzeit ihres Bruders, die gerade mit der Familie der Braut vereinbart wurde. »Und übrigens«, eröffnen sie Hamida, »dich haben wir auch verheiratet.« Mit einem Mann aus der Sippe der Braut ihres Bruders, durch dieses Tauschgeschäft sparen die Familien das Brautgeld. Hamida ist entsetzt, wagt aber nicht zu widersprechen. Stattdessen überlegt sie, sich umzubringen. »Aber ich hatte ohnehin das Gefühl, schon von meiner Familie umgebracht worden zu sein.«

Die Geschichte ist 21 Jahre her, inzwischen hat Hamida zehn Kinder geboren, aber mit ihrem Los abgefunden hat sie sich nicht. »Ich respektiere meinen Mann und gehorche ihm, aber ich liebe ihn nicht«, sagt sie. Ihre Liebe gilt noch immer dem Soldaten, dessen Briefe sie bis heute aufbewahrt – obwohl der inzwischen drei Ehefrauen hat. Nächste Woche will sie sich sterilisieren lassen. Sie hofft, dass ihr Mann sich dann eine Zweitfrau nimmt und sie nicht mehr mit ihm schlafen muss. Dass auch er unglücklich ist, weiß sie seit der Hochzeitsnacht. Sein Herz gehört einer anderen.

Das Erinnern hat Hamida traurig gemacht, sie lacht verbittert. Ein Mädchen aus ihrem Dorf in den Bergen habe sich schlauer angestellt. Am Tag, als sie einen reichen alten Mann hätte heiraten sollen, spielte sie so glaubhaft die Verrückte, dass sie die Hochzeit verhindern konnte. Asisa erzählt von ihrer Cousine, auch sie wurde mit neun Jahren einem Alten zur Frau gegeben. Jedes Mal, wenn er zu dem Kind ins Schlafzimmer kam, habe es das Fenster geöffnet und gebrüllt oder sei davongelaufen und so der Vergewaltigung entkommen. Seine Eltern brachten das Mädchen immer wieder zurück, oft blutig geschlagen. Als sie zwölf war, hatte ihr Widerstand endlich Erfolg: Die Cousine wurde geschieden.

Asisa will mich noch zu ihrer Freundin Laila bringen. Hinter einer Blechtür toben Dutzende Kinder. Nachdem sie sich alle brav vorgestellt haben, scheucht Laila sie aus dem Besucherzimmer. Laila, ihre Schwestern und Cousinen sitzen auf den an der Wand entlang ausgelegten Teppichen, mir wird in der Ecke ein Thron aus Decken und Kissen gebaut, ein kleines Mädchen serviert knallrote Erdbeercola und Chips. Auf dem großen Fernseher gegenüber läuft eine ägyptische Seifenoper: Ein Mann bringt seiner Frau Geschenke und einen großen Strauß roter Rosen, dann küssen sie sich leidenschaftlich. So ungefähr hatte Laila sich auch ihre Ehe ausgemalt.

»Ich hatte die Vorstellung von einem Ritter auf einem weißen Pferd, aber dann war es, als käme er auf einem Esel.« Die 18-Jährige ist in sich zusammengesunken, ihre Finger spielen abwechselnd mit den Bändern am Kragen der Rüschenbluse und den braunen Locken. Ihre Mutter und die ihres Mannes hatten die Heirat bei ihren Frauenrunden eingefädelt. Sie zeigten Laila ein Foto von ihrem Zukünftigen, beschrieben ihn als »guten Mann«. Laila fügte sich. Sie wusste ja, wie sehr den Eltern daran lag, vor ihrem Tod wenigstens eine Tochter zu verheiraten. Noch dazu, wo die ältere Schwester bereits zwei Kandidaten abgelehnt hatte.

Ihr Traum vom großen Eheglück platzte gleich in der Hochzeitsnacht vor einem halben Jahr, ihre Lebenspläne zerbrachen kurz darauf. Ihr Mann, der selbst nur auf der Grundschule war, lässt sie nicht mehr zur Uni, um weiter Englisch zu studieren. Wenn sie nur »okay« sagt, rastet er aus. Sie findet ihn so dumm, so grob, weiß nicht, worüber sie mit ihm reden soll. Seine Familie, in deren Haus sie wohnt, missbraucht sie als Dienstmädchen. Sie muss für alle kochen und waschen und die grünen Blätter aus dem Polstern zupfen, wenn die Männer sich am *qat* berauscht haben. Sie drohte ihrem Mann mit Selbstmord, er reichte ihr daraufhin sein Gewehr. Laila floh – zurück in ihr Elternhaus.

Jetzt ist Laila im fünften Monat schwanger, aber auf das Kind kann sie sich nicht freuen. Es verhindert, dass sie sofort geschieden werden kann – Scheidung während der Schwangerschaft ist verboten. Und außerdem beansprucht die Familie des Mannes das Kind. Also wäre es für alle besser, wenn das Kind noch in ihrem Bauch sterben würde, meint Laila.

Sie ist nicht wütend auf ihre Eltern. Vater und Mutter hätten es ja nur gut gemeint und stünden auch jetzt zu ihr. Und sich selbst einen Mann zu suchen kann sich Laila auch nicht vorstellen. Wie soll das gehen, so streng wie das Leben von Frauen und Männern getrennt ist? Laila sieht für sich nur eine Lösung: wieder studieren, dann arbeiten. Und auf keinen Fall noch mal heiraten.

Es ist dunkel geworden, Regen hat die Straßen in Schlammpisten verwandelt. Asisa hat es eilig, nach Hause zu kommen, eigentlich darf sie nach Sonnenuntergang nicht mehr draußen sein. Ob ich genug gehört habe, fragt sie, während sie mich fürsorglich an der Hand durch den Matsch führt. Ja, genug Trauriges für einen Tag. Asisa aber kennt noch eine Geschichte: die von einer jungen Frau, die ihren verhassten Cousin heiraten muss, sobald sie das Studium abgeschlossen hat. Es ist ihre eigene.

Plattenbauten

Der Weg von Sanaa nach Aden, in die einstige Hauptstadt des sozialistischen Südens, ist zwar nur etwa halb so weit wie der von Bonn in die frühere Hauptstadt der DDR. Doch die Fahrt dauert doppelt so lange. Wir nehmen den Bus, um über knapp 3000 Meter hohe Pässe und unzählige steile Serpentinen zum Golf von Aden zu fahren, zum ersten Mal von den Bergen an die Küste. In zehn Tagen, am 22. Mai, wird mit großem Pomp Jubiläum gefeiert: Vor 15 Jahren, im gleichen Jahr wie das geteilte Deutschland, schlossen sich die Volksrepublik und die damalige Arabische Republik Jemen zusammen. Bevor die Lobreden auf die Segnungen der Einheit gehalten werden, wollen wir uns in Aden ansehen, was vom Sozialismus übrig blieb, wollen herausfinden, ob es Ähnlichkeiten gibt zwischen dem Osten Deutschlands und dem Süden des Jemen.

Für unseren Sitznachbarn auf der anderen Seite des Gangs im Bus ist das keine Frage. »*Almanja jemen, nafs nafs*«, sagt er und reibt zur Illustration seine ausgestreckten Zeigefinger aneinander: »Deutschland und der Jemen sind gleich.« Die Geste kennen wir, auf die Gemeinsamkeiten zwischen unseren Ländern haben uns schon viele Jemeniten hingewiesen. Beim Einkaufen, in *qat*-Runden, selbst auf abgelegenen Dorfplätzen: »*Almanja jemen, nafs nafs*«, heißt es immer wieder.

Während unser Sitznachbar seine *qat*-Büschel zurechtzupft, erschießen im Fernseher über dem Gang – ohne Ton, dafür arabisch untertitelt – gute Hollywood-Amerikaner im Minutentakt die bösen. Ich schaue abwechselnd aus dem Fenster und auf die Landkarte, in der ein Jemenit mit Bleistift die ehemalige Grenze eingezeichnet hat. Der frühere Norden reichte bis zur Südspitze der Arabischen Halbinsel, die Wüstengebiete des Südjemen weit in den Norden bis zur saudischen Grenze. Eigentlich hätte man die beiden Länder West- und Ostjemen nennen müssen. Doch wo an dieser Straße standen bis 1990 die Wachsoldaten? Ich kann keinen Hinweis auf die einstige Grenze entdecken; keine Gedenktafel, kein verlassener Grenzposten hält die Erinnerung an die Teilung wach. Die jemenitischen Sozialisten hatten ihr Volk nicht eingemauert und eingezäunt, zumindest durch die Wüste gab es immer einen Weg vom einen in den anderen Staat.

Spät am Abend, nach mehr als zehn Stunden Fahrt und vier brutalen Filmen, erreichen wir endlich Aden, die Stadt, die sich den Krater eines erloschenen Vulkans als Standort ausgesucht hat und deren Name auf Arabisch »Paradies« bedeutet. Selbst in dieser Frühlingsnacht ist es noch über 30 Grad heiß und so feucht, dass die Haut binnen Minuten klebt. »Gibt es auch warmes Wasser im Bad?«, hatte ich am Telefon gefragt, als ich ein Zimmer in dem kleinen Hotel im Stadtteil Crater, dem alten Zentrum, reservierte. Jetzt weiß ich, warum der Mann an der Rezeption nur lachte. Schon nach einer halben Stunde in dieser Stadt sehne ich mich nach nichts mehr als nach einer eiskalten Dusche. Und einer funktionierenden Klimaanlage.

Auf den spärlich beleuchteten Straßen sitzen Männer in Plastiksesseln beisammen und warten plaudernd und Domino spielend auf die nächtliche Kühle. Sie tragen bunte Wickelröcke oder Hosen statt langer weißer Kleider, einen Krummdolch hat hier keiner. Die wenigen Frauen, die um diese Zeit noch unterwegs sind, haben sich schwarz verhüllt wie in Sanaa. Dort, in den Bergen, mag das erträglich sein. Aber hier in der schwülen Hitze kann ich mir nicht vorstellen, noch mehrere Lagen Stoff über meinem langen Baumwollhemd zu tragen.

Am nächsten Morgen stehen wir früh auf, doch unsere Hoffnung auf morgendliche Frische wird enttäuscht. Schwitzend erkunden wir die rechtwinklig angeordneten Straßen von Crater – die britischen Kolonialherren wollten es ordentlich haben. Ein paar wenige Bauten aus ihrer Zeit sind noch erhalten, doch sie verlieren sich zwischen gesichtslosen Betonkästen. »Rambow Tourist Hotel« steht auf einem Leuchtschild an einem grau gestrichenen Gebäude im Kolonialstil, wo der französische Schriftsteller Arthur Rimbaud im 19. Jahrhundert einige Jahre lang arbeitete; »am widerwärtigsten Ort der Welt«, wie er schrieb. Ein paar Straßen weiter liegt der alte Hafen, wegen seiner günstigen Lage auf der Route nach Ostasien jahrhundertelang einer der bedeutendsten weltweit und der Grund, aus dem britische Truppen die Stadt 1839 besetzten. Die großen Containerschiffe haben inzwischen ein neues Terminal auf der anderen Seite der Halbinsel. Doch der erhoffte Boom blieb aus. Die Anschläge auf den amerikanischen Zerstörer USS Cole im Oktober 2000 und den französischen Öltanker Limburg 2002 trieben die Versicherungsprämien in die Höhe.

Hier im alten Hafen, am Strand aus Steinen und Müll, landen schon lange nur noch Fischerboote. Es stinkt. Auf dem Zementboden des mit Wellblech überdachten Marktes liegt der Fang: Berge kleiner silbriger Fische und ein zwei Meter langer Hai. Seine Flossen sind abgehackt, aus dem toten Leib fließt Blut. Der Fischer, der ihn erlegt hat, freut sich, als Klaus den Hai fotografiert. »Wollt ihr ihn kaufen?«, fragt er.

Am Nachmittag sind wir in der Universität verabredet, im Stadtteil Chor Maksar, der die einstige Vulkaninsel mit dem Festland verbindet. Das Taxi hat das Lenkrad auf der rechten Seite, obwohl der Linksverkehr schon seit Jahrzehnten abgeschafft ist. »Stammt das Auto noch aus der Zeit der Briten?« – »Nein, so alt ist es nun auch wieder nicht«, erzählt der Fahrer mit grauem Stoppelbart und gehäkelter weißer Kappe, während wir auf der Straße parallel zum Strand fahren. »Es wurde falsch geliefert, deshalb habe ich es billig bekommen.«

Der Mann am Steuer stellt sich als Nurdi vor, 58 Jahre alt, bis zu seinem 20. Lebensjahr Einwohner der britischen Kronkolonie Aden, weshalb er in der Schule Englisch lernte. »Und wie war es danach, unter den Sozialisten?« – »Im Sozialismus war alles besser als heute«, sagt er und zeigt uns im Rückspiegel seinen Oberkiefer, in dem zwei Schneidezähne fehlen. »Die wären damals ersetzt worden, kostenlos. Die Wohnung war auch umsonst, und ich hatte eine gute Arbeit als Kontrolleur im Hafen. Heute muss ich die Hälfte der Rente für die Miete ausgeben, deshalb fahre ich Taxi, sonst würde das Geld für meine Frau und mich gar nicht reichen.« Am Steuer trägt der hagere Nurdi noch immer das akkurat gebügelte weiße Hemd mit dem goldenen Anker auf der Brusttasche, die Uniform von früher. »Wäre es denn besser, wenn Nord und Süd wieder getrennt wären?«

»Selbstverständlich wäre es besser, wenn die aus dem Norden nichts mehr zu sagen hätten. Und nach Sanaa setze ich sowieso keinen Fuß«, redet sich Nurdi in Rage. »Aber warum fragt ihr? Ihr kennt das ja aus Deutschland, da ist es doch ähnlich gelaufen.«

Wir sind an der Universität angekommen, dem ehemaligen Gebäude des Zentralkomitees der Sozialistischen Partei. Auf dem Dach weht die rot-weiß-schwarze Fahne der Einheit.

»Am allerbesten war es aber unter den Briten«, ruft uns Nurdi noch nach.

Sechs aus strahlend weißem Beton modellierte Arbeiter mit nacktem Oberkörper, den Blick fest auf die Palmenallee gerichtet, umfassen mit ihren muskulösen Armen das oberste Stockwerk. Die DDR, die Sowjetunion und Bulgarien spendierten den Genossen in Aden

den sozialistischen Prachtbau. Statt Funktionären gehen hier jetzt Studenten und Professoren ein und aus. Und in der Eingangshalle sind die Schaukästen und Wände mit Nachbildungen der Turmhäuser in Sanaa dekoriert.

In dem holzgetäfelten Büro des Rektors treffen wir Muhgat, 40 Jahre alt, Professorin für Oralchirurgie, und Ahlam, 44. Sie lehrt Kieferorthopädie. »Ich habe wie Muhgat in der DDR studiert. Nach der Wende bin ich für meine Promotion noch mal zurück nach Rostock gegangen«, sagt Ahlam. Jeder vierte Dozent der Uni Aden spricht Deutsch, die Sozialistische Partei schickte viele Studenten ins Bruderland, an die Hochschulen zwischen Greifswald und Karl-Marx-Stadt.

Die abgewetzte Couchgarnitur, auf der wir im Rektorenzimmer Platz nehmen, sieht aus, als hätten auf ihr schon die Mitglieder des Zentralkomitees ihre Fünfjahrespläne diskutiert. »Die Einheit Jemens war immer Ziel der Partei. Und ich habe sie mir auch gewünscht, habe dafür gekämpft«, erzählt Ahlam. »Aber nicht für eine wie die, die wir jetzt haben. Wie sagen die ...«, Ahlam sucht nach dem Wort, »... die Ossis? ›Bürger zweiter Klasse‹ – genau so fühle ich mich.«

Ahlam verdient jetzt besser als früher, darf privat Patienten behandeln und kann überallhin reisen. »Aber die Vereinigung kam zu schnell, sie war nicht gut vorbereitet.« Das Versprechen, von beiden Systemen das Beste zu übernehmen, sei nicht eingehalten worden. »Das Bildungssystem war früher sehr gut. Es gab Kindergärten, die Frauen konnten arbeiten gehen. Und in den Schulen wurden auch die Mädchen in Sport unterrichtet. Heute hingegen ...«

»... nur noch Koran«, fährt Muhgat fort. »Vor allem die Frauen haben verloren.« Sie hat eine schmale Hose an und ein grelles grünes Hemd, das bis zu den Hüften reicht – kürzer als der weite Kittel, den ich hier trage. Die schwarzen Locken sind fingerlang; für Situationen, in denen sie eine Kopfbedeckung für geboten hält, liegt ein transparenter Schal über den Schultern bereit. »Ich bin eine von zwei, drei Frauen in der Stadt, die ohne Kopftuch auf die Straße gehen«, sagt sie. »Die Leute reden über mich, manche halten mich sogar für eine Ausländerin, aber da stelle ich mich taub.« Religion sei eine Frage der Überzeugung, nicht der Verschleierung, sagt Muhgat und schüttelt trotzig den Kopf.

Die Fundamentalisten, die seit 1990 im Süden an Einfluss gewannen, sehen das anders. Nach der Vereinigung kursierten Gerüchte, in Aden seien unverhüllte Frauen mit heißem Öl übergossen worden, erzählt Muhgat. Viele Frauen fühlten sich unter Druck gesetzt, wieder den Schleier anzulegen. Andere dächten nun, sie hätten jahrelang falsch gelebt, ihre Religion verraten. Eine Frauenrechtlerin aus Aden holt derzeit alle Fastenzeiten nach, die sie während ihrer Studienjahre in der Sowjetunion nicht eingehalten hat. »Die aus dem Norden denken, sie müssten uns den Islam beibringen«, ärgert sich Muhgat.

»Dabei waren wir immer gläubige Muslime, aber eben nicht fanatisch, sondern offen für andere Kulturen«, ergänzt Ahlam. »Schließlich leben wir in einer Hafenstadt.«

Muhgats Tochter wurde kurz nach der Wende geboren. Im Gegensatz zu ihrer Mutter verlässt die Teenagerin nie ohne Kopftuch das Haus. »Sie schämt sich«, sagt Muhgat. »Außerdem verlangen das die Lehrer.« Ironie der Geschichte: Muhgats Schwester konnte ihr Studium in der Volksrepublik nicht beenden, weil sie sich weigerte, dem ungeschriebenen Verbot zu gehorchen und ihr Kopftuch abzulegen.

Vor dem Eingang zur Uni sitzen Studenten und Studentinnen – mit und ohne Gesichtsschleier – im Schatten auf dem Boden. Sie schreiben in Hefte und wälzen Bücher, zwischendurch tippen sie in ihr Handy. Als wir erzählen, dass wir aus Sanaa kommen, sehen sie uns entgeistert an. »Ihr seid freiwillig zu diesen rückständigen Stammesleuten gezogen?«, fragt ein Student. »Dort wollte ich nie und nimmer wohnen.« Sein Kommilitone mischt sich ein. »Klar ist es gut, dass wir jetzt ohne Probleme unsere Verwandten im Norden besuchen können. Aber tauschen möchte ich mit ihnen nicht.«

»Hier muss ich nur zwei oder drei Kinder bekommen und nicht mindestens fünf wie in Sanaa«, argumentiert eine Studentin. Ein anderer erzählt von seinem Besuch in der Altstadt von Sanaa: »Wie die Leute dort reden! Ich habe kaum was verstanden.«

Das Ziel der Einheit war jahrzehntelang in beiden Verfassungen verankert. Aber immer wieder mündeten die Verhandlungen in Grenzscharmützeln. Erst der drohende Staatsbankrott der Volksrepublik beschleunigte die Einheit, kurz nach dem Fall der Berliner Mauer sollte es dann auch im Süden der Arabischen Halbinsel ganz schnell gehen. Brüderlich und demokratisch plante man den neuen gemeinsamen Staat. Saleh, der Präsident des wirtschaftlich übermächtigen Nordens, in dem drei Viertel der Bevölkerung leben, sollte auch an der Spitze des vereinigten Jemen stehen, der Generalsekretär der Sozialisten wurde sein Stellvertreter. Auch in der Regierung teilten sich Nord und Süd die Posten. Aus zwei Einparteiensystemen wurde binnen Kurzem ein Land mit mehr als 40 Parteien. Das war der Moment, als der jemenitische Präsident den Deutschen seine Hilfe anbot. »Wir sind gern bereit, unsere Experten für Fragen der Wiedervereinigung nach Ost- und Westdeutschland zu schicken, wenn Bedarf dafür besteht«, schrieb Saleh im Frühjahr 1990 nach Bonn. Da hatte er schon, mit Jassir Arafat als Ehrengast, die Einheit gefeiert – vier Monate vor Deutschland.

Aber bereits aus den ersten freien Wahlen des Landes ging 1993 eine große Koalition des Misstrauens hervor. Die Sozialisten machten Islamisten für tödliche Anschläge verantwortlich, die religiös

Gewitterwolken über dem Berg Nuqum – Sanaa in der Regenzeit.

Bab al-Jemen – das Stadttor zum Weltkulturerbe.

Buntes Licht und beste Aussicht im *mafradsch*.

Oase in der Altstadt – unser Haus in Sanaa.

Stoffe und Tücher für jede Gelegenheit.

Frisch geschlachtet und gehackt.

Mais und Hafer – und *qat* in der Backe.

Zahnbürsten vom Baum.

Frittiertes vom Markt.

Die Gasse im Blick.

Kunstfaser in Schwarz und in Farbe.

Mehr Betende, als die Große Moschee fasst.

Zigarette nach dem Gebet ...

... und ein dickes Bündel *qat*.

Lichterketten und Jasminblüten für den Bräutigam.

orientierte Islah-Partei wollte gegen die »gottlosen Marxisten« das islamische Rechtssystem durchsetzen. Als die Sozialisten im Mai 1994 die Abspaltung erklärten, rückten Salehs Soldaten, unterstützt von Rückkehrern aus dem Dschihad in Afghanistan, in Aden ein, plünderten die Stadt und zerstörten die einzige Brauerei auf der Halbinsel. Mit der Gleichberechtigung zwischen Nord und Süd ist es seitdem vorbei. Die wichtigsten Posten in Aden und in der gemeinsamen Hauptstadt Sanaa sind mit Leuten aus dem Norden besetzt, statt nach Karl Marx und Lenin sind die Straßen in Aden jetzt nach Kalifen benannt.

Auch Mohammed Qasim Noaman, seit mehr als 40 Jahren Mitglied der Sozialistischen Partei, ist ein Verlierer der Einheit. Er hat sofort Zeit für ein Treffen in einem der klimatisierten Lokale im Zentrum. Noaman ist einer von Tausenden »Zuhausebleibern«, ehemaligen Funktionären und Militärs aus dem Süden, die eine kleine Rente vom Staat bekommen, aber nicht mehr arbeiten dürfen. Der 53-Jährige war nach dem Bürgerkrieg wie mehr als 3000 andere Südjemeniten ins Ausland gegangen – er hatte für die *Stimme der Arbeiter* geschrieben. 2001 kehrte er aus dem ägyptischen Exil zurück. »Nach dem Krieg wurden uns alle Traditionen aus dem Norden aufgezwungen, obwohl der Süden doch viel kultivierter war«, klagt Noaman. »Hier kamen alle zu ihrem Recht, es gab Bildung für alle, Mädchen und Jungen lernten gemeinsam. Und die Frauen waren in allen Bereichen beteiligt.« Eine vollständig verschleierte Frau am Nebentisch dreht sich zu uns herüber und hört interessiert zu. »Seit der Einheit geht es allen Jemeniten schlechter, aber für uns im Süden ist es eine Katastrophe«, sagt Noaman. »Dabei hat der Norden alles vom Süden, das ganze Öl, die Fischgründe. Peinlich, dass der Westen dieses rückschrittliche System auch noch unterstützt.« Seine wenigen verbliebenen Haare hat Noaman sorgfältig mit einem Seitenscheitel auf dem Kopf arrangiert, er trägt einen Anzug, als käme er gerade aus dem Büro. Obwohl er nicht mehr arbeiten darf, wirkt er nicht resigniert. Sein politisches Engagement lässt er sich nicht verbieten. »Wir müssen die Fehler der Einheit korrigieren«, fordert er und schlägt einen föderalen Staat vor. »Keiner redet mehr von Marxismus-Leninismus, die sozialistische Partei hat sich gewandelt, ähnlich wie die PDS in Deutschland.« Noamans Prognose für sein Land ist düster: »Wenn es weiter so bergab geht, dann zerfällt der Staat – nicht in Nord und Süd, sondern in Stämme.«

Einstweilen verfallen nur die Plattenbauten in Aden. Im Zuge der internationalen Solidarität exportierte der Ostblock auch seine sozialistischen Wohnwaben nach Arabien. Im nördlichen Stadtteil Mansura, den kilometerlange Salzfelder vom Zentrum trennen, sind die staubigen Straßen wie auf einem Schachbrett angeordnet und sehen alle gleich aus: beigefarbene Wohnblöcke, vier Stockwerke hoch, einer am anderen, verziert mit rostigen Satellitenschüsseln, die Abwechslung zum Staatsfernsehen ins Wohnzimmer bringen. Wären da nicht die Männer in Wickelröcken und ihre verschleierten Frauen – das Viertel könnte auch in Bulgarien oder Rumänien stehen. Im Innenhof eines dieser Wohnkarrees spielen Jungen im Sand Fußball, vor einer Straßenküche sitzen Nachbarn bei einem Teller *schibs* zusammen. Neben der Garküche, in der die Kartoffeln von Hand in Stifte geschnitten werden, hocken Männer mit ausgebeulten Wangen auf einer Matratze am Boden. »Kaut ihr?«, ruft einer. Nicht nur die Schleier hat die Wende in die Straßen von Aden gebracht, sondern auch das *qat*. Die Sozialisten hatten das Kauen der grünen Blätter unter Androhung von Gefängnis auf das Wochenende beschränkt. Nach der Vereinigung übernahmen die Männer im Süden nichts so gern von ihren Brüdern im Norden wie die täglichen *qat*-Runden. In Luzerne gewickelt und in feuchten Sackstoff genäht, schicken die Bauern die frisch geernteten Zweige jeden Morgen auf die weite Reise von den Bergen an die Küste.

Wir treten die Reise in umgekehrter Richtung an, freuen uns über immer trockenere und kühlere Luft, je mehr wir an Höhe gewinnen. Schon ein paar Kilometer vor Sanaa begrüßt uns der Präsident, dutzendfach. Von jedem Laternenmast blickt er mal streng, mal gutmütig zu uns herab, von Fähnchen flankiert. In den wenigen Tagen, die wir unterwegs waren, hat sich die ganze Stadt in Rot-Weiß-Schwarz gekleidet. Riesige Flaggen an den offiziellen Gebäuden künden vom bevorstehenden Feiertag, sogar Minarette tragen Schals in den Nationalfarben. Am Tahrir-Platz blinken Hunderte Lichterketten, selbst dann, wenn unserem Viertel gerade mal wieder der Strom gesperrt wird. Und dazwischen immer wieder das Porträt desjenigen, der den Dank für die jemenitische Einheit für sich reklamiert: Ali Abdallah Saleh.

Und noch etwas hat sich während unserer kurzen Reise verändert. Die bislang blau lackierten zwei- oder dreiteiligen metallenen Außentüren, mit denen die Matratzenverkäufer, Frisöre oder Werkzeughändler zum Feierabend ihre Erdgeschossläden verschließen, glänzen plötzlich alle silbern. In der Zeitung finden wir die Erklärung: Das einheitliche Silbergrau ist neben Fahnen, Präsidentenpostern und Lichtern ein Beitrag zum 15. Einheitsjubiläum.

Am Vorabend des großen Tages knallt es. Die Regierung lässt es krachen, sie spendiert den Sanaanis ein Feuerwerk. Und was für eines! Von den Bergen schießen bunt leuchtende Raketen in den Nachthimmel, rote, grüne und gelbe Sterne regnen auf die Stadt herab. Wir stehen auf der Dachterrasse, heute sind wir einmal nicht die Einzigen hier oben. Von den Dächern rundherum klingen »Ahs« und »Ohs« und viel Gelächter und Geschrei durch die Dunkelheit.

Wie viele Menschen hier wohnen! Frauen, die sonst nur kurz zum Wäscheaufhängen auf die Terrasse huschen, sitzen wie ein Schwarm schwarzer Raben auf den Mauern. Kinder klettern auf der Suche nach dem besten Blick von einem Dach zum nächsten. Ich muss an Ahlam und Muhgat in Aden denken. Ob die beiden jetzt wohl auch feiern?

Der Präsident feiert weder in Sanaa noch in Aden. Jedes Jahr richtet eine andere Provinz die Einheitsfeierlichkeiten aus und wird mit neuen Straßen, Laternen und Tribünen dafür belohnt. Dieses Jahr ist Mukalla an der Reihe, die Hauptstadt der Provinz Hadramaut. Immer und immer wieder zeigt das Fernsehen Bilder von der neuen Autobahn, auch sie geschmückt mit Fähnchen und Saleh-Plakaten. Zwischendurch liest eine Sprecherin Glückwunschtelegramme zum Tag der Einheit an den Staatschef vor – von der Anrede bis zur Unterschrift. Endlich, das Fernsehen schaltet in den Festsaal. Die Kamera nimmt den Vater der Einheit groß ins Bild, zeigt ihn ganz nah, wie er sich ernsten Blickes mit anderen wichtigen Männern unterhält. Es scheinen bedeutende Gespräche über die Zukunft des Landes zu sein. Der Ton ist leider abgeschaltet.

Bleiche Brüder

»Bist du Moslem?« Die jemenitische Gretchenfrage wird mir zum ersten Mal in einer Saftbar an der Saila gestellt. Der Mann hinter der Theke drückt den Hebel der Orangenpresse nach unten und erkundigt sich so selbstverständlich nach meinem Bekenntnis, wie andere Jemeniten wissen wollen, wo ich herkomme oder ob ich Frau und Kinder habe. »La.« Meine knappe Antwort stellt ihn nicht zufrieden. »Willst du Moslem werden?«, fragt er. Ich belasse es bei einem »inschallah«.

Dem Saftmann ist das zu vage, er schiebt mir ein auf rosa DIN-A4-Papier kopiertes Faltblatt mit dem Titel *This is for you* über den Tresen, herausgegeben vom Religionsministerium in Riad, bespritzt mit ein paar Tropfen Saft und voller mahnender Worte: »Die Werke der Ungläubigen sind wie eine Fata Morgana in der Wüste: Der Durstige sieht Wasser, aber er findet keines. Dem Ungläubigen wird indes die genau berechnete Strafe Gottes zuteil. Gott ist schnell im Abrechnen.« Mit diesen Worten aus dem Koran warnt das saudische Ministerium die christlichen Ausländer auf der Arabischen Halbinsel. »Entschuldigen Sie den harten Tonfall«, lese ich weiter, »aber das Thema ist von großer Bedeutung, und Gleichgültigkeit führt zu nichts.«

Auf der Broschüre prangt ein Stempel: »Kulturzentrum für die Bekehrung von Ausländern«. Ein paar Wochen später finde ich den Namen auf einem Schild in der Hadda-Straße wieder, die – gesäumt von Handyläden, Internetcafés und Bäckereien mit Namen wie »Paris for French« – ins Diplomatenviertel führt. Das Büro des »Cultural Center for Foreigners' Call« liegt im dritten Stock eines schmucklosen Hochhauses, gleich neben dem Büropalast der Qatar Airlines. Hinter der geöffneten Eingangstür stehen im Halbkreis ein Dutzend Sandalen auf dem grauen Teppichboden.

»Ich interessiere mich für den Islam«, sage ich dem schmächtigen Mann, der am Schreibtisch in der Eingangshalle sitzt. Dass ich nicht gekommen bin, um zu konvertieren, sage ich ihm nicht. Aber dass ich mehr wissen will über die Religion, die das Leben hier bestimmt, ist nicht gelogen. »Zur Vorlesung über den Koran geht es da vorne links.« Der Mann mit der gehäkelten weißen Kappe deutet auf eine Glastür. »Gleich kommt der Scheich.«

Hinter zugezogenen Gardinen sitzen fünf junge Männer in weißen Gewändern auf Kiefernsesseln, die wie in einem Klassenzimmer u-förmig vor einem Tisch und einer Tafel angeordnet sind. Für den Besuch im Bekehrungszentrum an diesem Freitag musste ich gleich zwei Einladungen zum *qat* ausschlagen. Hier kaut niemand. »Allah sei Dank«, sagt mein Sitznachbar, ein bleicher junger Mann mit einem stattlichen rotblonden Bart. *Qat* lenke von der Hingabe an den Allmächtigen ab, und wer wie vorgeschrieben fünfmal am Tag bete und zwischendurch das heilige Buch studiere, habe ohnehin keine Zeit für derlei Zerstreuungen.

»Wir wollen alle ins Paradies«, sagt der Rotbärtige, und sein akzentfreies Englisch verrät wie die weiße Haut, dass er aus dem Westen kommt. »Wer ins Paradies will, darf weder *qat* kauen noch Bier trinken.« Das mit dem Bier ist ihm anfangs selbst schwergefallen, aber inzwischen verzichtet der Australier schon seit sieben Jahren auf Alkohol, Schweinefleisch und Partys – und nennt sich Abu Hamsa, Vater des Hamsa, so heißt sein erstgeborener Sohn.

Wie ich ihn da sitzen sehe in frisch gebügeltem Tuch, die Hände brav im Schoß gefaltet, die Augen scheu auf den Teppich gerichtet, würde ich nicht auf den Gedanken kommen, dass Abu Hamsa einmal mit der Gitarre auf der Bühne stand. »The Grinders« hieß seine

Band. Sie hätten wild gefeiert damals, wird er mir später erzählen, Sex, Drogen, Rock' n' Roll. Heute spricht Abu Hamsa keine fremden Frauen mehr an, wenn es nicht unbedingt sein muss – seine eigene weiß er gut behütet hinter den heimischen vier Wänden oder geschützt durch schwarzen Stoff, auch vor den Augen.

Ich will ihn fragen, was ihn dazu bewog, Moslem zu werden, da betritt der Scheich das Klassenzimmer. Der greise Mann, dem der hennarot gefärbte Fransenbart fast bis zur Brust reicht, lässt alle Gespräche augenblicklich verstummen. »Ein Gelehrter, ein Intellektueller«, flüstert Abu Hamsa, die anderen nicken ehrfürchtig. Einer der Schüler bewegt stumm seine Lippen zu den ersten Koranversen, die der Scheich kunstvoll auf Arabisch deklamiert. Während der Alte langsam, bemüht um die richtige Aussprache, die englische Übersetzung vorliest, unterstreicht er jedes zweite Wort mit der rechten Hand, an der eine Gebetskette baumelt.

Zwei Stunden lang sprechen wir über Engel: den Erzengel Gabriel, »Heil sei über ihn«, der die Sonne mit einem einzigen seiner vielen Flügel bedeckte, Israfil, den Engel des Jüngsten Gerichts, Mikail, den Engel der Gerechtigkeit, den Todesengel Asrael. Reihum lesen wir aus *Explaining the Fundamentals of Faith*, einem ins Englische übertragenen Lehrbuch des saudi-arabischen Scheichs Mohammed bin Saleh al-Utheimin, »möge Gott sich seiner erbarmen«.

Der Scheich blickt mich an, ich bin an der Reihe: »Die Engel sind eine Schöpfung aus der Welt des Verborgenen. Sie verehren Allah, besitzen aber keine der göttlichen Merkmale von *rububia* und *uluhia*.« Jetzt habe ich mich schon zweimal verhaspelt. »Schade, dass du letztes Mal nicht da warst.« Milde lächelt der Lehrer. *Rububia*, der Glaube an Gott als den einzigen Schöpfer, und *uluhia*, die Verehrung nur des einen Gottes – das waren die Themen im Kapitel über den Glauben an Allah vergangene Woche, belehrt mich der Scheich.

Nachdem er ein paar Koranstellen, die die Existenz der Engel beweisen sollen, und ihre Übersetzung vorgelesen hat, überlässt der Lehrer seinen Schülern das Wort. »Gibt es noch Fragen?« Ja, mein Gegenüber hat eine Frage. »Wir haben gelernt, dass jeder Mensch zwei Engel an seiner Seite hat, einen rechts, der die guten Taten aufschreibt, und einen links, der die schlechten Taten notiert. Was, wenn sich am Ende die guten und die schlechten Taten die Waage halten?« Der Scheich wiegt den Kopf und nickt beifällig. Das sei eine gute Frage, sagt er. Aber er könne sie nicht beantworten. »Nur Allah ist allwissend.« Bis nächste Woche will er sich nach einer passenden Fatwa erkundigen.

Bei Einbruch der Dunkelheit leert sich das Klassenzimmer. Bevor Abu Hamsa sich auf den Weg zu seiner Moschee macht, führt er mich noch in die Bibliothek im Nebenraum. »Du hast bestimmt viele Fragen. Hier werden sie alle beantwortet.« Auf Metallregalen stapeln sich Dutzende Broschüren, die dabei helfen sollen, nach den Regeln des Schöpfers zu leben. Auf Englisch, Deutsch, Französisch, Russisch und Amharisch werden die »Islamischen Gesundheitsvorschriften«, der Zusammenhang zwischen »Koran und modernen Wissenschaften« und der »Status der Frau im Islam« erläutert. Ein 40-seitiges Heft mit dem Titel »Der Bart – wozu?« erklärt anhand von Aussagen des Propheten und von Zitaten aus dem Koran, weshalb ein gläubiger Muslim sich nicht rasieren soll. Vielleicht hat Abu Hamsa Angst, das ganze Regelwerk könnte mich abschrecken. Für den Anfang steckt er mir die DVD *Wunder im Koran* zu, die sei unterhaltsam und trotzdem lehrreich. Für nächsten Freitag verabreden wir uns zum Essen. Abu Hamsa will auch ein paar Glaubensbrüder einladen, die wie er den Sprung über die Grenzen von Religion, Kultur und Kontinent gewagt haben: Konvertiten aus dem Westen, die in Sanaa als überzeugte Moslems leben.

Ich erkenne Abu Hamsa kaum wieder, als er mich eine Woche später am Tahrir in seinen klapprigen Wagen steigen lässt. Aus dem Fransenbart, diesem stolzen Zeugnis der Frömmigkeit, ist ein knapp gestutztes Bärtchen geworden. »Ich will keinen Ärger mit den Behörden«, sagt er mit einem Achselzucken. »Nächste Woche muss ich meine Aufenthaltsgenehmigung verlängern lassen. Als Westler mit einem langen Bart hast du schlechte Karten auf dem Passamt.« Sein Blick verdüstert sich. »Gläubige Muslime haben es in diesen Zeiten überall auf der Welt schwer. Sogar im Jemen.«

Die jemenitische Regierung hat ein strenges Auge auf die westlichen Konvertiten – spätestens seit dem Wirbel um John Walker Lindh. Wir fahren durch leere Straßen, in denen sich die Freitagsruhe ausgebreitet hat, Richtung Flughafen, wo die Häuser immer einfacher werden. An der sechsspurigen Ausfallstraße zieht die Iman-Universität vorbei. Auf dem staubigen Campus, versteckt hinter einer hohen Betonmauer, soll auch der »amerikanische Taliban« die Religion studiert haben. *Iman* bedeutet Glaube; Gründer und Chef der Universität ist ein Geistlicher, der von den USA als Finanzier des internationalen Terrorismus gesucht wird: Scheich Abulmadschid as-Sindani. Im Jemen gilt der knapp 70-Jährige als moralische Instanz. »Zu Hause zeige ich dir ein großartiges Buch von ihm, darin steht alles, was du über den wunderbaren Koran wissen musst«, sagt Abu Hamsa. *Sings & Mericals of Prophet Messenger, Peace be Upon Him* heißt das Standardwerk, nicht ganz korrekt ins Englische übertragen. Auf 350 Seiten führt der studierte Pharmakologe Sindani von der pränatalen Entwicklung des Embryos bis zur Vielfalt des Tiefseelebens alle naturwissenschaftlichen Erkenntnisse der Moderne auf prophetische Suren im Koran zurück. »Nur Gott ist allwissend«, murmelt Abu Hamsa, als er mir das Buch später schenkt.

Wir biegen in eine Seitenstraße, Abu Hamsa bringt seinen Wagen vor einem vierstöckigen Mietshaus zum Stehen. Zwei weiß gewandete junge Männer warten schon vor der Eingangstür. »Das ist mein Nachbar Ibrahim«, sagt Abu Hamsa und zeigt auf den mit dem schwarzen Bart und den buschigen Augenbrauen im runden Gesicht. Ibrahim kommt aus Mexiko, er wohnt hier mit seiner Frau und den beiden Kindern. »Und das ist unser Bruder Dschihad aus Amerika.« Ibrahim deutet auf einen schmächtigen bleichen Mann mit dünnem dunkelblonden Bart, der mich mit einem breiten Südstaatenakzent begrüßt. »Hey, alles klar? Wie geht's dir?«, sagt er und klopft mir auf die Schulter.

Kaum dass wir uns in Abu Hamsas schlichtem Besucherzimmer auf den Boden gesetzt haben, klopft es leise an der Tür. Durch einen schmalen Schlitz wird eine Platte mit Couscous, Gemüse und Lamm hereingereicht. »Meine Frau, sie kommt aus Kolumbien«, sagt Abu Hamsa, ohne dass ich auch nur einen Schatten von ihr gesehen hätte. Meine Irritation darüber, dass ein Australier seine kolumbianische Frau vor einem Deutschen, einem Mexikaner und einem Amerikaner versteckt, bleibt Abu Hamsa nicht verborgen. »Meine Frau fühlt sich viel wohler, seit sie nicht mehr von fremden Männern angestarrt wird«, rechtfertigt er sich ungefragt. »Und ich mich übrigens auch.« Zur Illustration wählt er den Vergleich mit einem wertvollen Diamanten. »Den versteckt man doch auch lieber im Schmuckkästchen, als ihn auf der Straße jedermann zu zeigen, oder?«

»Wir versuchen, dem Allmächtigen näherzukommen, indem wir nach seinen Regeln leben«, sagt Abu Hamsa. Im Jemen sei das rechtgläubige Leben einfach, jedenfalls viel leichter als im Westen: »Keine Frauen, kein Alkohol, keine Versuchungen. Stattdessen hörst du überall den Ruf des Muezzins. Anderswo musst du dir für das Gebet den Wecker stellen.« Mit Dutzenden Kolleginnen habe er früher in einer Bank gearbeitet, erzählt er, und in der Mittagspause habe er skeptische Blicke geerntet, wenn er im Park seinen Gebetsteppich ausbreitete. »Bei Allah, im Westen ist es schwer, konsequent islamisch zu leben«, seufzt Abu Hamsa. »Hier dagegen ist es normal, wenn du lange Kleider trägst, fünfmal am Tag in der Moschee betest und im Ramadan fastest – und wenn deine Frau nur verschleiert auf die Straße geht. Im Jemen bist du als Moslem kein Sonderling.«

»Aber was hat dich dazu gebracht zu konvertieren?«

Abu Hamsas Gesicht hellt sich auf. »Es war ein Zeichen«, sagt er, »ein Zeichen Gottes.« Ibrahim und Dschihad nicken ehrfurchtsvoll, sie kennen die Geschichte offenbar schon. Der göttliche Wink: ein Autounfall vor sieben Jahren. Abu Hamsa hatte getrunken, verlor die Kontrolle über seinen Wagen, kam von der Küstenstraße ab. Ein sorgloser Kneipenabend, der beinahe sein letzter gewesen wäre. Und der nicht ohne Folgen blieb: Der Rockmusiker, Surfer, Trinker fing an zu beten und in der Bibel zu lesen, jeden Tag zwei Stunden, im Zug auf dem Weg zur Arbeit.

Zusammen mit seiner kolumbianischen Freundin besuchte er Gottesdienste, zum ersten Mal seit seiner Kindheit, immer auf der Suche nach Sinn, nach dem Ziel des Lebens: »In der Kirche, bei Weihrauch, Orgelmusik und lateinischem Singsang, haben wir keine Antworten auf unsere Fragen gefunden.« In der Bibel sei er auf viele Unstimmigkeiten und Widersprüche gestoßen, »vom Menschen verantwortete Fehler«, sagt Abu Hamsa. »Das hat mich nicht überzeugt.«

Erst drei muslimische Kommilitonen, die seine Freundin eines Abends zum Essen mitbrachte, hatten Lösungen parat. »Der Islam regelt alles im Leben: das Gebet, das Essen, sogar die Benutzung der Toilette«, schwärmt Abu Hamsa. »Der Koran ist das unverfälschte Wort Gottes. Und das Glaubensbekenntnis ist so einfach: Es gibt keinen Gott außer dem einen Gott, und Mohammed ist sein Prophet.« Schon drei Wochen später sprach er den Satz dreimal laut in einer australischen Moschee – sein Übertritt zum Islam.

»*Maschallah*«, murmelt Ibrahim, »*subhanallah*« raunt Dschihad. »Wunder Gottes!« – »Gepriesen sei Allah.« Fast andächtig lauschen sie, ergänzen den Vortrag nur hin und wieder mit einem ehrfürchtigen Ausruf, wenn der Name Gottes oder eines Propheten fällt. Ibrahim spricht Englisch mit spanischem Akzent, Dschihad ist zum Arabischlernen nach Sanaa gekommen. Er ist 25 und von Geburt an Moslem, aber den Koran kann er noch nicht lesen. Seine Eltern, aus Südostasien in die USA eingewandert, sind selbst Muslime. »Entsprechend erzogen haben sie mich aber nicht. Das will ich hier nachholen. Von Abu Hamsa kann ich noch viel lernen, bei Gott.«

Der erzählt, wie er seinen Job bei der Bank aufgab, als er erfuhr, dass Zinsen gegen die Gesetze seiner neuen Religion verstoßen. Und wie er immer seltener Rock' n' Roll hörte, weil Musik gemäß den strengen Regeln ebenfalls als *haram* gilt – wie alles, was unnötig von der Hingabe an Gott ablenkt. Auch Surfen geht Abu Hamsa nur noch selten, aber seinen Kindern hat er in den letzten Ferien am Strand von Aden Schwimmen beigebracht.

»Vermisst du dein altes Leben nicht?«

»Nie war ich dem Allmächtigen näher als jetzt. *Alhamdulillah*, was will ich mehr?«, sagt Abu Hamsa. »*Iqra* heißt das erste Wort im Koran: Lies. Wenn ein Jahr vorbei ist und du nichts dazugelernt hast, dann hast du ein Problem, sagte mir einmal ein Gelehrter. Also lerne ich.« Die Scharia, das religiöse Gesetz; *fiqh,* die Rechtswissenschaft; Hocharabisch, die edle Sprache des Korans. »Von meinen Ersparnissen kann ich hier noch lange leben.« Für die spartanisch eingerichtete Neubauwohnung reichen 80 Dollar im Monat.

Es ist spät geworden. Mit einem kurzen Nicken verschwinden Ibrahim und Dschihad im Treppenhaus. Weil Abu Hamsa nicht nur lernen, sondern mit seinem Wissen auch für den Islam werben will, verabredet er sich für nächste Woche gleich wieder mit mir. Er schlägt das al-Hamra in der Hadda-Straße vor, ein Schnellrestaurant mit rotem Ziegeldach und einem gelben Logo wie dem des großen amerikanischen Vorbilds.

Dort treffen wir uns immer wieder einmal in den nächsten Wochen. Mal bringt Abu Hamsa einen indonesischen Freund mit, der gerade zum Islam konvertiert ist, mal einen Bruder aus der Universität, der schon den ganzen Koran auswendig kann.

Heute wartet Abu Hamsa allein vor dem al-Hamra. Die Tische sind bis auf den letzten Platz mit jungen Männern besetzt, sie tragen gebügelte Jeans, taillierte Hemden und Gelfrisuren. Die Wangen sind glatt rasiert, nur auf der Oberlippe steht bei den meisten ein akkurates Bärtchen. Mit seinem langen weißen Kleid und dem Vollbart fällt Abu Hamsa hier fast genauso auf wie der blonde Ausländer. Wir gehen an der Selbstbedienungstheke vorbei in den Hof. Neben einem sanft plätschernden Springbrunnen speisen ausländische Diplomaten unter Schatten spendenden Weinreben. Am Kopfende eines Tisches entdecke ich den Chef des französischen Kulturinstituts. Er ist in ein lebhaftes Gespräch mit einer Holländerin vertieft, deren Geburtstag wir vor ein paar Wochen eine ganze Nacht lang gefeiert haben.

Aber Abu Hamsa zieht mich weiter zu einem Nebengebäude, in dem die Männer am Boden sitzen und mit der rechten Hand aus großen Aluschüsseln essen.

»Sag mal, Klaus, warum kommst du eigentlich nicht zum Islam?«, fragt er, als wir gerade die Schuhe ausziehen. »Was hält dich zurück?«

Ich stelle meine Sandalen beiseite und höre mich etwas von einer schwierigen Entscheidung und vielen offenen Fragen sagen.

»Es ist doch alles so einfach«, sagt Abu Hamsa und lächelt gütig. »Du kennst doch die fünf Säulen des Islam.« Abu Hamsa bestellt Hühnchen mit Reis und zählt an den Fingern die zentralen Pfeiler seiner Religion ab: »Asch-schahada, das Glaubensbekenntnis; as-salat, das Gebet; as-sakat, die Wohltätigkeit; as-saum, das Fasten im Ramadan; und al-hadsch, die Pilgerfahrt nach Mekka.«

»Eines der schönsten Dinge in unserer Religion ist *sakat*«, schwärmt Abu Hamsa.»Wohltätigkeit und Almosen, darum geht es uns Muslimen. Wenn man selbst keinen Bedürftigen kennt, dann fragt man einen anderen Bruder oder den Imam. Die einzige Bedingung: Das Geld soll anderen Muslimen zugute kommen. Im Westen kann man auch an einen Wohltätigkeitsverein spenden, der das Geld dann nach Afghanistan oder Palästina überweist. Das ist aber schwieriger geworden, seit die USA befürchten, dass so der Terrorismus finanziert wird.«

Das Thema Terrorismus bringt uns von den übrigen Grundsätzen des Glaubens ab. Abu Hamsa erzählt von einem Großeinsatz der Antiterrorpolizei in seiner Straße. »Zum Glück war ich gerade verreist, sonst säße ich jetzt vielleicht auch im Gefängnis. Drei Australier und noch ein paar Ausländer haben sie aus meiner Moschee heraus verhaftet. Ein Deutscher war auch dabei.« Abu Hamsa kennt die australischen Landsleute, findet sie ungebildet und unbesonnen. »Das sind Extremisten, die hören auf die falschen Leute.« – »In der Zeitung stand, sie wollten Waffen für al-Qaida schmuggeln«, sage ich. Abu Hamsa schüttelt den Kopf. »Keine Ahnung. Vielleicht haben sie nur etwas harsch gesprochen. Sie halten nicht viel von Demokratie, vom Präsidenten, von der Zusammenarbeit mit dem Westen. Das hat vielleicht jemand in den falschen Hals bekommen.«

»Und wie denkst du darüber?«

»Ich bin kein Extremist. Fundamentalist ja, aber kein Extremist. Ich habe mit diesen Leuten nichts zu schaffen.«

Der verhaftete Deutsche heißt Rouven und stammt aus Hannover. Auch er trägt einen langen Bart und gibt fremden Frauen lieber nicht die Hand. Rouven ist mit 18 zum Islam konvertiert. Seit 13 Jahren hat er keines der fünf täglichen Pflichtgebete ausgelassen. Abdurrahman nennt er sich, Knecht des Barmherzigen. Vor einem halben Jahr ist er in den Jemen gekommen. Mit seiner Frau und vier kleinen Kindern lebt der massige Mann mit den gutmütigen Gesichtszügen in einem schmucken Einfamilienhaus, nicht weit von Abu Hamsas kleiner Wohnung.

Wir sitzen auf einem dicken beige-rot geblümten Teppich vor weiß gestrichenen Wänden. Ein Mauervorsprung aus Gips bietet Platz für eine Wetterstation, das Modell eines Sanaaner Turmhauses und einen elektrischen Weihrauchbrenner. In einem Ikea-Regal stehen das *Handbuch Akupunktur*, der *Pschyrembel* und *Naturheilpraxis heute* nebeneinander, vor dem Schreibtisch liegt ein großer schwarzer Pezziball. Rouven arbeitet in einer Privatklinik gegenüber der Uni als Physiotherapeut. Das lange weiße Hemd, das bis knapp über seine Knie reicht, die weiten dunklen Leinenhosen und die weißen Socken passen sowohl ins Krankenhaus als auch in die Moschee.

»Terrorverdacht: Deutscher im Jemen verhaftet«, meldeten deutsche Zeitungen, nachdem Beamte der Politischen Sicherheit Rouven nach dem Morgengebet in der Moschee festgenommen hatten. Knapp drei Wochen später war er wieder frei, Anklage wurde nie erhoben.

»Warum haben sie dich dann ins Gefängnis gesteckt?«

Rouven fährt sich über die kurzen schwarzen Haare und wiegt den kantigen Kopf. »Wahrscheinlich war ich ihnen suspekt: Ich gehe regelmäßig in die Moschee, in meinem Viertel leben viele Ausländer, wir tragen alle einen langen Bart. Vor der Verhaftung haben sie mich zwei Wochen lang beschattet, ziemlich auffällig sogar.« Rouven grinst. »Ich habe extra noch eine neue Passkopie abgegeben, wie vorgeschrieben, damit auch alles seine Ordnung hat.« Er zieht die Augenbraue hoch. »Soll ich mir jetzt den Bart abrasieren und aufhören, in der Moschee zu beten?«

Als die Beamten das Gebetshaus stürmten, war Rouven in prominenter Gesellschaft. Neben Glaubensbrüdern aus Dänemark und

Großbritannien wurden auch zwei Söhne von Abdurrahim Ajub festgenommen, dem Anführer der Jemaah Islamiah in Australien. Die Terrorgruppe bekannte sich zu den Anschlägen von Bali im Oktober 2002, bei denen mehr als 200 Menschen getötet wurden.

Er sei »in Deutschland kein Unbekannter«, las Rouven auf *Spiegel Online* über sich, er gelte als Sympathisant der islamistischen Muslimbruderschaft und habe mit Predigern der Islamischen Gemeinschaft Deutschland in Bayern gebetet, dem deutschen Ableger der ägyptischen Muslimbrüder. »So ein Quatsch«, schimpft Rouven. »In Erlangen gab es nur eine Moschee, da konnte ich nicht wählerisch sein. Keinen einzigen Hassprediger habe ich dort kennengelernt, im Gegenteil: Der Imam war offen und integriert, der hatte sogar ausgezeichnete Kontakte zur Stadt und zur Kripo, das war manchen aus der Gemeinde schon ein bisschen zu viel.« Auch die Terrorverdächtigen von Sanaa kenne er nur vom gemeinsamen Gebet in der Moschee, sagt er, von den Plänen, Waffen nach Somalia zu schmuggeln, wisse er nichts.

Vielleicht kam er auch deshalb als Erster wieder frei aus der dunklen Kellerzelle, wenige Tage nachdem ihn die Konsularbeamten der deutschen Botschaft im Gefängnis besucht hatten. In derselben Haftanstalt, aus der kurz zuvor mehr als ein Dutzend verurteilte Al-Qaida-Terroristen entkommen waren, darunter einer der Hintermänner des Anschlags auf die *USS Cole* in Aden. Die Gefangenen hatten sich einfach einen Tunnel in die benachbarte Moschee gegraben.

Zwei kleine Jungen bringen schüchtern eine Wachstischdecke herein und breiten sie umständlich auf dem Teppichboden aus. Ein Mädchen serviert Reis, Rindfleisch, frisches Fladenbrot und Salat. Die dunkle Haut haben die Kinder von ihrer arabischen Mutter. Rouven spricht Deutsch mit ihnen. Zu antworten trauen sie sich nicht, nicht vor dem fremden Mann, der schuld daran ist, dass sie heute nicht mit Mama und Papa essen können. Wortlos verschwinden sie wieder in die Küche.

»Meine Frau spricht neben Arabisch auch fließend Englisch und Deutsch«, erzählt Rouven. »Ihre Familie stammt ursprünglich aus dem Jemen.« Zu sehen bekomme ich sie nicht, und auch Rouven bemüht den Vergleich mit dem kostbaren Edelstein, den man vor Fremden besser verberge. Aus ihren Kochkünsten aber macht er zum Glück kein Geheimnis, und so balanciert das kleine Mädchen jetzt zwei mit dicken Tortenstücken beladene Teller herein.

»Das Rezept hat meine Frau von meiner Mutter in Deutschland. Leider ist Sahne hier schwer zu bekommen.«

Rouvens Mutter brachte ihn mit dem Islam in Berührung. Sie arbeitete bei Hoechst in Dubai, während er als Schüler bei seiner Großmutter in Hannover lebte. Als der 18-Jährige zum Urlaub in die Emirate flog, kannte er Muslime nur aus der türkischen Gemeinde in Hannover-Langenhagen. »Aber die Türken zählen nicht«, lacht Rouven. »Die waren genauso wenig religiös wie ich damals.«

Bei langen Spaziergängen am Strand gelang es einer jungen Muslimin, Rouven von der Existenz Gottes zu überzeugen. »Bis dahin dachte ich doch tatsächlich, dass wir alle vom Affen abstammen«, sagt er. Zurück in Deutschland, kaufte er sich eine Koranübersetzung. »Ich habe richtig Gänsehaut bekommen.« Er las viel. »Ich wollte wissen, was Islam wirklich bedeutet. Das stimmt meist nicht mit dem überein, was Muslime heute praktizieren. Außerdem hatte ich selbst so viele Vorurteile im Kopf.«

Rouven schaut mir direkt in die Augen. »Nimm zum Beispiel die Rechte der Frauen. Erst im Islam wurde ihnen erlaubt, einen Mann zu wählen oder sich scheiden zu lassen. Eine Muslima, deren Vater oder Bruder dagegen ist, dass sie heiratet, kann vor Gericht gehen. Im siebten Jahrhundert hatten die Frauen doch überhaupt nichts zu sagen.«

Seine eigene Frau hat Rouven so ähnlich kennengelernt wie schon die Gefährten des Propheten Mohammed ihre Gemahlinnen: durch Vermittlung. »Ich sagte meinen Brüdern in Dubai, dass ich eine Frau suche, und nannte ihnen meine Kriterien«, erklärt Rouven. »Die beste Frau ist eine religiöse Frau. Sie sollte nicht nur in den Islam hineingeboren sein, sondern ihn auch mit dem Herzen praktizieren.« Mit dem Bruder der Auserwählten einigte er sich auf 3000 Dirham Brautgeld, »1500 Mark«, sagt Rouven. Er rechnet noch in D-Mark, weil er kaum in Deutschland war, seit es den Euro gibt. Vor allem seinen Kindern zuliebe ist er auf die Arabische Halbinsel gezogen. »Sie sollten nicht als Außenseiter aufwachsen, sondern als Muslime in einer islamischen Gesellschaft.« Die beiden vier- und fünfjährigen Jungen gehen schon auf die Koranschule, die siebenjährige Tochter hat vor Kurzem angefangen zu beten. Rouven erzählt von ihrem Sprachfehler, einem Hang zum Stottern, der nicht von der Logopädin, sondern durch das Auswendiglernen von Koransuren behoben worden sei.

»Sehnst du dich manchmal nach Deutschland zurück?«

Rouven nickt. »Deutsche Gründlichkeit und Systematik fehlen einem hier schon manchmal.« Ich muss lachen.

»Im Ernst. Wenn man sich in Deutschland für den nächsten Tag verabredet, kann man sich darauf verlassen«, sagt Rouven. »Muslime müssten doch eigentlich noch genauer und zuverlässiger sein – wenn sie sich nur an die Religion hielten. Stattdessen: immer nur *inschallah*.«

Und mit der islamischen Gerechtigkeit sei es manchmal auch nicht weit her, fügt Rouven hinzu. »Wenn der Sohn eines Scheichs daherkommt, dann gilt das Recht des Stärkeren. Und der Sohn des Präsidenten hat immer recht. Dabei schreibt der Islam doch vor, dass alle die gleichen Rechte und Pflichten haben.« Rouven denkt einen Augenblick nach. »Deutschland ist in dieser Hinsicht ideal.«

Der Gute

Man könnte die Uhr danach stellen: Jeden Tag um halb zwölf betritt der grauhaarige Mann die Dachterrasse. Sein braun gebrannter Oberkörper ist entweder nackt oder steckt in einer grellblauen Trainingsjacke mit weißen Streifen an den Ärmeln. Er ist die sechs Stockwerke nach oben gestiegen, um seine Pflanzen zu versorgen: die roten Geranien, die in den zu Blumenkübeln umfunktionierten Ölkanistern zu kleinen Büschen herangewachsen sind, und die Agaven mit den spitzen Blättern. Er gießt sie, zupft an ihnen herum, kratzt sich zufrieden den Bart. Er ist der einzige Nachbar, der wie wir sein Dach begrünt, der wie wir die Aussicht und das Gefühl, über dem Trubel da unten zu stehen, zu genießen scheint. Der alte Mann nickt über die Gasse und den Vorhof, die unsere beiden Häuser voneinander trennen, freundlich herüber. Wir nicken freundlich zurück. Monatelang, fast täglich.

Es ist nach elf Uhr am Abend, wir kaufen gerade bei Faris Joghurt fürs Frühstück ein. Da spricht er uns auf Englisch an, wir erkennen ihn erst gar nicht als den Nachbarn vom Dach. Statt wie ein lebenslustiger deutscher Rentner sieht er jetzt aus wie ein arabischer Gelehrter: Über dem langen weißen Kleid trägt er einen eleganten schwarzen Tuchmantel, um den Kragen einen exakt gefalteten bestickten Kaschmirschal, unterm Arm ein dickes in Leder gebundenes Buch. Wir laden ihn ein, gleich für den nächsten Nachmittag.

Und er kommt, wieder auf die Minute pünktlich. »*Hussein Sabara, your neighbour.*« So wird er uns von nun an immer begrüßen. Hussein kennt unser Haus, kannte die Vormieter, weiß sogar die

Nummer des alten Telefons, dessen Leitung aus dem Fenster hinaus zum Kabelgewirr am Strommasten führt. Den Weg in den *mafradsch* findet er ganz allein.

Er setzt sich auf die dunkelblauen Polster und betrachtet durch die Fenster sein Haus mit der Dachterrasse und den Geranien. »Ganz leichten Tee« möchte er trinken, *qat* hat er keines dabei. »Ich versuche gerade, mir das Kauen abzugewöhnen, damit ich besser schlafen kann.« Er fragt, ob wir Italienisch sprächen, das könne er noch besser als Englisch, und außerdem liebe er diese Sprache, die Italiener, alles Italienische. »Immer wenn ich Touristen sehe, versuche ich herauszufinden, ob sie Italiener sind. Und überrasche sie dann mit einem italienischen Wanderlied.« Hussein ist über 70, aber wenn er erzählt, wirkt er wie ein Junge, der sich über seine eigenen Streiche freut. Uns singt Hussein nichts vor, aber mit jedem Satz erstaunt und fasziniert er uns mehr.

Als er geboren wird, herrschen in Aden die Briten, und in Sanaa regiert Imam Jahja mit absoluter Macht. Die Sabaras gehören zu den *suda*, jenen Familien, die sich als direkte Nachfahren des Propheten Mohammed betrachten. Ihren Sohn nennen sie nach einem Enkel des Religionsstifters Hussein – »den Guten«.

»Als ich noch ein Kind war, setzte sich der Imam jeden Morgen ab neun vor seinen Palast auf die Straße und kümmerte sich um die Probleme seiner Untertanen, die Streitereien zwischen Nachbarn um Land und Geld. Manchmal mischte er sich verkleidet unters Volk, um zu erfahren, was die Menschen wirklich von ihm dachten«, erinnert sich Hussein. Die Berge um Sanaa gehörten damals nicht dem Militär, sondern den Sanaanis, die dort spazieren gingen. Die Männer kletterten auf den Berg Nuqum, um ihre Körper für das *qat*-Kauen aufzuheizen. Eines Tages sah der Imam nachts Flammen auf dem Berg lodern und sandte seine Soldaten aus, die Husseins Vater am Lagerfeuer sitzend fanden. So wurde der Herrscher auf die Familie aufmerksam, und wenig später war eine Tochter des Imams Husseins Stiefmutter.

Hussein selbst heiratete mit 16 eine 13-Jährige. Er bekam ein Stipendium, um Geologie zu studieren – in Italien. Seine Frau schickte ihm sehnsüchtige Liebesgedichte nach Rom, und mithilfe des italienischen Botschafters gelang es Hussein, auch sie nach Europa zu holen. Er war sehr glücklich mit seiner Frau, noch jetzt, mehr als ein halbes Jahrhundert später, schwärmt er von ihrer Klugheit und Schönheit.

Aber sein Italienisch machte kaum Fortschritte, da er meist mit seiner Frau sprach – auf Arabisch. Deshalb wurde Hussein nach Perugia geschickt, seine Frau zur Krankenschwesterausbildung in den Vatikan. Nach drei Monaten durfte sie ihn zum ersten Mal wieder besuchen. Aber am Bahnhof von Perugia stieg keine schwarz Verschleierte aus dem Zug, sondern eine junge Frau mit kurz geschnittenen Haaren, ihr Rock ging gerade mal bis zum Knie.

Als Hussein das Stipendium gestrichen wurde, verdiente seine Frau das Geld in einem Krankenhaus in Pisa. Das war 1962, als die Revolution den Imam stürzte und die neuen republikanischen Machthaber die Angehörigen des Sabara-Clans töteten oder aus dem Land jagten.

Hussein blieb in Italien, neun weitere Jahre. Bis ihn ein Brief aus dem Jemen erreichte: Die Lage habe sich beruhigt, Hussein drohe keine Gefahr mehr, er solle seine Chance in der neuen Republik nutzen und nach Sanaa zurückkehren, schrieb sein Bruder. Schweren Herzens verließen Hussein und seine Frau Italien und zogen in das Haus mit der Dachterrasse. »Es war ein großer Fehler zurückzukommen«, sagt er wehmütig. Aber auch: »Ich habe so viel hier verpasst, während ich im Ausland war.«

Die neue Republik hatte keine Arbeit für den in Europa ausgebildeten Geologen. Husseins Leben wurde wieder jemenitischer. Er heiratete eine zweite Frau, weil die erste keine Kinder bekommen konnte und todkrank war. Schließlich fand er Arbeit bei Yemenia, der staatlichen Fluggesellschaft. Jetzt konnte er wieder reisen. Er flog in die arabischen Länder, nach Holland, in die USA und nach Deutschland.

Es dämmert, der Muezzin ruft zum Abendgebet. Zeit für Hussein zu gehen. »Das nächste Mal kommt ihr zu mir, da lernt ihr meine Frau und meine Kinder kennen«, sagt er zum Abschied. Bis dahin grüßen wir uns wieder täglich von Dachterrasse zu Dachterrasse, nicht mehr nur mit einem Nicken, von nun an winken wir.

»*Hussein Sabara, your neighbour*«, sagt Hussein ein paar Tage später. »Herzlich willkommen.« Sein Haus ist noch größer und herrschaftlicher als das unsere. Er führt uns durch alle Etagen. Räume, die nur den Frauen vorbehalten sind, wie bei den anderen Familien, gibt es hier nicht. Jedes Zimmer ist in einem anderen Pastellton gestrichen, an vielen Stellen bröckelt der Putz. Die Wände sind behängt mit golden gerahmten Gemälden italienischer Dörfer, Postern europäischer Schlösser und Herbstwälder, mit Familienfotos, Kinderzeichnungen, Yemenia-Werbeplakaten, Koransuren. Dazwischen hölzerne Gewehre, Kunstblumen, Püppchen. Und immer wieder das Bild eines Mannes, dem Hussein sehr ähnlich sieht: als Jugendlicher auf vergilbten Fotos, mit Bleistift als Greis porträtiert.

Das Durchgangszimmer auf der zweiten Etage ist der Fitnessraum. Den schwarzen kunstledernen Massagesessel schützt noch immer die Verpackungsfolie, daneben steht eine Hantelbank. »Hier trainiere ich jeden Morgen«, sagt Hussein. »Und abends setze ich mich in den Sessel und lasse mich automatisch massieren.« Auf dem Tisch im Esszimmer ein Stockwerk höher liegt eine Plastiktischdecke, bedruckt mit Tellern voll Nudeln in Soße. In der Küche ist die vermutlich erste und einzige Spülmaschine der Altstadt installiert:

eine lindgrüne Plastikschüssel auf einem hüfthohen Metallständer, in die das schmutzige Geschirr einsortiert wird. Vor dem Spülen kommt ein durchsichtiger Deckel darüber, durch den man beobachten kann, wie das Wasser aus einem Schlauch über die Teller spritzt.

Oben im *diwan* wartet Husseins Frau, die dritte, aber einzige. Saada ist Mitte 40, trägt ein weites langes Kleid und ein buntes Kopftuch. Sie hat Kuchen für uns gebacken, er ist noch warm. Saada spricht ein bisschen Englisch, den Jemen hat sie jedoch noch nie verlassen. Aber sie kennt jede einzelne von Husseins Geschichten aus Italien und lächelt, wenn er wieder eine erzählt, nachsichtig wie bei einem Kind. Zum Beispiel als es um den kleinen Vogel geht, der einen Narren an Hussein gefressen hatte und ihm auf einer Autoreise durch Italien wochenlang nicht von der Seite wich.

Auch die jemenitischen Tauben mögen Hussein. Wenn er zum Gießen aufs Dach steigt, lassen sich eine weiße und eine graue auf der Brüstung nieder. Und im Esszimmer fliegen ein paar Kanarienvögel frei herum, bis jetzt ist noch keiner entwischt.

Hier im *diwan* stehen die Simse unter den bunten Oberlichtern voller Bücher, viele dicke, sehr alte sind dabei. »Die haben mein Vater und mein Großvater geschrieben«, erklärt Hussein. »Mein Großvater war ein bekannter Geschichtsschreiber«, sagt er und zeigt uns eines seiner Werke. Ein anderes, neues Buch schenkt er uns. Es ist über seinen Vater, Ahmed Sabara, Mufti des Jemen. Das Buch erschien im Jahr 2000, kurz nach seinem Tod mit 92 Jahren. Auf den Fotos ist der Mann zu sehen, den wir von den vielen Bildern im Haus kennen, der aussieht wie Hussein, lacht wie Hussein und vornehm gekleidet ist wie Hussein, als er uns zum ersten Mal auf der Straße ansprach.

Hussein bringt einen braunen Umschlag mit noch mehr Fotos. Sie zeigen ihn mit seinem Vater und Papst Johannes Paul II. in Rom. Oder mit seinem Vater und Mao Tse-tung in Peking. Oder Husseins

Vater mit sowjetischen Funktionären in Moskau. »Mein Vater ist viel gereist, er hat sich für die Rechte der Moslems in der ganzen Welt eingesetzt. Und dafür, dass sich die Moslems mit den anderen Religionen verstehen. Ich habe ihn oft begleitet und für ihn übersetzt, er konnte ja kein Englisch«, beantwortet Hussein unser Staunen.

Als Ahmed Sabara als ältestes von elf Kindern 1908 geboren wird, halten die Osmanen die wichtigsten Städte des Landes besetzt. In den 30er-Jahren studiert er Theologie und islamisches Recht bei den größten jemenitischen Gelehrten. Zu jener Zeit überraschten die Soldaten ihn beim nächtlichen Kauen auf dem Berg. Der Imam schickte ihn nach Tais, wo Ahmed Sabara den Sohn des Machthabers in Religion unterrichtete, die Tochter des Imams heiratete und im Laufe der Jahre zu einem wichtigen Ratgeber in Fragen des Islams wurde.

Ahmed Sabara galt den Revolutionären als Feind, weil er mit dem gestürzten Herrscher verwandt war. Im Gegensatz zu vielen anderen ließen sie ihn am Leben und sperrten ihn nur für gut ein Jahr ins Gefängnis. Danach ging er ins Exil, nach Ägypten und in den Libanon. 1967, fünf Jahre nach der Revolution, durfte er in den Jemen zurückkehren und wurde zum Mufti ernannt, zur obersten religiösen Autorität des Landes.

Er lehrte islamisches Recht an der neuen Uni von Sanaa. Sein Haus im Viertel Fuleihi, nicht weit von Husseins entfernt, stand allen offen, die Rat suchten. Wer sich nicht in den *diwan* des Muftis traute, konnte auch am Telefon um eine Fatwa bitten. Oft saß Husseins Vater auch am Rand der Gasse und verfasste solche Rechtsgutachten, ein paar handschriftliche Zeilen, der Stempel des Muftis verlieh ihnen Gültigkeit. Etwa seiner Antwort auf die Anfrage zweier Umweltschützer, wie man mit dem einzigartigen Urwald am Berg Bura im Westen des Landes dem Koran gemäß umgehen solle. Bäume seien Gottes Geschöpfe, sie zu schützen sei die Pflicht eines jeden frommen Moslems, urteilte Ahmed Sabara. Und obwohl er auf vielen Bildern mit Turban und Schärpe sehr konservativ aussieht, scheint der Mufti nicht weniger modern gewesen zu sein als sein Sohn. Die Kinder der *sada*, der Prophetennachkommen, sollten sich nicht länger darauf beschränken, die heiligen Schriften zu studieren, forderte er. Ingenieure und Wissenschaftler brauche das Land! Töchter dürften unter keinen Umständen zur Ehe gezwungen werden, mahnte er Väter und Mütter.

Ahmed Sabara gehörte den Saiditen an, einer schiitischen Gruppierung, die es nur noch im Jemen gibt. Doch er setzte sich für den Dialog aller islamischen Konfessionen ein – und für mehr Verständnis und Respekt zwischen Moslems und Christen. Dem Mufti ist es zu verdanken, dass in den 90er-Jahren aus der Christuskirche in Aden wieder ein Gotteshaus wurde. Ebenso wie Moslems im Westen sollte es auch Christen in islamischen Ländern freistehen, auf ihre Weise zu beten, heißt es in der Fatwa, die Ahmed Sabara im Streit um die Renovierung der Kirche erließ. »Und dann hat mein Vater noch dieses Buch geschrieben«, sagt Hussein und holt ein besonders dickes aus dem Regal: *Die Geschichte des Jemen – in 360 Versen*.

Am Nachmittag um kurz nach fünf klingelt es an der Haustür. Wenig später führt Husseins Frau die beiden Töchter ins Zimmer. Asrar und Afkar sind aus der Schule zurück, in der vormittags die Jungen und nachmittags die Mädchen des Viertels unterrichtet werden. Asrar – »Geheimnisse« – ist neun Jahre alt und trägt einen langen Rock in Tarnfarben, dazu ein schwarzes Kopftuch. Afkar – »Gedanken« – ist acht, hat einen rosaroten Trainingsanzug an und trägt eine Brille so dick wie die ihres Vaters. Uns begrüßen sie sehr schüchtern, Hussein fallen sie überschwänglich um den Hals.

»Die beiden lernen auch schon Englisch«, erzählt Hussein stolz. Die Fremdsprache mit den Fremden auszuprobieren wagen sie aber noch nicht. Also spricht ihr Vater für sie, erzählt, wie sie tagelang heimlich auf dem Dach ein Theaterstück probten, um ihre Eltern mit der Aufführung zu überraschen. Und wie gut sie schon mit dem Computer umgehen könnten, den Hussein angeschafft hat, um über seinen Vater zu schreiben. »Kennt ihr euch mit Computern aus?«, fragt er. »Kann man damit nicht auch Musik hören? Ich mag Klassik so gern.« Und schon haben wir einen Grund für den nächsten Besuch bei unserem Lieblingsnachbarn. »Ruft einfach an, wenn ihr Zeit habt.«

Noch bevor deutsche Klassik auf Husseins Rechner läuft, gibt es die seltene Gelegenheit, Mozart live zu hören. Die Europa-Philharmonie ist in der Stadt. Hussein gefällt die Idee, gemeinsam ins Konzert zu gehen, auch Saada und die Kinder sollen mitkommen, zum ersten Mal erleben, wie Geige und Cello gespielt werden. »Wir fahren alle zusammen mit unserem Auto«, beschließt Hussein.

Husseins Auto war uns sofort aufgefallen, allerdings wussten wir bislang nicht, dass der museumsreife babyblaue BMW unserem Geraniengießer von gegenüber gehört. Meistens steht der kleine kantige Wagen aus München hinter dem Tor rechts neben Husseins Haustür. Denn meistens sei irgendetwas kaputt, erzählt Hussein, und zwar ausgerechnet dann, wenn Asrar und Afkar einen Ausflug machen möchten oder er nach Tais zum Gericht muss, wo er um seine enteigneten Ländereien streitet.

Heute Abend springt das Auto an, obwohl sich auf der schmalen Rückbank zwei Frauen und zwei Kinder drängen und vorn hinterm Steuer ein alter und neben ihm ein junger Mann sitzen. »*Bismillah ar-rahman ar-rahim*«, sagt Hussein, bevor er den ersten Gang einlegt. »Im Namen Gottes, des Erbarmers, des Barmherzigen« fahren wir los, rollen über den Platz, durch die abschüssige Gasse zwischen den Turmhäusern hindurch zur Saila. Hussein beugt sich zum Kassettenrekorder, versucht, eine Kassette von Mohammed al-Adrui einzulegen, dem Kabarettisten, der so witzig über den Präsidenten herzieht, dass er immer wieder ins Gefängnis muss. »Lass das«, sagt Husseins Frau. Aber Hussein lässt es nicht, er hantiert weiter mit der Kassette. Bis es rumst. Bis unsere Oberkörper nach vorne fliegen. Der kleine BMW ist gegen den Brückenpfeiler gekracht. »*Allahu akbar, allahu akbar*«, murmelt Saada, zieht die Töchter zu sich heran, streicht ihnen wieder und wieder über die Köpfe. Klaus steigt aus, ihm geht es gut. Hussein kann auch aufstehen, nur sein Knie schmerzt. Wir auf der Rückbank stehen noch ein bisschen unter Schock. Der linke Scheinwerfer ist zerborsten. Nicht so schlimm, wo doch viele Autos hier gar kein Licht haben. »*Bismillah ar-rahman ar-rahim.*« Wir fahren weiter, zum Palast der Jugend ist es noch ein Stück, das Konzert beginnt in einer halben Stunde.

Hussein hat für den Ausflug einen knielangen hellblauen Kittel angezogen, darunter trägt er eine Hose im selben Stoff, auf dem Kopf eine gehäkelte weiße Kappe. Eine Tracht, wie sie eher in Afghanistan oder Pakistan üblich ist. Die Wachmänner begrüßen Saada, die Mädchen und die beiden Ausländer freundlich zu dieser westlichen Veranstaltung. Hussein aber halten sie auf, fast grob, beginnen ihn abzutasten, auszufragen. »Nationalität?« – »Jemenit«, sagt Hussein. Und: »Ich bin Hussein Sabara, der Sohn des Ahmed Sabara.« Der Name zeigt Wirkung. Augenblicklich lassen die Männer von Hussein ab, entschuldigen sich und wünschen gute Unterhaltung.

Statt der Musiker aus ganz Europa sitzt zunächst das Jugendorchester der Britischen Schule auf der Bühne vor dem halb leeren Saal. Verkleidet mit Anzügen und Kostümchen, versuchen sich die Kinder der High Society Sanaas als Geiger, Bratschisten und Flötenspieler. Auch die Großnichte des Präsidenten ist dabei. Aber hoher Stand ist kein Garant für Musikalität. Ihre Interpretation von Mozarts »Alla turca« klingt so schief, wie es sich vermutlich in jemenitischen Ohren anhören würde, wenn deutsche Schüler arabische

Volkslieder mit der Laute begleiteten. Hussein stören die falschen Töne nicht. Begeistert klatscht er auf den Knien den Takt und summt mit.

»Kommt in einer halben Stunde«, sagt Hussein meist am Telefon, wenn wir uns verabreden. Und wir kommen sehr gern in den *diwan* der Sabaras, den einzigen der Nachbarschaft, in dem Männer und Frauen entspannt gemeinsam sitzen, zur einzigen Nachbarin, die ihr Gesicht nicht vor Klaus verbirgt. Heute aber hat Hussein bei seinem Anruf keine Einladung im Sinn. »Vielen Dank für den Artikel über mich in der Zeitung«, sagt er. »Sehr schön, nur eine Zahl ist falsch.« – »Welcher Artikel? In welcher Zeitung?«, wundere ich mich. »Ich schicke euch gleich jemanden damit vorbei«, sagt Hussein und legt auf. Ein paar Minuten später klopft es am Hoftor, ein Junge gibt uns eine Ausgabe des *22 Maju*, der Zeitung der Regierungspartei, benannt nach dem Datum der Vereinigung. Zeitung zu lesen fällt immer noch sehr schwer, aber zwei Spalten verstehe ich sofort: Es ist die arabische Übersetzung eines Eintrags in unserem Weblog, die Geschichte von jenem Tag, als uns Hussein zum ersten Mal besuchte.

Aber wie gelangte der Text in eine jemenitische Zeitung? Dass die staatliche Nachrichtenagentur eigens drei junge Redakteurinnen beschäftigt, die im Internet nach deutschen Artikeln über den Jemen und die arabische Welt fahnden und diese übersetzen, wussten wir schon. Dass sich aber auch Zeitungen ungefragt bei ausländischen Journalisten bedienen, überrascht uns.

Zum Glück stört es Hussein nicht, wenn seine Nachbarn nun lesen können, dass seine erste Frau in Italien unverschleiert im kurzen Rock ging. Hussein hat ohnehin keine Angst zu sagen, was er denkt und tut, lässt sich weder von der autokratischen Herrschaft noch von der Meinung anderer einschüchtern. Schon bei unserem ersten Besuch hat er klargestellt, dass er von der Regierung nicht viel hält, er wirft ihr Korruption, Vetternwirtschaft, schlicht Dummheit vor. Statt bergauf gehe es immer weiter bergab. Klar werde er bei der nächsten Wahl gegen die Regierungspartei stimmen, wie aussichtslos es auch sei.

Husseins Brille sitzt schief, ein Bügel ist abgebrochen, schon seit Längerem. Aber für eine Reparatur ist jetzt keine Zeit, es gibt Wichtigeres zu tun. In wenigen Wochen ist eine Konferenz in Aden, er muss einen Vortrag über seinen Vater vorbereiten. Und wir müssen den Drucker zum Laufen bringen, damit er sein Manuskript der Universität schicken kann.

Und dann ist Ramadan. Während des Fastenmonats trifft sich Hussein jeden Abend um neun Uhr mit Gelehrten im *diwan* seines Vaters, wo jener als Mufti immer die Fragen der Gläubigen beantwortet hatte. Die Männer lesen, ein bisschen *qat* kauend, abwechselnd Texte zum Koran und zur Scharia vor, diskutieren, was wohl der Prophet mit diesem oder jenem Ausspruch meinte. Wenn Hussein um elf Uhr in der Tracht der alten weisen Männer wieder nach Hause kommt, läuft ihm seine Tochter Afkar bereits entgegen. Über Nacht verwandelt er sich dann wieder in den lebenslustigen Rentner, der pünktlich um halb zwölf seine Geranien gießt.

Nachtleben

Vorsichtig stelle ich Teller und Tassen auf den runden weißen Kunst-
stofftisch, geräuschlos lege ich Löffel und Messer ab, stumm reicht
Susanne mir die Pfanne mit dem Rührei. Es ist halb zehn, die Sonne
steht schon hoch am Himmel. Seit sie aufgegangen ist, wird in der
ganzen Stadt weder gegessen noch getrunken – zumindest nicht vor
den Augen anderer. Die hohen Mauern, welche die Terrasse vor
unserer Küche umgeben, und das weiße Sonnensegel, das gerade
noch rechtzeitig vor dem Ramadan fertig wurde, schützen unser
Frühstück vor den Blicken der Nachbarn. Jetzt bloß nicht mit dem
Besteck klappern!

Seit vor drei Wochen zum ersten Mal der Kanonenschlag vom
Berg über der Altstadt donnerte, der jeden Tag im Morgengrauen
den Beginn der Fastenzeit markiert und in der Abenddämmerung
ihr Ende, haben wir viel Zeit für die erste Mahlzeit des Tages. Unser
Lehrer Mansur hat die Arabischstunden vorerst abgesagt, weil er
nach durchwachter Nacht mit leerem Magen und ohne *qat* nicht
unterrichten mag. Die Türen zum Postamt und zur Bank sind verschlossen, der Wäscher schläft, über die Auslagen der Marktstände
sind blaue Plastikplanen gespannt. Und der Tierarzt, der sich unseres kranken Katers annehmen soll, will auch erst in der Nacht zum
Hausbesuch kommen. Der neunte Monat im islamischen Mondka-
lender hat dem Alltag einen neuen Takt gegeben.

»Und esset und trinket, bis ihr einen weißen Faden von einem
schwarzen Faden in der Morgenröte unterscheiden könnt«, gab der
Prophet Mohammed den Gläubigen einst auf. Unsere Nachbarn
halten sich streng an den Koranvers, indem sie 30 Tage lang die

Nacht zum Tag machen. Qat-Runden beginnen abends nach dem Fastenbrechen, Interviews um Mitternacht. Auf dem Altstadtmarkt schlagen die Schmiede erst dann mit voller Kraft auf das Eisen ein, wenn die Sonne längst untergegangen ist. Frauen gehen zu sonst völlig unschicklicher Zeit im Dunkeln Arm in Arm einkaufen, Fernseher, Kühlschränke und Waschmaschinen werden in der Neustadt bis zum frühen Morgen angeboten. »Alles dreht sich nur noch um den Konsum, wo bleibt die Besinnung?«, moniert ein Zeitungskommentator. »Was ist das für eine Fastenzeit, an deren Ende die meisten Menschen ein paar Kilo mehr wiegen?«

Nach dem Frühstück steigen wir die Treppen hoch auf die Dachterrasse, auf der es dank der Düngestäbchen, die uns Freunde aus Deutschland mitbrachten, inzwischen üppig grünt und blüht. Totenstill liegt die Stadt unter uns. Kein Gasverkäufer rollt lärmend Gasflaschen über das Kopfsteinpflaster, niemand schaltet seine brummende Wasserpumpe ein. Kein Autohupen dringt aus der Saila herüber zu unserem Haus, keine Türklopfer schlagen an den Hoftoren der Nachbarhäuser ungeduldig auf Metall. Nur eine Formation oliv lackierter Düsenjets durchdringt die Stille. Die Maschinen donnern im Tiefflug über unser Haus. Schickt das Militär sogar im heiligen Fastenmonat seine Kampfflugzeuge zu den Rebellen nach Saada?

Auf dem Dach der Moschee, deren Minarett unser Haus überragt, sind bunt gewebte Teppiche aus dem Gebetsraum zum Trocknen ausgebreitet. Alles soll gründlich sauber sein, bevor nächste Woche das *id al-fitr* beginnt, das große Fest nach dem langen Fasten. Wie lange es bis dahin noch zu warten gilt, weiß niemand genau. Faris zeigt auf den Mond, wenn wir ihn fragen. »Bis die Mondsichel nach dem Neumond wieder zu sehen ist!«

Als wir am Nachmittag das Haus verlassen, ist das Holztor vor Faris' Geschäft noch verrammelt. Auch Ibrahims Garküche, in der er sonst um diese Zeit schon Zwiebeln und Tomaten für die *fasulia* schneidet, und die kleine Saftbar neben dem Arabia Felix sind geschlossen.

Doch langsam erwacht die Stadt wieder zum Leben. In den engen Gassen jagen Kinder ihren Bällen hinterher, alte Männer sind auf den Bürgersteigen ins Gespräch vertieft, Frauen in geblümten Umhängen eilen begleitet von Schubkarrenjungs auf den Markt am Bab as-Sabah. Dort dreht sich alles um das Ende des Fastentages und den nahenden Beginn des Festes. Fliegende Händler präsentieren auf umgedrehten Ölfässern neun Sorten Rosinen, von winzig und hellgrün bis nussgroß und tiefschwarz, und fast ebenso viele Sorten Mandeln, Chashewkerne und Erdnüsse. Neben den Männern, die wie üblich Kartoffeln, Tomaten und Zwiebeln verkaufen, abgemessen in kleinen und großen Eimern, stapeln sich Schuhe aus Kunstleder neben pastellfarbenen Plüschtieren aus China und Pappkartons voller auf Französisch beschrifteter Parfümfläschchen. Auf dem Boden sitzen Männer, die das türkis gefärbte Leder abgewetzter Krummdolchscheiden ausbessern, und Schuster, die Sandalensohlen flicken. Es riecht nach Klebstoff und heißem Fett, in dem gefüllte Teigtaschen mit Käse- und Hühnchenfüllung schwimmen.

»*Sambusa! Sambusa!*«, preist der Mann, der mit einer langen Kelle in dem riesigen Trog rührt, die Ramadanspezialität an. Ich kaufe ein halbes Dutzend und lasse die Plastiktüte mit dem in Zeitungspapier eingewickelten Gebäck in der Tasche verschwinden. Wir haben gerade gegessen – doch wie quälend muss der Duft nach frischen Mangos und Granatäpfeln sein, der Anblick von vor Sirup triefenden Süßigkeiten, wenn die reifen Früchte und üppigen Speisen nur gehandelt, gekauft und nach Hause getragen werden dürfen, aber keinesfalls aufgegessen!

»Fastest du?«, fragt mich der Obsthändler, bei dem ich ein halbes Kilo Weintrauben kaufen möchte. Ich nicke, will jetzt nicht erklären, warum ich mich nicht an die Ramadanregeln halte. »Diese Trauben sind die süßesten«, empfiehlt mir der Obsthändler, und ich greife gedankenverloren zu, stecke mir eine in den Mund. Das Gesicht des Händlers verzieht sich zu einem abfälligen Grinsen.

Die friedvolle Stille über der Altstadt hat sich mittlerweile in ihr Gegenteil verkehrt. Je tiefer der orange Sonnenball zwischen den Minaretten am Horizont sinkt, desto höher steigt der Lärmpegel. Aus der autofreien Saila ist eine verstopfte Verkehrsader geworden, Autofahrer und Fußgänger kämpfen gereizt ob des leeren Magens um ihr Vorrecht, hupend und brüllend. Die Schritte auf der Marktstraße werden schneller, das Gedränge dichter, eine knochige Männerschulter trifft mich hart. »Datteln! Maulbeersaft!«, rufen heisere Stimmen von allen Seiten.

Bis es zu knistern anfängt. Leise und doch unüberhörbar knacken die Lautsprecher der Moschee. Der Muezzin klopft auf sein Mikrofon, drei Schläge, deren Echo durch die Straße hallt. Männer halten inne, Verkäufer zerren Planen über ihre Waren, ein Mädchen schaut auf die digitale Armbanduhr an seinem Handgelenk, nur noch Sekunden. Und dann, endlich: *»Allaaaahu akbar! Allaaaahu akbar!«* Über den Ruf, der vielstimmig von allen Minaretten die Stadt durchdringt, legt sich der ersehnte Donnerschlag. Die Kanone, die das Militär auf dem Berg Nuqum zündet, feuert die frohe Botschaft hinaus über die Stadt: Jetzt gibt es keine Verbote mehr. Alles ist erlaubt! Bis sich die Sonne wieder zeigt, darf gegessen, getrunken, geraucht und gekaut werden. Sanaa atmet auf.

Der Alte, der gerade noch Schuhe flickte, kramt eine Dattel unter seinem Schemel hervor. Der Bonbonhändler zündet sich eine Zigarette an. Ein Junge, der mir eben noch Papiertaschentücher verkaufen wollte, bohrt einen Strohhalm in eine Tüte Milch und saugt hastig daran. Auch ich nehme einen großen Schluck aus meiner Wasserflasche.

»*Haja ila as-salah*«, ruft der Muezzin. »Auf zum Gebet! Auf zum Heil!« Die Männer eilen in zwei Richtungen davon. Viele in die Moschee, mit einer Dattel im Mund, die den ersten Hunger stillt. Andere in ein *dabab*, schnell zur Mutter oder Schwester oder Frau, die schon mit dem Essen wartet.

Ein Mann mit einem schmalen Schnurrbart winkt uns zu. »Kommt ihr mit zum Fastenbrechen? Ihr seid willkommen!« Es ist nicht das erste Mal, dass ein Jemenit sich spontan Ausländern erbarmt, die nach dem Kanonenschlag allein auf der Straße stehen. Da wir gleich mit deutschen Freunden verabredet sind, lehne ich dankend ab. Erst als der Mann winkend weitergeht, begreife ich, wer uns da zum Essen eingeladen hat: der Werkzeugmann, einer unserer Lieblingshändler auf dem *suq*!

Als wir am nächsten Abend auf dem Weg zum Fastenbrechen aus dem Minibus steigen, ist vom Kanonenschlag nichts zu hören. Das *dabab* hat uns bis zur Endstation im Süden der Neustadt gebracht, weit weg von dem Berg, auf dem die Kanone steht. Wir sind mit Mahmud und Anis, zwei Germanistikstudenten, die wir kurz vor dem Ramadan an der Uni kennengelernt haben, zum *iftar* verabredet. »Ich will euch Bilder aus Deutschland zeigen«, sagte Anis, ein kleiner junger Mann mit neugierigem Gesicht, der letzten Sommer dank deutschen Stipendiums in Mainz einen Sprachkurs besuchte. »Ich zeige euch, wie das Fastenbrechen funktioniert«, sagte sein Freund Mahmud, bärtig, groß, mit ernsten schwarzen Augen, und beschrieb uns den weiten Weg zu seiner Wohnung. Im Treppenhaus des unverputzten Neubaus duftet es nach Gewürzen, Kräutern, Gemüse und Fleisch, in der zweiten Etage auch nach Fisch. Bei Mahmud im vierten Stock ist bereits angerichtet, als wir durch die Tür in den Flur treten. Gleich in der Diele, zwischen Küche, Toilette und *diwan*, liegt eine dicke Kunststoffdecke auf dem Teppichboden,

Unterlage für zehn randvoll gefüllte Teller: Datteln, frittierte Fleischbällchen, *sambusas*, Pfannkuchenbrot in Joghurt und Minze, halbe Hähnchen, geschmortes Lamm auf Reis, gegrillter Barsch, Gurken-Tomaten-Salat, ein mit Honig beträufelter runder Kuchen und Melone.

»*Bismillah,* lasst es euch schmecken«, sagt Mahmud. Keine Viertelstunde später sind wir mit dem Essen fertig. Dreimal verneinen wir die Frage, ob wir nicht noch ein wenig Fisch oder Fleisch wollten, dann gibt Mahmud seinem kleinen Bruder ein Zeichen, und der Junge beginnt, die halb vollen Teller abzuräumen. Susanne verlässt die Männerrunde und folgt ihm in die Küche, um sich bei den Frauen des Hauses für das Festmahl zu bedanken. Mahmuds Schwestern verspeisen zwischen Herd und Spüle auf dem Boden sitzend die Reste.

Im *diwan* stehen ein großer Fernseher und eine Stereoanlage. »Wollt ihr Musik hören?«, fragt Mahmud und legt eine CD mit Liebesliedern zu Lautenklängen ein. Den Regler dreht er ganz nach unten. »Meine Schwester mag keine Musik, die denkt, das sei *haram*.« Aber jetzt im Ramadan habe er ohnehin kaum Zeit zum Musikhören. »Ich lese die ganze Nacht über im Koran, bis morgens um vier, in 30 Tagen vom Anfang bis zum Ende.«

»Der Ramadan ist der allerschönste Monat für uns«, sagt Anis. »Alles ist besonders. Ich wäre gerne mal über Weihnachten in Deutschland. Ist es bei euch dann genauso?«

Aus dem Regal, in dem der Fernseher, zwei bunte Kunstblumensträuße und ein paar Bücher stehen, holt Mahmud einen dicken Bildband hervor: *Deutschland – Burgen und Schlösser.* Mahmud deutet auf ein Foto, das Urlauber vor einer idyllischen Bergkulisse zeigt. Die tiefgrünen Tannen und weißen Gipfel wecken Heimatgefühle, aber Mahmud interessiert sich vor allem für die sommerlich bekleideten Frauen. »Ziehst du dich in Deutschland auch so an?«, fragt er

Susanne, die sich in ihrem knielangen schwarzen Kittel neben ihn setzt.

»Ich hatte anfangs richtig Angst vor den deutschen Frauen«, gesteht Anis. »Mein Onkel warnte mich, dass sie nackt auf die Straße gehen und einen mit Alkohol gefügig machen.«

»Und?«, fragt Mahmud mit ungläubigen Augen. »War es so?«

Anis lacht. »Natürlich nicht. Ich musste mich nur an die Mädchen gewöhnen, die sich im Bikini in den Park legen. Sie wollen nämlich, dass ihre Haut so braun wird wie unsere.«

Mahmud möchte von Susanne wissen, welche deutschen Burgen und Schlösser sie schon besucht hat. Er blickt fast ausschließlich Susanne an beim Sprechen, auch Anis und Faris und Abdallah und viele andere unserer jemenitischen Freunde und Nachbarn ignorieren mich nahezu, wenn wir uns zu zweit mit ihnen treffen. Selten haben sie Gelegenheit, eine fremde Frau anzusprechen, ihr ins Gesicht zu sehen und sich mit ihr zu unterhalten.

Anis zeigt Fotos von sich: vor der Rheinbrücke, in der Fußgängerzone, im Schwimmbad. In den ersten Wochen in Mainz sei es nicht leicht gewesen, mit Deutschen ins Gespräch zu kommen, erzählt er. »Es waren ja kaum Leute auf der Straße. Und sie hatten es immer so eilig. Deshalb bin ich oft zum Hauptbahnhof gegangen, da war immer jemand zum Reden.« Vor deutschen Frauen hat Anis keine Angst mehr – er ist ihnen sogar ein bisschen dankbar. »Für mich war das eine gute Übung. Jetzt traue ich mich eher mal, eine Studentin an der Uni anzusprechen.« Im nächsten Semester will Anis wieder nach Mainz. »Deutschland ist das schönste Land der Welt.«

Auf dem Nachhauseweg bringt uns das *dabab* beim Schneider vorbei. Heute soll mein Anzug fertig sein, maßgeschneidert aus feinem englischen Tuch, eine Kopie des schwarzen Anzuges, dessen Hose ich mir beim Kanzlerbesuch im Taxi ruiniert habe. Doch am frühen Nachmittag, als ich zur Anprobe in den Laden hinter dem Tahrir kam, lag der Schneider schlafend hinter seinem Tresen am Boden, auch sein Angestellter rührte sich nicht.

Jetzt, um halb elf am Abend, rattern hier zwei elektrische Nähmaschinen, junge Männer und alte Herren drängeln sich vor Schnittmustern und Stoffen. Der Schneider, der gerade sein Maßband um schmale Hüften im Wickelrock legt, reißt mit flehender Miene seine Arme in die Höhe, als er mich sieht. »*Bukra!*«, ruft er. »Morgen! Die Ärmel sind noch nicht fertig. Es tut mir leid.« Mit ähnlichen Worten vertröstet er einen dicken Mann, der ungeduldig nach seiner bestellten Anzugjacke fragt. Viel Zeit ist nicht mehr. Bis zum *id* müssen die neuen Sachen fertig sein.

Als wir gegen Mitternacht nach Hause kommen, sind die bunten Fenster der Nachbarhäuser hell erleuchtet. »*Keif halkum?*«, ruft uns Faris heiter entgegen. Ein junger Mann in blauem Kittel und blauer Hose winkt uns in den Laden nebenan, der bislang leer gestanden hatte. »Wollt ihr meine Klinik anschauen?«, fragt er auf Englisch und stellt sich als Ibrahim vor. Er ist so alt wie wir, hat an der Universität Medizin studiert und jetzt in dem kleinen Verschlag neben Faris' Lebensmittellädchen seine erste eigene Praxis eröffnet.

»Vormittags arbeite ich im Krankenhaus der Republik«, sagt Ibrahim und streicht sich über das dichte schwarze Haar. »In der Verwaltung. Wenn nicht gerade Ramadan ist.«

Nachmittags – in der Fastenzeit bis spät in der Nacht – wartet Ibrahim auf der abgewetzten Pritsche, die durch ein Stück blauen Stoff vom Rest des vier Quadratmeter großen Ladengeschäfts abgetrennt ist, auf Patienten. Auf dem PVC-Boden liegen verdorrte *qat*-Blätter, neben der Liege stehen ein Aschenbecher und ein Kanister Wasser. »Ich muss viel trinken«, sagt Ibrahim. »Ich habe es an den Nieren. Und ein Ödem am Fuß.« Manchmal greift er vor dem Schlafengehen auch nach den Schmerzmitteln, die in einem Holzregal zwischen Antibiotika und einer Flasche Alkohol zum Desinfizieren stehen. An den speckigen Wänden hängen Schaubilder mit hässlichen Hautausschlägen, eine Broschüre über Tollwut und ein großformatiger Querschnitt von Blutzellen. Er kümmere sich nur um Wehwehchen und Notfälle, sagt Ibrahim. »Patienten mit schweren Leiden schicke ich ins Krankenhaus am Rindermarkt.«

Als ich nebenan bei Faris zwei alkoholfreie Beck's kaufe, schaut Ibrahim noch mal aus seiner Praxis heraus. »Noch besser für die Nieren«, sagt er und deutet auf die grünen Bierflaschen. Aber ich solle aufpassen, warnt der Doktor: »Manchmal mixen die da irgendwelche Substanzen rein, und man ist völlig berauscht.«

Wir haben die Flaschen aus Bremen längst unbeschadet geleert, als es am Hoftor klopft. Der Tierarzt! Hamdani liegt apathisch in seinem Strohkörbchen vom Roten Meer, statt verdünnte Milch zu trinken und frische Ziegenleber zu fressen, schüttelt er sich wie unter Krämpfen, aus dem wohligen Maunzen ist ein gequältes Röcheln geworden – laut Internet Symptome für den tödlichen Katzenschnupfen. Deswegen keucht jetzt ein Mann im weißen Kittel bis zur Küche im vierten Stock hinauf. Einer von zwei Tierärzten in Sanaa, sein afghanischer Kollege kümmert sich um die Minensuchhunde der Vereinten Nationen.

Auf dem Küchentisch untersucht der *duktur* das sich windende abgemagerte Tier, öffnet den mit Medikamenten gefüllten Werkzeugkoffer, setzt unserem Kater zwei Spritzen, verschreibt Tabletten, die wir zu katzengerechten Dosen zerbröseln sollen, und versichert uns: Hamdani wird nicht sterben, nicht, wenn wir ihm mit einer Pipette Milch einflößen, bis er wieder selbst trinken kann. Im Austausch für die vier 1000-Rial-Scheine – vermutlich mehr, als unsere Nachbarn jemals für den Kinderarzt ausgegeben haben –

überreicht mir der Veterinär seine bunte Visitenkarte von der »*Mercy Small Animal Clinic*«. »Australier?«, fragt er auf dem Treppenabsatz.

»Nein, wir kommen aus Deutschland.«

»*Ah, Hitler people*«, grinst der Arzt.

Die Behandlung wirkt. Eine Woche später ist Hamdani wieder fit für die Kämpfe mit den Straßenkatern. Nur haben wir nun Mühe, Fressen für ihn zu besorgen. Der Händler, der uns immer Hühncheninnereien als Katzenfutter schenkte, ist im Urlaub.

Auch Ibrahims Hausarztpraxis bleibt geschlossen, selbst die Tür zu unserem Bäcker ist zum ersten Mal in diesem Jahr für zwei Wochen mit einer dicken Kette versperrt. »*Fil-bilad*«, sagt der Alte auf der Straße, als er sieht, wie ich ratlos vor dem verschlossenen Tor stehe: »Auf dem Land« sei der Bäcker, bei den Verwandten, zum Feiern. Nicht nur unser Stammbäcker ist verreist, auch sein Kollege mit den leckeren *kudam* oben am Rindermarkt und der mit den Baguettes am Tahrir sind auf dem Dorf. Zwei Wochen lang ist in unserem Viertel kein frisches Brot zu bekommen.

Dafür herrscht Karnevalsstimmung. Mädchen in glitzernden Prinzessinnenkleidern überall, die mit Spielzeugpistolen auf Fremde zielen, und kleine Brüder in viel zu großen Anzügen, alle aus dem gleichen braunen Stoff geschneidert. Ganze Familien flanieren in Feiertagstracht, selbst das Schwarz der *abajas* glänzt neu.

Faris' Krämerladen ist geöffnet. Auf der Theke sitzen kleine Cousins und Cousinen und schlecken bunte Lutscher. Gebannt schauen sie auf das Regal neben der Gefriertruhe. Unter dem Foto von unserem gemeinsamen Ausflug flimmert – ein Fernseher! Faris rollt in seinem quietschenden Bürodrehstuhl zu mir herüber. »Den hat mir mein Vater zum *id* geschenkt«, triumphiert er. Jetzt sei die Arbeit nicht mehr so langweilig, vor allem während der Feiertage, wenn außer uns kaum jemand zum Einkaufen komme.

»Warum seid ihr nicht auch weggefahren?«

»Wo sollen wir hin?«, entgegnet Faris. »Unsere Verwandten wohnen alle in Sanaa. Wir sind richtige Sanaanis.«

Auch Mansur, der Lehrer, gehört zu den wenigen Daheimgebliebenen. Ich erreiche ihn in seinem neuen Haus.

Id mubarak, ja Mansur, keif al-hal?

»Gesegnetes Fest«, grummelt Mansur ins Telefon.

Wann wir denn nach der Ramadanpause und den Feiertagen wieder Unterricht nehmen könnten, frage ich.

»Ich denke, ich habe euch genug Unterricht gegeben.«

»Aber Mansur, wir haben doch für viele Stunden im Voraus bezahlt!«

Mansur schweigt, im Hintergrund kreischen seine Kinder.

»Und das Geld, das wir dir geliehen haben?«

Ma as-salama, sagt Mansur nur und legt auf.

Unverschleiert

Als die Frau am Busbahnhof in Tais aus ihrem schwarzen Suzuki-Geländewagen steigt, weiß ich nicht, wo ich zuerst hinschauen soll. Auf das knappe pinkfarbene T-Shirt? Die engen Jeans? Das brünette Haar? Oder ins Gesicht mit der großen modernen Brille? An dieser Frau ist kein bisschen Schwarz zu sehen, und sie blickt auch nicht verlegen zu Boden, als ich ihr vorsichtig in die Augen schaue. Ist das überhaupt die Jemenitin, mit der wir verabredet sind?

Suad al-Qedsi lacht, als wir sie auf ihre Kleidung ansprechen. Sie kennt ihre Wirkung auf Fremde. Selbst an den Kontrollposten auf der Straße nach Sanaa werde sie manchmal noch angehalten, erzählt die zartgliedrige kleine Frau. »Nationalität?«, fragten dann die Soldaten, die glaubten, sie hätten eine Ausländerin vor sich. »Aber sobald ich Arabisch mit dem Akzent aus Tais spreche, wissen sie, dass ich eine von ihnen bin.«

Doch über ihr Aussehen möchte die 35-Jährige nicht lange reden. »Der Koran ist doch kein Modebuch«, sagt die Frauenrechtlerin, schüttelt ihre Haare zurecht und verrät uns nur noch, dass der kinnlange Schnitt aus Helsinki stammt, wo sie gerade eine Frauenkonferenz besucht hat.

Wir steigen in den Geländewagen. Neben der schicken Frau am Steuer sehen wir – Susanne in ihrem weiten Kittel, ich in meiner ausgebeulten Leinenhose – wie schlecht angezogene Besucher aus einem armen Land aus. Suad schnallt sich an. Mit ihrem goldfarbenen Stöckelschuh in Schlangenlederprägung gibt sie Gas.

»Soll ich euch ins Hotel bringen?« Gleich neben dem Tor zur Altstadt hat Suad uns ein Doppelzimmer reserviert. Vom Dach des Taj

Shamsan blicken wir auf die grauen Steinhäuser, die sich hoch in die grünen Berge von Tais gefressen haben. In ihrer Mitte leuchtet die weiße Kuppel der Aschrafia-Moschee, eines der wenigen Gebetshäuser, das Christen besuchen dürfen – weil es gerade renoviert wird.

Doch nachdem wir unser Gepäck aufs Zimmer gebracht haben, fahren wir zuerst in Suads Büro. Das »Women's Forum for Research and Training« ist im Erdgeschoss eines unscheinbaren Wohnhauses in der Neustadt untergebracht. Hinter dem Schreibtisch in der geräumigen Diele sitzt schwarz verhüllt die Sekretärin, ihre Brille trägt sie über dem Gesichtsschleier. An der Wand hängt ein lila Plakat von der Weltfrauenkonferenz in Peking, ein anderes mahnt zur Solidarität mit den Not leidenden Palästinenserinnen. Auf dem Tisch liegt ein Koran.

Suad setzt sich auf das karierte Sofa, das mitten im Raum steht. »Vieles im Jemen ist unislamisch«, sagt sie, während sie sich eine Kamaran anzündet. »Die Aussage einer Frau zählt vor Gericht nur halb so viel wie die eines Mannes. Wenn ich also einen Mord beobachtet habe, den Täter erkenne und ihn vor Gericht identifiziere, dann ist meine Aussage nichts wert, wenn ich nicht noch einen zweiten Zeugen auftreibe.« Sie lehnt sich zurück und vergewissert sich, dass wir ihrem Mix aus Arabisch und Englisch folgen können. »Wird eine Frau getötet, dann steht der Familie nur die Hälfte des Blutgeldes zu, das sie für einen getöteten Sohn bekäme. Und Mädchen haben bei der Eheschließung meist überhaupt nichts zu sagen. All das ist in Wahrheit unislamisch.«

Blechern fällt der Muezzin Suad ins Wort. Ein Lautsprecher der Moschee nebenan ist genau auf ihr Büro gerichtet.

Auch Suads Vater glaubte, über das Leben seiner Tochter bestimmen zu können. »Ich war zwölf. Die sechste Klasse hatte ich gerade abgeschlossen«, erinnert sie sich und fingert die nächste Zigarette aus der Schachtel. »Ich spielte draußen, als mein Vater mich zu sich rief. Er hatte mich verheiratet. Mit einem Mann, der 25 Jahre älter war.« Im ersten Moment war die kleine Suad froh über die unerwartete Vermählung, würde sie so doch der verhassten Stiefmutter entkommen. Über die Sommerferien wurde das Mädchen vom spielenden Schulkind zur Hausfrau, zwei Jahre später brachte sie ihren ersten Sohn zur Welt.

Wie viele Jemeniten ging ihr Mann zum Arbeiten ins wohlhabende Saudi-Arabien. »Ich hatte meine Ruhe und verbrachte meine Zeit mit Kochen und Lesen«, fasst Suad ihr damaliges Leben zusammen. Die Familienbibliothek war gut sortiert, sie verschlang alles über Religion, Geschichte, die Traditionen ihrer Heimat. Als die beiden Söhne etwas größer waren, schloss die junge Mutter die Schule ab und studierte arabische Literatur. Tais hat nach wie vor den Ruf, liberaler zu sein als die nördlichen Stammesgebiete. In den 80er-Jahren war es hier – fast wie im sozialistischen Süden – normal, ohne Kopftuch unterwegs zu sein, Frauen gingen studieren und arbeiten. »Schaut euch mal alte Fotos an«, sagt Suad. »Die Röcke reichten oft nicht einmal übers Knie.«

Doch 1989 kam ihr Mann in den Jemen zurück – völlig verwandelt. Der Mann, der ihr wie selbstverständlich das Studium erlaubt hatte, verlangte plötzlich, dass sie zu Hause blieb. In Saudi-Arabien hatten ihm erzkonservative Wahhabiten ihr Frauenbild eingetrichtert. Ein richtiger Muslim, so glaubte er fortan zu wissen, lässt nicht zu, dass seine Frau sich frei in der Welt bewegt. Das machte Suad zur Rebellin. Sie setzte die Scheidung durch, brach mit ihrem Vater, kämpfte erfolgreich um ihre Söhne, schaffte es als Lehrerin, sich und die Kinder ohne Unterstützung der Familie durchzubringen. 800 Rial Unterhalt müsste ihr Exmann eigentlich für seine Söhne zahlen. Doch für wenig mehr als drei Euro im Monat lohne es sich nicht, vor Gericht zu streiten, sagt Suad.

Im Regal stehen Bücher über Frauenrechte und Feminismus, bunte Faltblätter werben für Emanzipation. »Wir können uns nicht auf die internationalen Frauenrechte berufen«, erklärt Suad. Ihre wichtigste Waffe ist die ihrer Widersacher: der Koran. »Wir müssen das über den Islam machen. Sonst wirft man uns vor, wir würden von außen manipuliert und handelten nicht islamisch. An diese Spielregeln müssen wir uns halten.«

Also setzt Suad bei jenen an, die eigentlich ihre Gegner sein müssten. Gerade hat sie 15 Imame aus Tais, Sanaa und Aden auf ein Koranseminar in ein Hotel mit Swimmingpool, Bar und Disco nach Beirut eingeladen – kein Ort, den die Moscheevorsteher sonst besuchen würden. »Ich wollte ihnen eine Stadt zeigen, in der sich muslimische Frauen engagieren und arbeiten. Und dass sie auch ohne Schleier ganz normale Menschen sind.« Liberale Islamgelehrte legten den Imamen den Koran in Sachen Frauenrechte aus. »Und nebenbei sahen sie zum ersten Mal in ihrem Leben Frauen schwimmen«, lacht Suad. Auf der Abschlussveranstaltung, erzählt sie, hätten sich die jungen Imame sogar in die Hoteldisco getraut – obwohl dort auch Frauen tanzten.

Beim nächsten Projekt will sie noch weiter gehen: Die Gemeindevorsteher, bislang nur Debatten mit Männern gewohnt, sollen sich in einem Seminar der Diskussion mit Islamexpertinnen stellen. »Wir brauchen den Dialog«, sagt Suad. »Ich bin lieber mit Leuten zusammen, die nicht so denken wie ich. Alles andere wäre doch langweilig.« Als Erfolgskontrolle dienen ihr die Freitagspredigten der beteiligten Imame. Ihre männlichen Kollegen hätten sie in der Moschee aufgezeichnet, erzählt Suad, und der Tonfall in den Gotteshäusern habe sich tatsächlich verändert – zugunsten der Frauen. Als Multiplikator spreche jeder Imam im Schnitt zu 600 Männern, rechnet Suad vor. Ein einziger Imam-Workshop erreicht demnach mehr Menschen als manche Tageszeitung.

Suad erzählt die Geschichte von der Druckerei in der Nähe. »Islah-Leute«, sagt sie, Anhänger der zweitgrößten Partei des Landes, in der einige religiöse Eiferer das Sagen haben. Den Auftrag für eine Broschüre lehnten die Drucker ab, als sie die darin abgebildeten Frauen sahen. Suad suchte sich nicht einfach eine andere Druckerei. »Ich lud die Konservativen zu meinen Veranstaltungen ein, sie luden mich ein und begriffen, dass ich die Frauen keineswegs nackt auf die Straße schicken will.« Jetzt produzieren Islah-Anhänger die Broschüren der Feministin.

Mit ihren Gegnern zusammenzuarbeiten musste Suad erst lernen. Als Mitglied der Sozialistischen Partei machte sie sich in den 90er-Jahren viele Feinde. »Einer hatte es sogar auf mein Leben abgesehen. Ich war gerade auf dem Weg zu einem Vortrag in Aden«, erzählt Suad und zündet sich noch eine Zigarette an. »Da drängte mich ein Wagen von der Straße ab. Mein Auto hat sich mehrmals überschlagen, aber ich blieb unverletzt.« Die Ermittlungen ergaben, dass der Täter zwei Monate zuvor vom Dschihad in Afghanistan zurückgekehrt war.

Wir verabschieden uns von der Sekretärin und lassen sie allein im verqualmten Büro zurück. Suad will uns ihre Stadt zeigen, doch ihre Geschichte lässt uns nicht los. »Lebst du jetzt ständig in Angst?«, frage ich, als wir in den Geländewagen steigen. Suad schweigt, sie konzentriert auf den Motor ihres Suzukis, der nicht anspringen will. »Manche Leute fühlen sich durch unsere Arbeit bedroht«, sagt sie dann. »Ganz sicher ist man nie.« Sie drückt das Gaspedal durch, als wollte sie ihren Feinden davonbrausen. Hinauf zum Gipfel! Wir klammern uns an die Haltegriffe, ein bisschen zu schnell nimmt Suad die engen Serpentinen, die auf den Berg hinaufführen. Sie erzählt von ihren Plänen, sich hier ein Grundstück zu kaufen und ein Haus zu bauen, schwärmt von der klaren Luft, dem weiten Blick, der Ruhe hoch über dem Getümmel der Stadt. Mit noch viel größerer

Begeisterung erzählt sie von der Geschichte des Berges. Sabr heißt er, »Standhaftigkeit«, und er ist mit seinen 3000 Metern der höchste von Tais und ein ganz besonderer. Sabr ist der Berg der starken Frauen.

In ihrer wallenden bunten Tracht, die das Gesicht freilässt, bestellten sie bis vor einigen Jahren die Felder, trugen die Waren noch selbst zum Markt in die Stadt hinunter und behielten das Geld, während ihre Männer zu Hause blieben oder im Ausland arbeiteten. Eine von ihnen soll sich sogar zwei Männer genommen haben – einen auf dem Berg und einen im Tal. Vielleicht jene, die da ganz in Gelb und Orange so fröhlich winkt am Straßenrand? »Hallo, Samira«, ruft Suad aus dem Fenster und tritt auf die Bremse. »Wie geht's dir?«

»*Alhamdulillah,* die Geschäfte laufen gut«, lacht Samira und springt uns entgegen. Es kommen viele Touristen aus Europa um diese Zeit im Herbst, und bei den Städtern im Tal ist ihr Restaurant auf dem Berg als Ausflugsziel beliebt. Im Erdgeschoss ihres Hauses betreibt die 30-Jährige ein kleines Lebensmittellädchen. Das Stockwerk darüber hat sie mit Panoramafenstern, Sitzkissen und Wasserpfeifen ausgestattet und vermietet es an Reisegruppen und Wochenendausflügler. »Trinkt ihr einen Tee?«, lädt sie uns in ihren *diwan* ein.

Mit schnellen Handgriffen zeigt Samira uns dort die Verschleierungstechnik der Frauen vom Berg Sabr. Sie bindet Susanne ein großes leuchtend blaues Tuch um den Kopf, um die Stirn zurrt sie es fest wie einen Turban, führt es vom einen Ohr unterm Kinn bis zum anderen und drapiert es locker um die Schultern, sodass es an den Kopfschmuck der Beduinen erinnert. An die rechte Schläfe steckt sie ein Bund duftender Kräuter. »Die jungen Frauen trauen sich kaum noch so auf die Straße«, klagt Samira. »Sie sagen, das sei *haram.*« Nur ein paar Alte sitzen noch in ihren weiten geblümten Gewändern mit großzügigem Ausschnitt auf dem Altstadtmarkt und verkaufen Gemüse.

Samira erzählt, wie Anfang der 90er viele Männer vom Berg nach Jahren im Ausland wieder zurück nach Hause kamen. Wie Suads Exmann waren auch sie zum Geldverdienen nach Saudi-Arabien gegangen. Aber als 1990 der Golfkrieg begann und der Jemen sich nicht auf die Seite der USA gegen Saddam Hussein stellte, wies Saudi-Arabien kurzerhand alle jemenitischen Gastarbeiter aus. Eine Million Männer mussten zurück in den Jemen. Für die Frauen wurde damit alles anders. Ihre Männer drängten sie, zu Hause zu bleiben. Statt ihrer bunten Kleider über den Pumphosen begannen sie, die schwarze Schleieruniform aus den Golfstaaten zu tragen, ihre Gesichter wurden unsichtbar.

Doch Samira arbeitet noch – und ihre Familie hofft inständig, dass das so bleibt. Denn ihr Geschäft ist so einträglich, dass es auch für die 15 Brüder und Schwestern, Schwager und Schwägerinnen reicht. Weiter entfernten Verwandten bringt Samira zumindest manchmal Gemüse, den Schwägerinnen, die mit im Haus wohnen, hat sie zum *id al-fitr* neue Kleider gekauft. Ihre Brüder hätten kein Geld, seufzt Samira. »Sie sitzen den ganzen Tag nur herum, rauchen Wasserpfeife und kauen das *qat*, das ich ihnen besorge.«

Neugierig schaut eine schwarz verschleierte Frau herein, auf dem Arm trägt sie ein fest verschnürtes rosa Bündel. Sie drückt ihren Jungen, einen Neffen Samiras, Susanne in den Arm. »Er heißt Mohammed«, sagt die Mutter. Die unteren Lider des zwei Wochen alten Babys hat sie dick mit Kajal bestrichen: »Damit die Augen klar werden.« Und die bunten Stoffschnüre, die verhindern, dass er Arme oder Beine bewegen kann? »Damit er gerade wächst.« Nur der Po ist von der Verpackung ausgespart, so kann sie die Windel wechseln, ohne Mohammed ganz aufschnüren zu müssen.

Mit ihren Schwägerinnen war Samira neulich im Krankenhaus. »Ich habe ihnen Verhütungsmittel besorgt«, sagt sie. »Damit sie nicht noch mehr Kinder bekommen, die ich dann durchfüttern muss.« Jetzt würde eigentlich auch sie gerne heiraten, verrät Samira uns noch und blickt versonnen über das Lichtermeer im Tal. Es gebe da auch schon jemanden, einen klugen Lehrer aus einer guten Familie in der Nachbarschaft. Doch ihre Brüder und Schwestern seien dagegen. »Sie haben Angst, mein Mann könnte mir verbieten zu arbeiten«, sagt Samira. »Dann hätten sie niemanden mehr, der ihnen über die Runden hilft.«

Für den nächsten Tag hat Suad eine Gruppe von *qat*-Gegnern in ihr Büro bestellt. »Die müsst ihr kennenlernen«, sagt sie. »*Qat* ist eines unserer größten Probleme. Bei den *qat*-Runden reden die Männer über Politik, baldowern ihre Geschäfte aus – die Frauen müssen draußen bleiben und bekommen nichts mit.« Also setzen wir uns ins Besprechungszimmer und hören einer Psychologin, einem Augenarzt, einem Lehrer und einer Geschichtsstudentin zu, die sich zu der Organisation »Jemen ohne *qat*« zusammengeschlossen haben. *Qat* mache die Leute krank und arm und vermittle ein schlechtes Bild vom Jemen, sagt die Psychologin mit dem braun karierten Kopftuch. Die Hintermänner würden reich wie Drogenbarone, sagt der Augenarzt, der neben der Psychologin an dem Tisch mit den rosaroten Deckchen Platz genommen hat. Seine Eltern lästerten, er sei kein richtiger Jemenit, weil er nicht kaue, klagt der junge Lehrer im Flanellhemd. Früher hätten die Leute viel weniger von dem teuren Grünzeug gebraucht, für Frauen habe sich das noch vor zehn Jahren überhaupt nicht geschickt, sagt die Studentin. Heute stopften sich schon Schulmädchen die Blätter in die Backe.

»Und niemand tut etwas dagegen, denn die größten *qat*-Bauern sitzen in der Regierung«, sagt die Psychologin. Deshalb hätten die Machthaber ein großes Interesse daran, dass viel konsumiert werde. »Denn wer *qat* kaut, der redet bloß, ohne dass Taten folgen. Das Volk bleibt ruhig, solange es sich nachmittags zum *qat* trifft.«

Am Ende der Diskussion fragt uns ein junger Mann, was wir denn vom *qat* hielten. »Schlecht für das Land«, sage ich, obwohl mir die gelegentlichen *qat*-Runden mit Freunden und Interviewpartnern mittlerweile durchaus Spaß machen – aber ich will jetzt nicht als Verfechter des Drogenkonsums auftreten. »Ich kaue nur ganz selten«, versichere ich. Der Mann, der bisher nur wortlos mitgeschrieben hat, stellt sich als Kollege vor, ein Journalist, der für *Al-Ajjam* schreibt, eine unabhängige Tageszeitung in Tais. Er hält seine Digitalkamera zuerst mir ins Gesicht, dann Susanne. Zwei Tage später entdecken wir unsere Porträts auf Seite drei der Zeitung – neben einem Artikel über die Folgen der *qat*-Sucht.

Auch die Frau, die am späten Nachmittag noch auf einem der Sessel im Büro sitzt, hat gehört, dass gerade zwei ausländische Journalisten zu Besuch sind. »Ich will euch meine Geschichte erzählen«, sagt sie, als die *qat*-Gegner gegangen sind. Eigentlich bin ich müde, möchte nur noch essen und schlafen. Aber mit wie vielen Frauen habe ich in diesem Dreivierteljahr im Jemen bisher gesprochen? Wie viele haben mir von sich erzählt? Bevor sie zu sprechen beginnt, klappt Iman ihren Gesichtsschleier zurück. »So können wir besser reden.« Ihre Geschichte schildert sie knapp, direkt, ohne Emotionen. Sie ist 27, die Älteste unter den fünf Brüdern und 14 Schwestern; ihr Vater, der vor zwei Jahren starb, hatte zwei Frauen. Den Brüdern, vor allem dem Polizisten und dem Lehrer, gefiel Imans Leben nicht. Sie ging ins Gymnasium, bereitete sich auf das Studium vor. »Da haben sie mich eingesperrt und geschlagen«, sagt sie. Das Datum hat sie sich genau gemerkt: »Es war am 30. April 2004.« Jetzt nimmt sie den Schleier ganz ab, nur noch ein eng gebundenes Kopftuch bedeckt ihre Haare. Fünf Tage lang sei sie mit ihrer Mutter und den Schwestern eingesperrt gewesen, habe viel Blut verloren. Kein Nachbar, kein Arzt sei ihr in dem abgelegenen Haus in den

Bergen zu Hilfe gekommen. »Nicht einmal die Polizei hat sich dafür interessiert.«

Iman aber zog Konsequenzen. Sie packte ihre Sachen, brach mit den Brüdern, suchte sich eine kleine Wohnung und einen Job, mit dem sie sich über Wasser hält. Sie studiert Geschichte und unterrichtet an einer staatlichen Schule Frauen im Koran. »Ich fühle mich frei«, sagt sie. »Aber es ist noch nicht die ganze Freiheit.« Denn einen Reisepass, mit dem sie in ihrem Traumland Ägypten den Magister machen könnte, bekommt sie nur mit Zustimmung ihrer Brüder. Und noch einen Traum will sie sich erfüllen: »Ich möchte mir meinen Mann selbst aussuchen. Ihn vielleicht sogar lieben.« Sie bindet sich den Gesichtsschleier wieder um den Kopf und verabschiedet sich mit den Worten: »So, jetzt wisst ihr, was im Jemen los ist.«

Am dritten Tag bringt uns Suad nach Ibb, eine Kleinstadt, die eine knappe Autostunde nördlich von Tais in den Bergen liegt. »Hast du von den ›Touristenehen‹ gehört?«, fragten wir sie, nachdem wir darüber in der Zeitung gelesen hatten. »Die Uni Ibb soll eine Studie dazu veröffentlicht haben.«

Wir fahren vorbei an Obstbäumen, hohen *qat*-Sträuchern, kleinen Steindörfern, gebettet in üppig bewachsene Terrassenfelder. Die Berge sind grün bis zum Gipfel.

»Da ist al-Qaida«, sagt Suad plötzlich. Wir schauen aus dem Fenster und mustern die Männer, die sich am Straßenrand um Verkaufsbuden mit hellblau gestrichenen Blechtüren scharen. Nicht einmal Kalaschnikows haben sie geschultert, friedlich fressen die Ziegen Müll.

»Was? Wo?«

Suad lacht. »So heißt das Dorf. Al-Qaida, wie die Terrororganisation.« Nach den Anschlägen vom 11. September 2001 hätten sich

Journalisten aus aller Welt bei ihr gemeldet, sagt Suad. »Sie wollten alles erfahren über al-Qaida. Aber was sollte ich ihnen erzählen? Das ist doch ein Dorf wie alle anderen auch im Jemen.«

Eine halbe Stunde später passieren wir die Abzweigung nach Dschibla. Dschibla ist kein Ort wie alle anderen im Jemen. Noch heute ist die kleine Stadt mit ihren roten Minaretten besonders schön, aber vor knapp einem Jahrtausend herrschte dort Arwa bint Ahmed mehr als 60 Jahre lang als Königin über den Jemen. Und anders als bei der Königin von Saba ist diese Geschichte von einer weisen und diplomatischen Frau auf dem Thron nicht bloß Legende. 2002 geriet Dschibla in die Schlagzeilen, als ein Islamist dort drei Amerikaner in einem Baptisten-Krankenhaus erschoss.

Auf der breiten Straße in die Neustadt von Ibb kommt uns ein schwarzer Mercedes mit saudischem Nummernschild entgegen. Der Fahrer trägt eine verspiegelte Sonnenbrille. Zu beiden Seiten werben Leuchtschilder für Hotels. Noch in keiner Stadt haben wir so viele Hotels gesehen.

Das Verwaltungsgebäude der Universität liegt am Rand der Neustadt, weit von dem Hügel entfernt, auf dem die Altstadt thront. Unter dem Porträt des Präsidenten sitzt der Universitätsdirektor auf einem rustikalen Stuhl mit dickem Lederpolster, auf dem glänzenden Tisch vor ihm liegen sein Handy und das Fax, mit dem Suad ihn um den Termin gebeten hat. Es irritiert ihn, dass sich zwei deutsche Journalisten dafür interessieren, was mit den Töchtern seiner Stadt passiert. Warum so viele Saudis ausgerechnet in der Provinz Ibb Urlaub machen. Und wie die malerisch grünen Berge zu einem beliebten Ziel für arabischen Sextourismus wurden: Männer aus den Golfstaaten kommen in den Jemen, heiraten junge Frauen – und verschwinden nach den Flitterwochen im Hotel wieder in ihre Heimat. Die Mädchen, ihrer wohl behüteten Jungfräulichkeit beraubt, bleiben entehrt alleine zurück.

Soziologen von der Universität sammelten Daten, Juristen prüften die Gesetze, Ökonomen die Entwicklung des Tourismussektors. Dann legten sie gemeinsam eine Studie über die »Touristenehen« vor, und deswegen sitzen wir jetzt beim Rektor am Konferenztisch. Der sucht nach Worten: »Ibb ist eine schöne Stadt, das Klima ist mild, vor allem im Sommer kommen viele Urlauber zu uns. Die meisten reisen aus den Golfstaaten an, und die meisten sind über 50.« Und dann? Der Rektor breitet seine Hände aus und blickt hoch zum Präsidenten. »Ach, wissen Sie, das ist doch eigentlich gar kein Thema für Sie. Warum schreiben Sie nicht über unsere schöne Natur oder unsere Geschichte?«

»Die Männer suchen sich hier eine Frau«, springt ein Mann ein, der mit am Tisch sitzt. »Die Frauen in unserer Gegend sind besonders hellhäutig, deshalb sind sie bei den Golfarabern so beliebt«, sagt der junge Forscher, der mit an der Studie geschrieben hat. Er erzählt, dass die Zahl der Alleinerziehenden zwischen 15 und 18 Jahren deutlich angestiegen sei und dass die reichen Saudis den Eltern der Frauen große Geschenke versprächen, Gold und Tausende Dollar Brautgeld. »Wir müssen die Familien sensibilisieren«, sagt der Universitätsdirektor. »Aber wir wollen keinen Streit mit den Saudis.«

Suad hat noch einen Termin für uns arrangiert: mit dem Reporter einer Lokalzeitung und einer Frau, deren Freundin auf einen reichen Märchenprinzen hereingefallen ist. Wir sitzen in einem der weiß getünchten Steinhäuser der Altstadt im Besucherzimmer auf braun karierten Matten, die Vorhänge sind zugezogen.

»Die Leute hier sind arm und unbedarft, da lässt sich so eine Ehe leichter arrangieren«, sagt der Lokaljournalist. Er zeigt uns einen Ehevertrag, unterzeichnet vom Imam der Moschee. Oft ließen sich die Eltern nicht einmal die Papiere des Bräutigams zeigen. »So war es bei Sausan auch«, sagt Buschra. Sausan will über die Schande nicht sprechen, stattdessen erzählt ihre Freundin Buschra unter dem

Gesichtsschleier. Als der 45 Jahre alte Saudi eine Million Rial Brautgeld auf den Tisch legte, dazu neue Kleider und Goldschmuck, war die Hochzeit mit der 15-jährigen Sausan besiegelt. Aber das Eheglück hielt nur drei Monate – dann machte sich der Kurzzeitvermählte aus dem Staub, zurück zu seiner Familie in Saudi-Arabien. Buschra kennt Dutzende solcher Mädchen in Ibb, sagt sie. »Oft bezahlen die Männer nicht einmal die Hotelrechnung oder lassen die Frau in der Wüste an der Grenze zurück.« Als Sausans Nachbarn von der Schmach erfuhren, jagten sie die Eltern samt ihren Kindern davon. Dabei war es ausgerechnet einer der Nachbarn gewesen, der – gegen eine kleine Gefälligkeit des Saudis – die kurze Ehe eingefädelt hatte. Sausan musste nach dem Verschwinden ihres Mannes feststellen, dass sowohl sein Name als auch die Telefonnummer falsch waren. »Ich kenne einen Fall, in dem ein Mann von Saudi-Arabien aus in Ibb anrief und der Familie riet, die sitzen gelassene Tochter zum Arzt zu bringen«, erzählt der Reporter. »Wahrscheinlich hat er sie mit HIV infiziert.«

»Das ist Sextourismus auf Arabisch – nur das Reiseziel hat sich geändert. Seit dem 11. September bekommen die Araber nicht mehr so einfach ein Visum für Thailand.« Statt wie früher in Bangkok zu Prostituierten zu gehen, kauften sie sich jetzt im Jemen eine Braut für einen Sommer. Helfen sollen nun die Imame. In ihren Freitagspredigten warnten sie inzwischen die Gläubigen davor, ihre Töchter an skrupellose Freier aus Saudi-Arabien, Kuwait oder den Emiraten zu verkaufen, weiß der Journalist. Die Zahl der »Touristenehen« sei in der Stadt Ibb diesen Sommer tatsächlich zurückgegangen. »Jetzt suchen sich die Golfaraber ihre Bräute in den umliegenden Dörfern.«

Transit

»Nimm meine Tochter mit nach Europa!« Sahra meint es ernst. »Nimm du Hajat mit, besser als hier hat sie es dort allemal.« Hajat ist zwei Jahre alt, ihr Name bedeutet »Leben«. Mit tapsigen Schrittchen läuft sie zwischen dem einzigen Bett im Raum und den Armen ihrer Mutter hin und her, quiekend vor Freude. Hajats wenige Haare kringeln sich, das rosarote T-Shirt ist über den Babybauch nach oben gerutscht, ihre Haut ist schwarz.

Ich sitze auf dem welligen PVC-Boden in Holzoptik in einem winzigen düsteren Zimmer, das Sahra und Hajat sich mit einer anderen Mutter und deren zwei Kindern teilen. Die gelb gestrichenen Wände sind verdreckt, mit Filzstift ist ein Herz darauf gemalt.

Wir haben uns vor zwei Stunden im Gesundheitszentrum einer britischen Hilfsorganisation getroffen, die Flüchtlinge aus Somalia kostenlos behandelt. Sahra saß im Flur und wartete auf ihre Impfung, ich auf ein Interview mit einer Krankenschwester. »Komm mit, ich zeige dir, wie wir leben«, sagte sie und stieg mit mir in einen Minibus. Auf der hintersten Bank rückte sie ganz nah an mich heran, nahm meine Hand und begann leise zu erzählen. »Das Boot, das uns übers Meer brachte, war so groß wie dieses *dabab* hier. Aber wir waren mehr als 30 Flüchtlinge, wir lagen und saßen übereinander, hielten uns gegenseitig fest. Die Fahrt dauerte drei Tage und drei Nächte, wir hatten nichts zu essen und zu trinken.« Sahras Flucht vor dem Krieg in Somalia liegt vier Jahre zurück. Damals war sie 18 Jahre alt.

Das *dabab* bringt uns in eine Gegend von Sanaa, wo ich noch nie war. Die Wohnklötze aus Beton sind verfallen, auf den Straßen drängeln sich zur Stoßzeit kurz vor dem Mittagsgebet hupend Busse und Autos. Sahra schreitet in ihren Ballerinas aus gelbem Gummi über Plastiktüten und platt gefahrene Pepsidosen. Sie ist dünn und groß, ihren in ein rotes Batiktuch gehüllten Kopf trägt sie stolz erhoben, den Blick immer starr geradeaus gerichtet. Von dem Marktstand an einer Kreuzung geht ein fauliger Geruch aus. Sahra verlangt ein Kilo der überreifen Bananen, einen Eimer Tomaten, dann Gurken, Kartoffeln, Zwiebeln, Eier und eine Dose Milchpulver. Vor jeder neuen Bestellung blickt sie mich vorsichtig fragend an und wartet, bis ich nicke. Großeinkauf für ein paar Euro. Bepackt mit Tüten – das Milchpulver balanciert Sahra auf dem Kopf –, betreten wir einen dunklen Hausflur. Barfuß hockt eine Somalierin in bunten Tüchern auf dem Steinboden und rührt in einem Topf, unter dem eine Gasflamme züngelt. Sahra gibt ihr ein paar Tomaten und Zwiebeln.

In Sahras Zimmer stürzt sich ihre Tochter auf die Bananen, gierig stopfen ihre kleinen Hände das süße Obst in den Mund. »In Somalia waren die Bananen doppelt so groß, die Mangos schmeckten besser, und alles war viel billiger«, sagt Sahra. »Aber hier bin ich sicher.« Seit sie einem Schlepper ihr ganzes Geld gab und sich von Afrika über den Golf von Aden nach Arabien bringen ließ, hat sie keinen Kontakt mehr zu ihrer Familie. »Mein Vater war schon tot, meine Mutter verrückt, und Frieden haben wir immer noch nicht. Es gibt keinen Grund für mich zurückzukehren.« Und auch keinen Grund, im Jemen zu bleiben. »Ich finde keine Arbeit, obwohl ich mir Arabisch beigebracht habe. Niemand stellt eine wie mich ein, eine Frau ohne Vater für ihr Kind. Als Prostituierte könnte ich arbeiten, das bieten mir die Männer immer wieder an, aber das ist doch *haram*.« Sahra will nach Großbritannien. Sie weiß nicht viel über dieses Land. Nur dass die Menschen dort zwar keine Moslems sind, aber trotzdem ganz nett, und dass Somalier, die es auf die Insel geschafft haben, jeden Monat 300 Dollar nach Hause schicken.

Inzwischen ist Sahras Zimmer voller Frauen und Kinder. Vier Nachbarinnen haben sich zu uns auf den Boden gesetzt, nur noch eine Banane ist übrig. »*Uchti, ja uchti*«, »meine Schwester«, nennen sie mich. »*Uchti*«, sagt Rodha und zupft mich am Ärmel. Die rundliche Rodha hat als einzige der Frauen im Raum Arbeit. 10 000 Rial im Monat, 40 Euro, zahlt ihr eine jemenitische Familie dafür, dass sie täglich putzt und kocht. Die Hälfte des Geldes gibt sie für die Miete aus. Rodha ist 30 Jahre alt, ihr Baby hat sie sich mit einem Tuch vor die Brust gebunden, es trägt eine Wollmütze. Ein Jahr lang lebte sie unter Plastikplanen in einem Flüchtlingslager an der jemenitischen Küste, seit sechs Jahren nun in Sanaa. Ihr Mann kam Europa noch ein Stückchen näher. »Er hat sich vor zwei Monaten nach Saudi-Arabien schmuggeln lassen«, erzählt Rodha, und für einen Moment erhellt sich ihr Gesicht. »Aber dann haben ihn die Saudis geschnappt und zurück nach Somalia geschickt. Seitdem habe ich nichts mehr von ihm gehört.«

Die Kinder haben sich zum Spielen auf den Flur verzogen, die Frauen schweigen. »Ich will nach *britanja*«, ruft Sahra trotzig in die Stille.

Im »Somali Community Center« hängt eine zwei Meter breite Europakarte an der Wand, Deutschland ist darauf noch geteilt, der Westen lila, der Osten rosa eingefärbt. Auf dem Boden krabbeln fingerlange rote Kakerlaken. Hier, schräg gegenüber dem Finanzministerium in der Neustadt, treffen sich somalische Flüchtlinge, um Arabisch zu lernen, Nachrichten aus der Heimat auszutauschen und Pläne zu schmieden. Als sie mich erblicken, bestürmen mich zwei Dutzend Männer und rufen laut durcheinander: »Ich will nach Europa!« – »Nach England!« – »Und ich in die USA!«

Ein Somalier zeigt auf das gelähmte Bein des Jungen, der sich an seinen Hals klammert. »Mein Sohn muss nach Europa, nur dort können sie ihm helfen«, erklärt der Vater. Die Männer breiten Mappen voller Dokumente und Kopien vor mir aus und wedeln mit Briefen, die an das Flüchtlingshilfswerk der Vereinten Nationen adressiert sind. »Ich bin nicht von der UNO«, versuche ich gegen das verzweifelte Stimmengewirr anzukommen, »ich bin Journalistin.« Doch meine weiße Haut ist den Männern Grund genug, Hoffnung in mich zu setzen. Sie wollen zu den wenigen Auserwählten gehören, die das UNHCR jedes Jahr nach Europa und Amerika vermittelt.

»Auf legalem Weg hat man keine Chance«, sagt Dschauhar. Der Somalier mit dem zarten Flaum auf der Oberlippe ist erst 25, aber er kennt sich aus. In einem orangefarbenen Batikhemd sitzt er im Hof des »Somali Center« auf einem Betonsockel. Seine schwarzen Sandalen scharren im Kies. »Der Jemen ist für uns am einfachsten zu erreichen. Und sie schicken keinen zurück«, sagt Dschauhar. Keine Prüfung, kein Asylverfahren – jeder, der irgendwo an der über 2000 Kilometer langen, kaum kontrollierten Küste landet, wird bedingungslos als Flüchtling anerkannt und darf bleiben, so lange er möchte. Zehntausende Ostafrikaner versuchen deshalb auf diesem Weg jedes Jahr ihr Glück und riskieren ihr Leben – für die vage Hoffnung auf ein besseres. »Für die erste Überfahrt habe ich ein Jahr lang gespart, das war 2001. Aber hier im Jemen wollte ich nicht bleiben. Was soll ich hier, die Leute sind doch selbst arm. Also bin ich weiter nach Saudi-Arabien, wieder mit Schleppern, die haben mich durch die Wüste bis kurz vor die Grenze gebracht. Das letzte Stück musste ich zu Fuß gehen.« Bis über die Grenze schaffte es Dschauhar, doch noch bevor er Arbeit fand, flog er auf – das wohlhabende Königreich kennt keine Gnade mit den Flüchtlingen. »Sie steckten mich ins Gefängnis, zwei Jahre und acht Monate. Und dann gehörte ich auch noch zu den Pechvögeln, die nicht in den Jemen, sondern nach Somalia zurückgeschickt wurden.« Seit 20 Tagen ist Dschauhar wieder im Jemen. »Die Überfahrt war noch schrecklicher als beim ersten Mal. Wir waren 90 Leute im Boot. Zwei Kilometer vor der Küste mussten wir ins Wasser springen, obwohl es dort Haie gibt und einige nicht schwimmen konnten. 30 sind ertrunken.« Und jetzt? »Ich will so schnell wie möglich wieder nach Saudi-Arabien.« Dschauhar fixiert mich mit seinen geröteten Augen: »Ich habe große Angst, aber ich habe keine Wahl.« Die 35 Dollar für die Fahrt durch die Wüste hat er schon beisammen.

Als ich wieder draußen auf der Straße bin, läuft mir ein Somalier hinterher. »Warte! Warte!« Ganz außer Atem drückt er mir einen handgeschriebenen Brief und seinen Lebenslauf in einer Klarsichthülle in die Hand. »Kannst du das bei der UNO abgeben? Die müssen mich in die USA bringen, meine Frau und die beiden Töchter sind schon dort. Ohne sie kann ich nicht leben.«

Der Mann, der das UN-Flüchtlingshilfswerk in Sanaa vertritt, lacht bitter, als ich ihm ein paar Tage später den Brief und den Lebenslauf übergebe. »Wir sind doch hier kein Reisebüro!«, sagt er und schüttelt den Kopf. Nur für ein paar Dutzend Flüchtlinge kann er jedes Jahr die Ausreise organisieren – mehr wollen die westlichen Länder nicht aufnehmen. Der Jemen hingegen sei sehr großzügig. »Sie lassen alle Flüchtlinge ohne Ausnahme ins Land, trotz der großen Armut und der hohen Arbeitslosigkeit. Die Regierung halst sich damit zusätzliche Probleme auf. Manche Jemeniten betrachten die Somalier mit Missgunst, weil sie in den Lagern zumindest Essen bekommen.« Mehr als 80 000 Somalier sind offiziell im Jemen registriert, manche schätzen ihre Zahl auf eine halbe Million.

»Vor der Küste Ostafrikas sind bei einem Flüchtlingsdrama 61 Somalier gestorben«, heißt es ein paar Tage später in einem Zeitungsbericht. »Überlebende berichteten, die Schmuggler hätten die

Flüchtlinge auf dem 300 Kilometer langen Weg in den Jemen 20 Tage in einem defekten Boot allein gelassen. Die Menschen seien zum größten Teil verhungert.« In den nächsten Wochen – das Meer ist ruhig, die Bedingungen für die Überfahrt günstig – häufen sich Meldungen über ertrunkene Flüchtlinge. Auf Fotos sind Dutzende Leichen zu sehen, weiße Strände werden zu Massengräbern. Die Aufnahmelager der UNO an der Küste sind längst überfüllt. Auf einer Fahrt in den Süden begegnen uns fünf ausgezehrte Afrikaner, die in zerrissenen Hemden und mit einer Plastiktüte als einzigem Gepäckstück Richtung Norden wandern.

Einen Monat nach unserer ersten Begegnung ruft Sahra an. »Können wir uns treffen?« Als ich ein paar Minuten vor dem vereinbarten Zeitpunkt am Bab al-Jemen ankomme, wartet sie schon zwischen den Jackettverkäufern vor dem Tor, die alle Anzugjacken in ihrem Angebot übereinandertragen.

»Meine Tochter braucht neue Kleider«, sagt sie, und ich bin froh über diese Direktheit, erleichtert zu wissen, was sie von mir erwartet und was ich für sie tun kann. Fest umklammert Sahras Hand die meine, heute wirkt sie unsicher und schüchtern, vielleicht weil sie noch nie in der Altstadt war. Hand in Hand drängen wir uns durch die Schar der abendlichen Einkäufer. Verwunderte, irritierte Blicke treffen uns. Sie mustern ein seltsames Paar, die somalische Muslima und die Europäerin.

Den Anblick von Schwarzen sind die Menschen in der Altstadt gewöhnt. Es sind ausschließlich Schwarze, die täglich den Müll abholen und die Straßen fegen. »*Achdam*«, Diener, werden sie genannt. Tags verrichten sie die Arbeit, die sonst niemand erledigen will, nachts ziehen sie sich in ihre Slums zurück, in denen sie wie eine Kaste von Unberührbaren elendiglich hausen. Die *achdam* sind keine Flüchtlinge, sie leben seit Generationen im Jemen – vermutlich sind sie die Nachfahren abessinischer Soldaten, die vor 1500 Jahren den Jemen erobern wollten.

»Wie groß ist denn das Mädchen?«, fragt mich der Händler, als wir seine Stapel mit pastellfarbenen Kleidchen durchwühlen. »So«, antwortet Sahra und zeigt mit ihren beiden Händen von der Hüfte bis zur Stirn. Doch der Verkäufer würdigt sie keines Blickes und spricht weiter nur mit mir. Wir gehen zum nächsten Stand, Sahra ist begeistert von den winzigen Jeans mit glitzernden Strasssteinchen, ich suche einen gestreiften Kapuzenpulli dazu aus. Auf den Etiketten der Kinderunterwäsche, die wir kaufen, steht »Nordkorea«, auf dem Schlafanzug »Paris«. Über die Stöckelschuhe für Zweijährige muss auch Sahra lachen.

»Danke«, sagt sie, als sie nach unserer Einkaufstour wieder ins *dabab* nach Hause steigt. »Aber bei dir in Deutschland hätte sie es besser.«

Weihrauch

Es riecht nach Weihnachten. Zuerst ist es nur ein Hauch, der in der Nase kitzelt und die Erinnerung an die Christmette weckt. Ein großer hagerer Mann trägt die weiße Rauchsäule wie eine Monstranz vor sich her. In der linken Hand balanciert er den hölzernen Weihrauchbrenner durch die Reihen, mit der rechten facht er die glühende Kohle an. Surrende Ventilatoren an der Decke verteilen den süßen Qualm zwischen den weiß glänzenden Wänden. Das schmelzende Harz duftet so stark, als wäre ich wieder Ministrant, stünde neben dem Pfarrer und schwenkte das Weihrauchfass in großem Bogen vor dem Altar.

»Mohammed, Mohammed!« Glockenhelle Knabenstimmen holen mich aus meinen Erinnerungen zurück. Der Dezemberabend ist mild. Hinter steilen Kalkfelsen, die das Wadi Hadramaut begrenzen, ist gerade die Sonne versunken. Ich sitze in einer Moschee, groß und hoch wie eine Turnhalle, von Neonröhren taghell erleuchtet. Das grelle kalte Licht fällt auf schmächtige Jungen, die in der ersten Reihe knien, dort, wo sie Mekka am nächsten sind. Mit hoher Stimme singen sie und schreien sich ihre Begeisterung für den Propheten aus der Kinderseele. »Mohammed, Mohammed!«

Nach islamischer Mondzeitrechnung hat gerade der heilige Freitag begonnen. Junge Männer – blasse und dunkelhäutige, kleingewachsene und hünenhafte, sie alle mit gehäkelten weißen Kappen auf dem Kopf – kommen mit großen Schritten durch die offen stehenden Eingangstüren und lassen sich auf ihren Unterschenkeln nieder, in exakten Reihen und genau nach Nordwesten ausgerichtet, wie es das im grünen Teppichboden eingewebte Muster vorgibt.

»Mohammed, Mohammed!«, stimmen sie ein, inzwischen sind es Hunderte, eine islamische Männergesellschaft, ihr Gesang und ihre Inbrunst erfüllen den ganzen Raum. »Mohammed, Mohammed!«

Der Weihrauchträger tauscht das Gefäß mit den Kohlen gegen einen Wasserkrug und einen Becher aus Aluminium. Er gießt Wasser ein und reicht den Becher einem Singenden, der daran nippt, bevor er ihn weitergibt. Das Wasser wandert durch die Reihen, jeder nimmt einen Schluck.

»Als Zeichen der Gastfreundschaft«, flüstert es mir von rechts ins Ohr. »Zumindest Wasser muss jeder seinen Besuchern anbieten, so hat es schon der Prophet getan«, sagt Haschim, der feingliedrige junge Mann neben mir. Wasser – in diesem heißen und trockenen Landstrich im Osten des Jemens ist es keine Selbstverständlichkeit. Die asphaltierte Straße, die hierher nach Tarim führt, in die heilige Stadt mit den frommen Koranschulen – sie geht weiter ins »Leere Viertel«, die größte Sandwüste der Welt. Wenn die Regenzeit die Wadis nicht gerade in reißende Fluten verwandelt, dann ist Wasser hier ein rares Gut. Hadramaut, den Namen der Provinz, übersetzen manche mit »Tal des Todes«. Auch der Gast aus Deutschland soll hier nicht verdursten: Haschim reicht mir den Becher, er singt weiter.

Die da singen sind Sufis. Mit Düften, Liedern und Hochgefühl wollen sie ihrem Gott und seinem Propheten ganz nahekommen. Das Dar al-Mustafa, das »Haus des Erwählten«, ist ihre Schule. Sie steht am Stadtrand von Tarim, am Rand der großen Wüste, und ist doch das Zentrum sufischer Gelehrsamkeit.

»Hätte es den Propheten nicht gegeben, dann wären wir noch immer unkultivierte Wüstenvölker.« Haschim strahlt mich an. »Deswegen feiern wir ihn jede Woche«, sagt er. Jeden Donnerstagabend, mit Weihrauch, Wasser und Gesang. »Kannst du dir jetzt vorstellen, was der Prophet uns bedeutet? Und wie weh es uns tut, wenn die Menschen im Westen bei Islam nur an Terrorismus denken?« Ich weiß nicht, was ich sagen soll. Doch Haschim erwartet auch keine Antwort. Er weiß, wie hohl und irrelevant sich jeder Einwand gegen seine Religion ausnimmt, wenn Hunderte hymnisch wie aus einer Kehle Mohammed preisen.

Haschim ist 25 Jahre alt und studiert hier seit einem Jahr den Koran. Vor zwei Tagen nahm er mich in Empfang, als ich mit Rucksack, Notizblock und Kamera im Gepäck ankam. »Ich bin deutscher Journalist und möchte die Koranschule kennenlernen«, stellte ich mich mit trockener Kehle vor. Es war heiß und staubig in Tarim, und obwohl die Sonne noch längst nicht senkrecht stand, hatte mir nach dem Flug von Sanaa nach Tarim schon die Taxifahrt zur Schule den Schweiß auf die Haut getrieben.

Als Nichtmuslim in der konservativsten Gegend des Landes für ein paar Tage in die Koranschule – war das wirklich eine gute Idee? Der Taxifahrer sah mir das Herzklopfen offenbar nicht an und hielt es für völlig normal, dass sich ein bleicher Mann mit nass verklebtem Hemd zu den Sufis fahren lässt. Vielleicht weil die Koranschule sich von den meisten anderen unterscheidet. Es gibt eine Moschee, die auch Andersgläubige betreten dürfen. Gute Kontakte selbst zu den westlichen Botschaften in Sanaa. Und eine zweisprachige Website und englische Videos auf YouTube. »Bitte trotzdem nicht gleich konvertieren«, verabschiedete mich Susanne, die mit verstopfter Nase und geschwollenen Augen auf der Dachterrasse in der Sonne lag und ihre Sanaa-Grippe auskurierte.

Haschim genügte meine Neugier als Begründung für den Besuch. Er nahm mir den Rucksack ab und führte mich ins Gästehaus der Schule, gleich neben dem weiß verputzten Hauptgebäude, mit dem unerwarteten Luxus eines rustikalen Holzbettes in einem Einzelzimmer mit eigenem Bad. »Ich würde gern mit den Schülern im Schlafsaal wohnen«, hatte ich noch eingewandt. »Du bist unser Gast«, entgegnete Haschim und zeigte seine makellosen Zähne.

»Hier hast du es besser. Und bei den Schülern ist gerade sowieso kein Bett frei.«

Haschim kam auf der Suche nach seinen Wurzeln aus dem saudischen Dschidda zurück in den Jemen. Seine Eltern waren nach Saudi-Arabien gegangen, weil es dort mehr Arbeit und mehr Geld gibt als im Jemen. Auch Haschim hatte in einem Krankenhaus in Dschidda einen Job gefunden. »Aber den Saudis fehlt die Spiritualität«, sagt er und zeigt auf seine verzückt singenden Glaubensbrüder. »Die Saudis sind zu hart. Das bringt Menschen wie Ussama bin Laden hervor.« Die bin Ladens sind die wohl prominenteste Familie aus dem Hadramaut. Ussamas Vater wuchs noch hier auf, verließ das Land aber in den 30er-Jahren, um sich in Saudi-Arabien niederzulassen.

Dort, nur 200 Kilometer weiter im Norden, sind öffentliche Lobgesänge auf den Propheten verboten. Das Königshaus in Riad hat den Wahhabismus zur Staatsdoktrin erhoben und nimmt für sich in Anspruch, die reine Lehre der ersten islamischen Gemeinde zu vertreten. Die Sufis dagegen, die ihren Glauben nur diesseits der mitten durch die Wüste gezogenen Grenze praktizieren dürfen, berufen sich auf das Erbe der jemenitischen Ahnen, auf die Tradition großer islamischer Gelehrter, die sie an ihren Gräbern anbeten und verehren. An den aufwendig dekorierten Grabsteinen und Kuppelgräbern, die überall in der rotbraunen Landschaft weiß in der gleißenden Sonne strahlen, geraten die zerstrittenen Glaubensbrüder aneinander. Während die Sufis dort die poetischen Texte ihrer Vorfahren rezitieren und den Propheten besingen, beschimpfen die Wahhabiten, die längst auch im Jemen auf dem Vormarsch sind, sie als »Grabanbeter«, gar Ungläubige, die vom heiligen Grundsatz des Monotheismus abgefallen seien. Manche historische Grabstätte haben sie schon mit Hammer und Meißel zerstört – nicht nur zum Ärger der Sufis, auch die Archäologen sind empört, wenn Altertümer dem Religionsstreit zum Opfer fallen.

50 Kilometer westlich von Tarim, in Schibam, dem »Manhattan der Wüste«, dürfen die Baumeister nicht mehr singen, während sie die Hochhäuser aus getrocknetem Lehm renovieren – das gilt den Orthodoxen als unislamisch.

Doch in Tarim singen die Sufis wieder. »Mohammed, Mohammed«, in einem fort. 1993, drei Jahre nach dem Ende der sozialistischen Volksrepublik, zu der auch die Provinz Hadramaut zählte, gründete ein damals gerade 30-jähriger Prediger die Schule. Mittlerweile ist sie im In- und Ausland so beliebt, dass nur aufgenommen wird, wer schon ein Dreißigstel des Korans auswendig kann, einen Arabischtest besteht und mindestens ein Jahr bleiben will. Frauen bewerben sich im Dar as-Sahra, dem Haus gleich nebenan, wo die Gattinnen und Schwestern der Scheichs unterrichten. Die Trennung der Geschlechter ist hier noch viel rigoroser als in unserer Nachbarschaft in Sanaa; nicht einmal Vollverschleierte bekomme ich auf der Straße zu Gesicht. Nur Susannes Anrufe erinnern mich daran, dass es auch Frauen gibt auf dieser Welt.

»Fühlst du die Spiritualität?« Ein junger Mann reißt mich aus meinen Gedanken. Der weiß Gewandete mit dem knapp gestutzten schwarzen Vollbart kommt lächelnd auf mich zu. Er schaut mich neugierig an, ergreift meine rechte Hand und zeichnet mit einer klaren Flüssigkeit, die wie Kölnischwasser riecht, von rechts nach links einen senkrechten Strich, zwei Bögen und einen kleinen Kringel auf den Handrücken: den arabischen Schriftzug für Allah.

»Spürst du sie?«, beharrt er.

Ich fühle mich wie im Kinosessel bei einem opulenten Kostümfilm auf einer Breitbildleinwand in 3D, mit Dolby-Surround und Geruchsstoffen, die durch die Ventile der Klimaanlage versprüht werden. Fehlen nur noch drehende Derwische. Wortlos nicke ich.

Das Fläschchen wird weitergereicht, der Nächste verreibt den zuckersüßen Duft in seinem Bart und auf dem Kleid. »Eine schöne

islamische Tradition«, schwärmt der schmale Mann, der mir »Allah«
auf die Hand geschrieben hat. »Auch der Prophet liebte Wohlge-
ruch.« Er stellt sich als Jussif vor, 24 Jahre alt, iranischer Kurde aus
dem schwedischen Falkenberg. Da ertönt aus den Lautsprechern
der Ruf zum Gebet, zum fünften Mal an diesem Tag. Wir verabreden
uns zum Abendessen.

Nachdem ich die Moschee verlassen habe, entdecke ich eine SMS
aus Sanaa auf meinem Handy. »Endlich wieder Wein eingetroffen«,
schreibt eine deutsche Freundin. »Kommt ihr zum Essen? Pasta mit
Shrimps!« Wochenlang hatte die Lieferung des Spezialversands für
Diplomaten und Entwicklungshelfer auf sich warten lassen, weil der
Zoll den Container mit Riesling, Weißwurst in Dosen und Lübecker
Marzipan im Hafen von Hudeida festhielt.

»Danke für die Einladung«, tippe ich ins Telefon. »Können leider
nicht. Susanne krank, ich in Koranschule.«

Der hell ausgeleuchtete Speisesaal ist wie eine Metzgerei bis unter
die Decke mit weißen Fliesen gekachelt und durch ein Fenster mit
der Küche verbunden. Nach dem Abendgebet schöpfen dort zwei
schwitzende Köche Bohnen und Reis aus Bottichen groß wie Sitz-
wannen in Emailleschüsseln.

Jussif zeigt auf die disziplinierte Zweierreihe an der Essensaus-
gabe: »Hier drängelt keiner vor wie in den Garstuben in Sanaa. Im
Gegenteil, wir nehmen Rücksicht und lassen unsere Brüder vor. So
funktioniert der Islam.«

»Aber die Sanaanis sind doch auch Muslime?«

»Na, sie denken natürlich, sie wären es. Sie lesen den Koran, sie
gehen in die Moschee. Sie werfen sich nieder zum Gebet, aber sie
haben keine Ahnung, was das eigentlich bedeutet.«

In der Hocke, die Unterarme auf die Knie gestützt, löffeln wir die
Bohnen mit Weißbrot aus unserer Emailleschüssel. »Manchmal

gibt es getrockneten Fisch, einmal in der Woche sogar Fleisch«, sagt Jussif, als wollte er sich für die vegetarische Kost entschuldigen. »Ich zahle 1000 Rial im Monat, das sind bloß vier Euro, für Schule, Bett und Essen. Alles inklusive.« Er rechnet: »Vier Euro, das reicht noch nicht einmal für den Reis, den wir jeden Tag bekommen.«

»Jeden Tag Reis?«

»Manchmal kann ich ihn nicht mehr sehen«, nickt Jussif. Dann geht er in die Garküche gegenüber der Schule und lässt sich an einem Tisch bedienen: mit knusprigem Hühnchen, frischen Pfannkuchen und dampfendem Brot.

Jussif ist seit fast drei Jahren am Dar al-Mustafa, unterbrochen nur von kurzen Besuchen bei seinen Eltern in Schweden. Als er denen von seinen Plänen erzählte, machten sie sich große Sorgen. Nicht, weil ihr Sohn, der bis dahin mehr auf das schwedische Nachtleben als auf das islamische Abendgebet gegeben hatte, plötzlich die Religion studieren wollte. Bloß – der Jemen, war das nicht ein Hort des Terrors, und Hadramaut, kamen dort nicht die bin Ladens her? »Warum gehst du nicht nach Ägypten oder in den Iran?«, fragten die besorgten Eltern, die selbst nicht besonders religiös sind. »Tarim kommt gleich nach den heiligen Stätten Mekka und Medina«, entgegnete Jussif. »Wir sind hier in einem der Zentren der islamischen Lehre.« Die Dozenten tragen einen weißen Turban als Zeichen ihrer Geistlichkeit, manche verfolgen ihren Stammbaum bis zum Propheten Mohammed zurück, auch die Linie ihrer Lehrer ist ungebrochen bis zu den ersten islamischen Jahren.

»*Salam!*« Ein junger Mann setzt sich zu uns, wir bieten ihm Brot an, das er in unsere Schüssel tunkt. Ein blonder Hüne, trotz des langen weißen Kleides gleich als Nordeuropäer zu erkennen. Jussif stellt ihn mir als Abdulqadir vor. »Mein Freund aus Schweden«, fügt er hinzu. »Ihm habe ich zu verdanken, dass ich hier bin«, sagt Abdulqadir. Als Jussif nach einem Jahr in Tarim zurück in die Kleinstadt gekommen sei, habe er ihn kaum wiedererkannt, erzählt der Schwede. »Er war so spirituell, so ausgeglichen.« Die innere Ruhe seines Freundes habe ihn so sehr beeindruckt, dass er ihm sogleich nach Tarim gefolgt sei, sagt Abdulqadir. »So wollte ich auch werden!« Seine Eltern ließ er in dem Glauben, er wolle nur Arabisch lernen. Aber im Jemen gab er sich den Namen Abdulqadir und konvertierte zum Islam.

»Und wie haben deine Eltern reagiert?«

»Sie wissen es erst seit zwei Tagen«, verrät Abdulqadir. »Ich hatte ein bisschen Angst vor ihrer Reaktion. Aber sie finden es allemal besser als das Leben, das ich früher führte.« An Weihnachten fliegt Abdulqadir zum ersten Mal seit einem Jahr wieder nach Hause – das Christenfest will der Konvertit mit seiner Familie feiern.

»Und nach den Weihnachtsliedern gehst du in eine schwedische Moschee und besingst Mohammed?«

Über die sufische Mystik werde mancher Muslim in Schweden die Stirn runzeln, befürchtet Jussif. »In vielen europäischen Moscheen haben die Wahhabiten das Sagen. Die Leute haben keine Kultur«, sagt er abschätzig. »Sie schauen ins Internet, lesen ein Buch und halten sich für die großen Lehrmeister. Dabei haben sie nichts verstanden.« Doch *dhikr*, die meditative Anbetung Gottes, könne man auch für sich allein praktizieren, erklärt Jussif. »Es reinigt die Seele und schafft eine Verbindung zu Allah. Egal, ob laut in der Moschee oder stumm zu Hause im Wohnzimmer.«

Wir überqueren den Flur mit einer langen Reihe von Wasserhähnen, die auf Kniehöhe angebracht sind – zur rituellen Waschung vor dem Gebet. Vor Jussifs Schlafzimmer sitzen drei Asiaten um eine blaue Thermoskanne beim Tee, hinter der offenen Zimmertür stehen acht Stockbetten. Auf den beige gestrichenen Metallgestellen liegen dünne Schaumstoffmatten. Neonlicht lässt die sandfarben lackierten Wände glänzen, auf dem grauen Teppichboden haben

Tee und Kohle Spuren hinterlassen. In der Mitte des Raumes stehen niedrige Schränke auf Rollen: knapp bemessener Stauraum für private Habseligkeiten.

Neben der Eingangstür hängt eine Liste mit 16 Namen und Ländern, von Jussif und seinen Mitbewohnern. Die meisten kommen aus dem Jemen, zwei Afrikaner sind dabei, ein Russe. »O ihr Menschen, wir haben euch aus Mann und Frau erschaffen und euch zu Völkern und Stämmen gemacht, auf dass ihr einander erkennen möget. Wahrlich, vor Allah ist von euch der Angesehenste, welcher der Gottesfürchtigste ist«, steht auf einem Foto der Kaaba in Mekka, das jemand über die Namensliste geklebt hat. »Sure 49, Vers 13«, sagt Jussif. Er kann den Koran auswendig, jede einzelne der 114 Suren, jeden einzelnen der mehr als 6000 Verse, so wie alle auf seinem Zimmer. Schwer zu sagen, wer Gott hier am meisten fürchtet.

Auf einem der Stockbetten sitzen Uthman und Mutahhir, beide Anfang zwanzig, beide aus der Provinz Al-Beida. Uthman studiert seit sieben Jahren die sufische Lehre im Dar al-Mustafa, nächstes Jahr will er zurückgehen in seine Heimat und selbst eine Außenstelle der Koranschule eröffnen. »Früher war der Jemen sufisch«, sagt Uthman, als er kurz von seinem Buch aufblickt. »Heute wird uns eingeredet, wir hätten alle zu sein wie die Saudis.«

Es ist kurz nach neun, gleich beginnt die Nachtruhe. Aber noch schlurfen Sandalen über die Flure, klappern Teegläser, werden Namen und Grüße durch die angelehnten Zimmertüren gerufen. »Viele gehen erst um Mitternacht schlafen«, sagt Jussif. »Es gibt einfach so viel zu lernen, manche wollen gar nicht aufhören.«

»Aber die ersten Gebete beginnen doch schon wieder um vier Uhr am Morgen.«

»Im Westen macht man ja auch gerne mal die Nacht durch, wenn man Spaß dabei hat, in der Disco zum Beispiel, beim Tanzen oder so. Hier ist das ganz ähnlich«, antwortet Jussif.

»Wenn du mit 15 anderen auf einem Zimmer lebst, dann lernst du Dinge, die dir kein Lehrer beibringen kann«, sagt Jussif noch, bevor ich mich verabschiede, um ihn lesen oder schlafen zu lassen. »Manchmal hätte ich gern mehr Ruhe, einen Raum für mich alleine. Dann sage ich mir: Du wusstest, worauf du dich einlässt. Du bist freiwillig hier.«

»Geduld ist schön«, wirft Uthman ein. »Sure zwölf, Vers 18.«

Als ich das Tor der Koranschule hinter mir ins Schloss ziehe, sind die chromglänzenden Motorräder der auswärtigen Schüler verschwunden. Kein Mensch ist mehr unterwegs auf der dunklen Straße. Und auch die Türen der Garküche, des Schneiders und des Kassettenhändlers, aus dessen Laden sonst die Melodien sufischer Gesänge tönen, sind verschlossen. Müde gehe ich zurück ins Gästehaus, ein wenig benommen von so viel Frömmigkeit und gottergebener Beflissenheit. Erst jetzt fällt mir auf, dass niemand versucht hat, mich zu bekehren, keiner mich als »Ungläubigen« angesprochen hat. Kein Eifer, keine feindselige Radikalität. Trotzdem bin ich froh über das eigene Bett und die Tür zu meinem Zimmer, die ich hinter mir schließen kann. Für ein paar Stunden genieße ich das Alleinsein.

»*Allahu akbar!*« Es ist zwanzig vor fünf. »Auf zum Gebet, auf zum Heil«, ruft der Muezzin aus der Koranschule. »Das Gebet ist besser als der Schlaf!«, echot es von den Minaretten aus der Stadt zurück. Draußen ist es noch dunkel, die Umrisse der Zinnen und des runden Turms, der das zweistöckige Gebäude mit dem flachen Dach überragt, sind im Licht der waagerecht hängenden Mondsichel nur schemenhaft zu erkennen. Bevor die Sonne scheint, ist es kalt in der Wüstengegend. Aber Jussif sitzt schon seit einer Stunde in der Moschee, um sich den Segen des freiwilligen Gebets in den frühen Morgenstunden zu verdienen. Er hat sich eine Gebetskette um die Hand gewickelt und ein Tuch um den Kopf gebunden.

Noch vor dem ersten Pflichtgebet des Tages hat Jussif viermal mit Stirn, Nase und den beiden Handflächen die Erde berührt, die Eröffnungssure aus dem Koran rezitiert und leise das Glaubensbekenntnis gesprochen. Schon der Prophet Mohammed soll des Nachts gebetet haben, hier tun es ihm viele gleich. Auch wenn jetzt noch kein Vorbeter die Gemeinde anführt, sitzen, stehen und knien überall in der Moschee verstreut junge Männer, vertieft ins Zwiegespräch mit Gott.

Als Jussif sein Gebet wie vorgeschrieben mit einem Blick über die rechte und die linke Schulter beendet und dabei den islamischen Friedensgruß murmelt, entdeckt er mich, springt auf und läuft auf mich zu.

»Auch schon so früh auf den Beinen?« Er schüttelt mir die Hand.

»So früh wie du habe ich es nicht geschafft«, muss ich gestehen.

»Immerhin rechtzeitig zum Morgengebet«, grinst Jussif und zeigt auf den Imam, der in diesem Moment seinen Platz vor der Gebetsnische an der Stirnseite der Moschee einnimmt. Jussif fährt sich mit einem ausgefransten Stück Holz über die Zähne. Die fingerlangen Zweige des Zahnbürstenbaums werden auch in Sanaa verkauft, auch sie soll schon der Prophet benutzt haben.

Nach dem Gebet verwandelt sich die nach Mekka ausgerichtete Sitzordnung wie auf ein geheimes Kommando in zwei lange Reihen, die quer durch die Moschee reichen. Alle stehen hintereinander, wie bei der »Reise nach Jerusalem«, nur ohne Stühle. »*Assalamu aleikum*«, hallt es vielstimmig durch den Gebetsraum. »Der Friede sei mit euch.« Reihum reicht jeder seinem Gegenüber die rechte Hand, geht weiter zum nächsten, so winden sich zwei Schlangen aneinander vorbei.

»Wir kämen sonst gar nicht dazu, jeden Mitschüler täglich aufs Neue zu grüßen«, erklärt Jussif. »Beim islamischen Gruß fallen die Sünden von dir ab wie Blätter von einem Baum, so hat es der Prophet gesagt.« Deshalb wünschen sich hier alle mindestens einmal am Tag Frieden, immer nach dem Morgengebet.

Und schließlich verwandeln sich die beiden Schlangen langsam in viele kleine Kreise, Sitzgruppen auf dem Boden: die Schulklassen. Es ist gleich sechs Uhr, noch fast drei Stunden bis zum Frühstück. Jetzt beginnt der Unterricht. Zunächst eine Stunde arabische Grammatik, dann der Koran, zum Abschluss das islamische Recht. Sechs, acht, manchmal auch zehn Jungen sitzen zusammen, ihre Bücher auf den Knien, die Lehrer sind geistliche Würdenträger, Scheichs, manche aber auch selbst noch Schüler, die schon seit Jahren ihr religiöses Fachgebiet studieren. Sie erklären das islamische Prinzip der Brüderlichkeit, die Vorschriften zur Mildtätigkeit oder unter welchen Umständen ein Pflichtgebet ungültig wird und wiederholt werden muss. Mit abwaschbarem Filzstift malen sie Koransuren und die Interpretationen sufischer Gelehrter auf die Kunststofftafeln.

Am Rand der Moschee, wo einige Schüler ihre Taschen abgelegt haben, sitzen drei Malaysier am Boden und lesen stumm den Koran. Sie haben frei, weil ihr Lehrer vor zwei Tagen auf Pilgerfahrt nach Mekka gegangen ist. Ihre Lippen bewegen sich im Rhythmus der Verse. Den winzigen Koran halten sie mit zwei Fingern, die kleine Schrift dient nur als Gedächtnisstütze beim Auswendiglernen. Als einer der drei aufsteht und das Büchlein auf seinen dick gefalteten Schal legt, nimmt es sein Nachbar in die Hand und hält es zusammen mit seinem Exemplar. Gottes Wort soll nicht am Boden liegen. An allen Säulen des Gebetsraumes sind Regale angebracht, auf denen die heiligen Bücher in zwei Meter Höhe über den Köpfen der Gläubigen thronen. Über Gottes Wort soll sich nichts anderes erheben.

Kurz vor neun lösen sich die Sitzgruppen langsam auf. Die große Pause, die bis zum Mittag dauert, nutzen die meisten dazu, den fehlenden Schlaf aus der kurzen Nacht nachzuholen. Aber vorher wird gefrühstückt. In dem weiß gekachelten Raum servieren sie schon wieder Bohneneintopf mit Reis. Ich erinnere mich an die Empfehlung von Jussif, der Gedanke an einen frischen Pfannkuchen lässt mir das Wasser im Mund zusammenlaufen. In der Garküche gegenüber der Schule treffe ich Haschim. Heute Nachmittag geht mein Flug nach Sanaa, es ist mein vierter und letzter Tag in Tarim. »Ich werde dich vermissen«, sagt Haschim. »Ich werde dich in meine Gebete einschließen.« Doch zunächst will er noch wissen, ob und wie ich bete, ob ich in die Kirche gehe und wie viele Atheisten es in Deutschland gibt. Meine Antwort, dass Religion bei uns im Alltag kaum Thema ist, befremdet ihn. »Und wie ist das mit der Dreifaltigkeit? Glaubt ihr wirklich, Jesus sei Gottes Sohn?«, fordert er mich heraus.

Und er fragt, wie die Journalisten in Deutschland arbeiten. »Schreiben sie vom Schreibtisch aus über fremde Länder, oder fahren sie alle hin?« Die Menschen bräuchten mehr Informationen aus erster Hand, urteilt Haschim. »Schau dir die Jemeniten an. Viele hassen die Amerikaner und die Juden, obwohl sie keinen Einzigen kennen. Das ist das Problem, wenn die Leute ihre Meinung nur vom Hörensagen bilden. Alles ein Mangel an Wissen.«

Faustpfand

Unser Ersatz für den Christbaum stand schon früh fest. Lange vor Weihnachten, an einem jener Donnerstagabende, an denen die männlichen Hochzeitsgesellschaften in den Gassen der Altstadt singend und tanzend den Bräutigam feiern, hatten wir ihn in der Hand eines schmächtigen Jungen gesehen. Mit einem Scheppern setzte er ihn auf das Kopfsteinpflaster und zündete mit seinem Feuerzeug hastig zwei Dutzend bunte Kerzen an. Der golden lackierte Kerzenständer verjüngt sich nach oben wie eine Tanne und ist gekrönt von einem Herz, genau dort, wo auf dem Baum der Stern sitzen würde. Die drei Ringe, auf denen die Kerzen stecken, haben wir mit grünem Viehfutter und einer langen goldfarbenen Perlenkette dekoriert. Für die niedrigen Sitzkissen in unserem *mafradsch* hat die hüfthohe Konstruktion genau die richtige Größe.

Doch trotz des metallenen Ersatzbaums und der kleinen Krippe von Susannes Großmutter mag keine rechte Weihnachtsstimmung aufkommen. Nachbar Hussein wünscht uns zwar »*Merry Christmas*«, als er uns bei Faris' Lädchen trifft, und auch Faris weiß, dass wir »Isas Geburtstag« feiern. Aber ohne Tannenduft und »Stille Nacht«, ohne Gänsebraten und Christmette fehlt etwas – vor allem andere Menschen, für die der Heilige Abend ein besonderer ist so wie für uns. Die kleine christliche Gemeinde aus dem Irak trifft sich konspirativ in privaten Wohnzimmern, die äthiopischen Christen feiern Weihnachten – genauso heimlich – erst Anfang Januar.

Am 28. Dezember ist unsere Sehnsucht nach dem weihnachtlich-winterlichen Deutschland bereits wieder verflogen. Das Wachs der Kerzen am Metallbaum beginnt in der Mittagssonne zu schmelzen, wir essen die letzten Weihnachtsplätzchen zum Tee aus Fenchelsamen und lernen Vokabeln, als um kurz nach halb zwei das Telefon klingelt. Eine Kollegin aus unserer Nachrichtenagentur in Berlin hat eine Neuigkeit: »Wir haben gerade eine Dringend-Meldung auf Draht gegeben. Das Auswärtige Amt sagt, im Jemen werde eine fünfköpfige deutsche Familie vermisst. Wisst ihr mehr?«

Nein. »Vermisst? Oder entführt?«, fragt Susanne. »Und wo?«

»Könnt ihr das rauskriegen?«, entgegnet die Chefin vom Dienst. »Wir bräuchten in einer halben Stunde eine Meldung dazu.«

Im Reiseführer schlage ich die Seite mit den Telefonnummern der jemenitischen Reiseveranstalter auf, schon beim ersten habe ich Erfolg. Ja, die Deutschen seien mit zwei seiner Fahrer unterwegs gewesen, Stammesangehörige hätten sie entführt, sagt der Mann von der Abu Taleb Group, einer der renommiertesten Agenturen im Land. Er ist für die Kunden aus Deutschland und der Schweiz zuständig und spricht fließend Deutsch.

»Ich habe mit der Familie telefoniert. Vater, Mutter und drei erwachsene Söhne. Es geht ihnen gut. Sie bekommen zu essen und zu trinken. Ich gehe davon aus, dass sie bald wieder frei sind.« Die Entführer seien keine Terroristen, versichert mir der Manager. »Wahrscheinlich will mal wieder jemand die Regierung erpressen, vielleicht verlangen sie eine Straße oder eine neue Schule, so ist das doch immer bei den Stämmen.«

Mehr als 200 Ausländer wurden hier in den 90er-Jahren von unzufriedenen Stammesleuten entführt. Ein kurzes Kidnapping, die fürsorgliche Bewirtung durch gastfreundliche Stammeskrieger – »schöner kann Abenteuerurlaub kaum sein«, so stand es 1996 noch im *Merian*. Ein ernst gemeinter Hinweis aus einer Zeit, als Entführungen in manchen arabischen Ländern noch nicht die tödliche Waffe von Islamisten waren. »Machen Sie sich keine Sorgen«, sagt der Manager. »Ihren Landsleuten passiert schon nichts.«

Ich klappe den Laptop auf und beginne zu schreiben. Nicht viel mehr als das, was auch die Kollegen in Berlin schon wissen – aber mit der entscheidenden, Sachkunde und Ganz-dicht-Dransein suggerierenden Ortsmarke. »Sanaa, 28. Dezember – Im Süden des Jemen ist eine fünfköpfige deutsche Familie entführt worden. Die Eltern und ihre drei Söhne seien am Mittag auf dem Weg von Aden in die Hafenstadt Mukalla von bewaffneten Stammesangehörigen verschleppt worden, sagte ein Vertreter des Reiseveranstalters ATG am Mittwoch in Sanaa. In der weitgehend von lokalen Stämmen beherrschten Wüstenprovinz Schabwa ist für Touristen auf vielen Strecken eine militärische Begleitung vorgeschrieben. Beim Mittagessen in der Ortschaft Aram hätten sich die Soldaten jedoch von den Urlaubern entfernt, teilte der Reiseveranstalter weiter mit.«

Auf der Landkarte fahre ich mit dem Finger die Reiseroute nach. Von Aden nach Aram, dann geht es hinauf ins Wadi Jischbum und weiter nach Ataq und ins Wüstendorf Schabwa, zu den Ruinen an der Westgrenze des einstigen Königreichs Hadramaut. Von der reichen Metropole an der Weihrauchstraße stehen heute nur noch ein paar Grundmauern, die den historisch interessierten Touristen mitten in der Wüste ein wenig Schatten spenden. Kinder betteln um Stifte, während Kamele im dornigen Gestrüpp nach Essbarem suchen. Vor fünf Wochen waren wir selbst dort unterwegs, mit zwei Jeeps und sieben Freunden aus Deutschland. »Seit fast vier Jahren ist im Jemen kein Ausländer mehr entführt worden«, hatten wir Bedenken unserer Besucher zerstreut. Und dann, nach ein paar Metern in der Wüste – die Fahrer ließen gerade Luft aus den Reifen für die Tour durch die Dünen –, klingelte das Handy des Beduinen, der uns Geleitschutz gab. Zwei Schweizer seien entführt worden, nicht allzu weit weg von hier, in Marib. Wir verbrachten trotzdem eine friedliche Nacht am Lagerfeuer unterm schwarzen Wüstenhimmel, und als wir am nächsten Tag Marib erreichten, waren die Schweizer bereits wieder frei – und wild entschlossen, ihre Reise fortzusetzen. Auch die Entführung von zwei Österreichern in der Woche vor Weihnachten ging glimpflich aus. Doch jetzt beschleichen mich Zweifel, ob wir dem Gefühl von Sicherheit und Unbeschwertheit, mit dem wir hier bisher lebten, wirklich trauen können.

Da piepst das Handy. »Früherer Vizeaußenminister aus Deutschland entführt«, schreibt uns Ahmed. Ahmed arbeitet für eine politische Stiftung in Sanaa, ist bestens vernetzt und hat uns schon manches Mal weit schneller als das Radio mit Neuigkeiten versorgt. Ein Staatssekretär? Ich wähle Ahmeds Nummer. Besetzt. Dauernd ist besetzt. Susanne versucht es noch einmal beim Reiseveranstalter, doch jetzt geht der Deutschland-Manager nicht mehr ran.

Polizei- oder Regierungssprecher, die wir anrufen könnten, gibt es hier nicht. Und selbst wenn, sie würden uns nichts sagen – offiziell sind wir ja nur als Sprachschüler hier und nicht als akkreditierte Journalisten. Also versuchen wir es weiter bei Leuten, von denen wir denken, dass sie etwas wissen könnten. Nabil von der staatlichen Nachrichtenagentur Saba hat ebenfalls von einer Entführung gehört. Doch um wen es sich handelt, weiß er nicht. »Ich probiere es bei einem Bekannten im Innenministerium«, verspricht er. »Wenn ich was rausbekomme, melde ich mich.«

Während ich noch mit Nabil am Handy spreche, scheppert die Klingel des alten beigen Telefonapparats. »Chrobog?«, ruft Susanne. »Der war doch im März mit Schröder hier!« Der pensionierte Staatssekretär ist im Weihnachtsurlaub mit der Familie entführt worden. Von den Kollegen in Berlin erfahren wir, was das Auswärtige Amt lieber geheim gehalten hätte. Sie schicken uns ein Porträt des »Diplomaten der alten Schule«, welches ihm »Geduld« und »Beharrlichkeit« bescheinigt – verfasst im August 2003, als Chrobog im westafrikanischen Mali die Freilassung von 14 in der Sahara verschleppten Geiseln verkünden konnte.

Es bleibt keine Zeit, mir den ehemaligen Krisenmanager im Geisellager vorzustellen. Oder darüber nachzudenken, ob der im Umgang mit Entführern erfahrene Diplomat wohl schon Verhandlungen in eigener Sache aufgenommen hat. Das Telefon klingelt gleich wieder. Auch wenn es draußen schon dunkel wird, ist noch lange nicht Redaktionsschluss: Wir sind der deutschen Zeit zwei Stunden voraus. Am Apparat ist eine Redakteurin der Deutschen Welle, dem Auslandsfernsehen, das wir hier nicht mehr sehen können, seit Hanna nach ihrem Auszug die Satellitenschüssel abmontiert hat. Für die nächste Nachrichtensendung braucht sie jemanden, der live aus Sanaa berichtet, anderthalb Minuten lang, und dabei glaubhaft den Eindruck erweckt, er wisse mehr über die Geiselnahme als der Moderator im Studio. Es hat sich schnell herumgesprochen, dass wir die einzigen deutschsprachigen Journalisten im Land sind. Die Kollegin verrät mir schon mal die Fragen: »Wie geht es den Geiseln? Wie laufen die Verhandlungen? Hatten es die Geiselnehmer auf Chrobog abgesehen?«

Für die Suche nach plausiblen Antworten habe ich eine Stunde. Als Erstes versuche ich es bei der deutschen Botschaft, doch dort hat schon das Wochenende begonnen. Unter der Handynummer, die für Notfälle immer erreichbar ist, meldet sich eine Mitarbeiterin der Konsularabteilung – und verweist mich ans Auswärtige Amt in Berlin.

Vielleicht weiß Mohammed mehr, Chef einer Reiseagentur und Vizevorsitzender des Tourismusverbandes. »Keine Panik«, begrüßt er mich am Telefon und erzählt von seinen vielen Kunden, die im ganzen Land unterwegs seien und sich völlig sicher fühlten. Mohammed hat gerade mit dem Innenminister geredet. »Da unten gibt es eine alte Fehde«, sagt er, »wahrscheinlich wollen die Stammesleute der einen Seite ihre Leute aus dem Gefängnis freipressen. Es ist immer dasselbe. Der Minister hat einen Vermittler geschickt.«

Und der Präsident? Mir fällt Faris Sanabani ein. Auf einem Empfang steckte der Medienberater des Staatschefs uns neulich eine Visitenkarte mit seinen beiden Handynummern zu. Bei der ersten geht er ran. Der Diplomat komme bald wieder frei, versichert auch er mir, und dass der Präsident sich persönlich kümmere. Für alles Weitere solle ich doch mit Mohammed telefonieren, der habe gerade mit den Entführern gesprochen.

»Mit welchem Mohammed?«, frage ich.

»Mit Mohammed al-Asadi, dem Chefredakteur vom *Observer*«, klärt mich Faris Sanabani auf. Faris berät nicht nur den Präsidenten, er ist auch der Herausgeber des *Yemen Observer*, jener englischsprachigen Zeitung, die zweimal in der Woche erscheint. In den Redaktionsräumen, die auf den zwei Stockwerken einer schmucken Neustadtvilla untergebracht sind, arbeitet Mohammed eine Etage unter dem Herausgeber. Als ich ihn anrufe, sitzt er gerade am Computer, um die Website der Zeitung mit einer Nachricht über die Entführung zu aktualisieren. »Die Entführer sind vom Stamm der Abdallah«, berichtet Mohammed von seinem Telefonat mit den Kidnappern. »Seit zehn Jahren liegen sie mit dem Nachbarstamm in einer Blutfehde. Begonnen hat alles mit einem Mord. Männer aus dem Nachbarstamm brachten zwei der Abdallahs um. Die rächten sich. Und jetzt sitzen fünf ihrer Leute im Gefängnis.«

»Die Chrobogs«, sagt Mohammed, »hatten einfach das Pech, zur falschen Zeit durch das Stammesgebiet zu fahren. Die Abdallahs brauchten ein Faustpfand. Sie wollen durchsetzen, dass ihre Leute wieder freikommen.« Die Entführer behandelten ihr Faustpfand gut, berichtet Mohammed. »Sie betrachten sie als ihre Gäste. Sie haben frisches Obst und Gemüse auf dem Markt eingekauft und sogar für die Deutschen geschlachtet.« Und seit die Abdallahs erfahren hätten, dass Chrobogs Frau einen ägyptischen Vater habe, seien sie noch freundlicher zu ihrer »arabischen Schwester«.

Es ist kurz vor sieben. Ich schließe das Fenster, damit nicht Kindergeschrei oder der Ruf des Muezzins durchs Telefon mit übertragen werden. Ein Foto – Porträt in Reporterpose mit Handy am Ohr auf der Dachterrasse im milden Abendlicht – liegt schon in der Redaktion. »Für die neueste Entwicklung schalten wir zu unserem Kollegen nach Sanaa«, sagt der Moderator. »Wie geht es den Geiseln?« Anderthalb Minuten später bedankt sich die Redakteurin und kündigt für die kommende Stunde einen Anruf der internationalen Redaktion an. Zur geraden Stunde drei Fragen auf Deutsch, zur ungeraden auf Englisch – das ist der Rhythmus der kommenden Tage.

Am nächsten Morgen fällt das gemütliche Frühstück auf der Dachterrasse aus. Die Entführung der Chrobogs bestimmt die Schlagzeilen in Deutschland, die sonstige Nachrichtenlage zwischen Weihnachten und Neujahr ist mau. Mit Häme stürzen sich einige Kommentatoren auf das Thema, hatte Chrobog doch angesichts des Dramas um die im Irak verschleppte Archäologin Susanne Osthoff das »Sozialversicherungsdenken« mancher Deutscher kritisiert. Wer sich in Gefahr begebe, müsse mit diesem Risiko leben, hatte der ehemalige Leiter des Krisenstabs im Auswärtigen Amt gemahnt.

»Ist es nicht sehr gefährlich, im Jemen zu leben?«, fragt die Radiomoderatorin einer Morgensendung im Live-Interview. »Was ist der Unterschied zwischen Geiselnahmen im Irak und denen im Jemen?«

»Im Irak sind es Islamisten, die kidnappen und morden. Im Jemen geht es meist um Konflikte zwischen den Stämmen und der Regierung, keiner Geisel ist in solch einem Streit je etwas passiert.«

»Haben Sie keine Angst?«

»Ich fühle mich genauso sicher wie bisher. Zu Hause in Berlin gerate ich ja auch nicht gleich in Panik, wenn irgendwo im Land ein Verbrechen geschieht.«

Das Dorf, in das die Chrobogs verschleppt wurden, liegt mehr als 300 Kilometer Luftlinie von Sanaa entfernt, weder zu den Entfüh-

Freitägliches Ritual – Krummdolchtanz vor dem Imamspalast.

Bei Mahwit – den Bergen abgetrotzte Felder.

Kaffeebauer bei der Ernte.

Rote Kirschen für schwarzen Mokka.

Drachenblutbäume – Wahrzeichen Soqotras.

Insel mit grünen Wiesen ...

... und türkisen Wellen.

Frauen mit Gegenverkehr.

Auf der Suche nach dem besten *qat*.

Eselspfade durch die Berge.

Weißes Kopftuch – Uniform für Schulmädchen.

Haus des Erwählten – Koranlektüre im Dar al-Mustafa.

Zum Beten geht man barfuß.

Letzte Ruhe in Tarim.

Abschreckung für Entführer.

Hochhäuser aus Lehm – Abend in Schibam.

rern noch zu den Entführten haben wir Kontakt. Doch die Nahost-Korrespondenten der deutschen Sender und Zeitungen sitzen 2000 Kilometer weit weg in Kairo, also melden sich die Redaktionen und ihre Kairoer Korrespondenten bei uns. Heute, am zweiten Tag der Entführung, werden Hintergrundberichte gebraucht: »Erklären Sie doch mal, wie das mit den Stämmen so funktioniert. Wie viele davon gibt es überhaupt im Jemen?«

Raufa Hassan lacht, als ich sie danach frage. »Hunderte? Tausende vielleicht? Das kommt ganz darauf an, wie man zählt. Genaue Zahlen hat keiner.« Die bekannte Frauenrechtlerin aus Sanaa hat nicht nur die Tradition der Verschleierung erforscht – sondern auch das System der Clans und Stämme. Sie erzählt, wie sich schon der Imam, der bis zur Revolution 1962 im Nordjemen herrschte, die Loyalität der Stämme mit einem Faustpfand sicherte: Jeder Clan musste einen seiner Söhne im Palast abliefern. Das Wort der Scheichs und die mithilfe seiner Autorität erzielten Übereinkünfte gelten bis heute oft mehr als ein Gerichtsurteil. »Die Frauen sind davon ausgeschlossen, das ist der einzige Mangel dieses Systems«.

»Aber wäre es nicht besser, verfeindete Stämme würden ihre Streitereien vor Gericht austragen?«

»Das eine schließt das andere ja nicht aus«, meint Raufa. »Beides existiert nebeneinander. Aber die Leute vertrauen eher den alten Regeln als der modernen Gerichtsbarkeit. Die Institutionen des Staates halten viele für korrupt. Im Ernstfall ist darauf in ihren Augen kein Verlass.«

Am Mittag schalten wir unseren Weltempfänger ein. Der Militärmarsch kündigt die Nachrichten an. »Seine Exzellenz Bruder Präsident Ali Abdallah Saleh, Präsident der Republik, hat sich über die Lage nach dem schweren Erdrutsch in Dhafir im Distrikt Bani Matar im Gouvernement Sanaa unterrichten lassen«, verkündet der Sprecher. »Die Maßnahmen zur Unterstützung der betroffenen Bevölkerung sind mit Hochdruck angelaufen.« Dutzende Tote werden aus den Erdmassen geborgen, die ein ganzes Dorf unter sich begraben haben. Diese Katastrophe beschäftigt die Jemeniten. Dann: Palästina, Irak, Afghanistan. Kein Wort zu den entführten Deutschen.

Als ich auf dem Weg zum Arabia Felix bei Faris vorbeikomme, steht sein Vater an den Tresen gelehnt vor dem Laden. Er kann kaum glauben, was ich erzähle. »Fünf Deutsche auf einmal verschleppt? Die Armen!« Genau lässt er sich den Hergang der Entführung schildern. »Allah möge ihnen beistehen«, sagt er zum Abschied. »Die Entführer sollen in der Hölle schmoren!«

Im Arabia Felix kommt es mir heute noch idyllischer und ruhiger vor als sonst. Von einem Foto an der Rezeption lächelt mir Gerhard Schröder entgegen – eine Erinnerung an den prominentesten Gast, der das Lokal je betreten hat. Ein wenig beneide ich die Urlauber, die im Schatten der Bäume beim Mittagessen sitzen, und bedauere es, dass ich nicht die Zeit habe, in Ruhe auf ein *fish curry* zu warten. Die Nachricht von der Entführung hat sich hier noch nicht herumgesprochen. Den Australier, der gerade *kudam* mit Joghurt bestreicht, scheint sie auch nicht zu beeindrucken. »Morgen fahre ich mit dem Bus Richtung Hadramaut. Mich wird bestimmt niemand entführen. Ich komme ja nicht im Touristenkonvoi.« Er nimmt einen Schluck Pepsi. »Und Amerikaner bin ich zum Glück auch nicht.«

»Hier können wir wenigstens auf die Straße gehen, ohne die Angst, überfallen und ausgeraubt zu werden«, mischt sich eine Deutsche ein, die als Entwicklungshelferin in Nairobi arbeitet. »Dort trauen wir uns kaum aus dem Haus«, sagt ihr Mann, der neben ihr sitzt. »Dagegen ist das hier ein richtig entspannter Urlaub.«

Am Freitagabend, dem dritten Tag der Entführung, etliche Interviews, Telefonate und Zeitungszeilen später, trifft das erste deutsche Fernsehteam von einem Privatsender in Sanaa ein, während die Korrespondenten der Öffentlich-Rechtlichen immer noch auf ihre Visa warten. Endlich berichtet auch die staatliche Nachrichtenagentur Saba über die Affäre. »Eine Einigung ist erzielt, die Freilassung der deutschen Geiseln steht unmittelbar bevor.«

»Eine Sache von Minuten«, verspricht auch der Präsidentenberater am Telefon. »Die Freilassung scheint kurz bevorzustehen«, sage ich auf der Deutschen Welle. Die fünf Geiseln sollen im Austausch mit fünf Vermittlern freikommen, die die Regierung geschickt hat. Doch plötzlich stocken die Verhandlungen. Junge Stammesmitglieder lehnen sich gegen die Älteren auf. Die Abdallahs brüllen einander an, Hunderte mischen sich ein in die Verhandlungen, die Nerven liegen blank. »Wer garantiert uns, dass die anderen uns nicht noch einmal verraten?« Niemand will sein Gesicht verlieren, das darf jetzt keiner riskieren. Die Geiselnehmer machen in letzter Minute einen Rückzieher. Die Chrobogs müssen noch eine Nacht ausharren.

Am Silvestertag setzt sich die Einsicht der Stammesälteren durch. Mehr ist jetzt nicht rauszuholen, das wissen sie wohl, die Regierung wird ungeduldig, der Präsident wütend, das Militär wird sich vielleicht nicht länger zurückhalten. Die Regierung hat den Abdallahs einen fairen Prozess für die fünf Inhaftierten des Stammes zugesagt, auch die Schuldigen des Nachbarclans sollen vor Gericht kommen. Einflussreiche Scheichs gaben ihr Wort, Minister, Gesandte des Präsidenten persönlich. Kurz nach 15 Uhr lässt die erlösende SMS von Saba das Handy piepsen: »Geiseln freigelassen.« Diesmal stimmt die Meldung, ein jemenitischer Militärhubschrauber fliegt die Chrobogs nach Aden. Kaum sind die Deutschen in Sicherheit, stürmt das Militär das Dorf und nimmt vier Kidnapper fest.

»Ich muss wirklich anerkennen, wie sehr man sich um uns bemüht hat«, sagt Jürgen Chrobog, ganz Diplomat, der er bis zum Sommer war. Als er mir am Telefon die Umstände seiner Entführung schildert, sind er, seine Frau Magda und die drei Söhne Felix, Fabian und

Karim seit gut 20 Stunden wieder in Freiheit. Es ist der Neujahrstag 2006, die Chrobogs sind auf dem Weg zum Flughafen in Aden, von wo aus ein Challenger-Jet der Bundeswehr die Familie nach Hause bringen wird. Sie werden begleitet vom deutschen Botschafter, der in den letzten Tagen so schwer zu erreichen war und über den Stand der Verhandlungen nichts sagen wollte oder durfte. Jetzt ist er rangegangen und hat sein Handy einfach weitergereicht. Zum ersten Mal seit fünf Tagen bekomme ich Informationen aus erster Hand.

Chrobog erzählt von zähen Debatten im *diwan*, in dem am Vormittag diskutiert und gestritten, am Nachmittag *qat*-Blätter gekaut und am Abend die Matratzen zum Schlafen ausgerollt wurden. Von seiner Frau, der »ägyptischen Schwester«, Tochter des Schriftstellers Jussif Gohar, die auf Arabisch das Militär wieder wegschickte, als die Soldaten schon das Dorf abriegelten. »Bloß keine Eskalation!« Wie Unterhändler kamen und gingen, Parlamentarier, Stammesleute, Scheichs aus der Region. »Du kannst das doch, Gefangene freibekommen«, sagten die Abdallahs zu Chrobog, als ihnen jemand am Telefon verriet, wer ihnen da ins Netz gegangen war.

»Ein wunderschönes Dorf aus Steinhäusern«, beschreibt Chrobog den Ort seiner Geiselhaft. »Kein Wasser, kein Strom, ganz andere Verhältnisse. Das Wasser wurde mit Eseln aus dem Dorf geholt. Man kann sich das ja gar nicht vorstellen.« Der 65-Jährige spricht schnell, aber nicht aufgeregt, obwohl sich der Schreck über die 75 Stunden als Geisel doch noch gar nicht gelegt haben kann. »Sie haben sich als Gastgeber absolut anständig verhalten. Unsere Koffer haben sie nicht angerührt, sie haben keine Forderungen an Deutschland gestellt – keine Ideologie, kein Fundamentalismus.«

»Werden Sie wiederkommen?«

»Der Jemen ist ein unglaublich schönes Reiseland«, sagt Diplomat Chrobog. »Nur die Bedingungen müssen stimmen.«

»*Inschallah*«, sagt seine Frau.

Sabas Söhne

»Stempel! Stempel!« Wo in Regenzeiten einst ein 700 Meter langer Erddamm die Sturzfluten aus dem Hochland staute und die trockene Sandwüste in eine grün sprießende Oase verwandelte, empfangen uns Kinder, die mit flachen rechteckigen Steinen winken. »Stempel«, rufen sie auf Deutsch durch das offene Autofenster, kaum ist der Geländewagen zum Stehen gekommen. Der Besuch einer Delegation des deutschen Botschafters im Land der Stämme von Marib hat sich herumgesprochen. Ein Junge streicht feinkörnigen Sand in die Rille seines Steins und drückt ihn auf den Handrücken. Ein Kamel und eine schlanke Frau aus Sand sind auf der spröden dunklen Haut zu sehen. *Queen of Sheba*, sagt der Junge. »2000 Rial!«

Ich steige aus und gehe über trockene sandbraune Erde. Nichts erinnert mehr an die Wassermassen, die hier bis vor 1500 Jahren Hirse, Datteln und Gemüse gedeihen ließen, genug, um Zehntausende Sabäer zu ernähren und die vom langen Weg über die Weihrauchstraße ausgezehrten Karawanen mit Proviant zu versorgen. Kein Hinweis auf die riesigen Reichtümer, die der Handel mit Duftharzen dem hoch entwickelten Wüstenvolk einbrachte, kein Zeugnis von dem Stolz, mit dem die altarabischen Herren ihr Luxusgut an die Tempel- und Kirchgänger im Römischen Reich verkauften. Nur Steine, Sand und ein paar vertrocknete Dornbüsche, bis hin zu den braunen Kalksteinbergen am Horizont.

»1000 Rial!«, ruft der Junge und winkt noch einmal. Verführerisch und klug soll die Königin von Saba gewesen sein und vor allem unermesslich reich. Ihr prächtiger Palast inmitten der Oase war geschmückt von »zwei Gärten zur Rechten und zur Linken«, spricht

Allah im Koran. Sabas Kamele schleppten Unmengen Gold, Edelsteine und Gewürze, als sie ins Königreich Israel reiste, um sich selbst von der sagenhaften Weisheit des Herrschers in Jerusalem, des Sohns Davids, zu überzeugen. »Es kam nie mehr so viel Spezerei ins Land, wie die Königin von Saba dem König Salomo gab«, heißt es in der Bibel.

»*Queen of Sheba!*«, ruft der Junge. »500 Rial!«

Der Botschafter hat bereits den mit Kieselsteinen befestigten Pfad zu einer kleinen Anhöhe erklommen, von der sich ein guter Blick auf die mächtigen Steinmauern bietet, welche einst die Fluten aus den Bergen beruhigten und gezähmt über weitverzweigte Kanäle auf die Felder schleusten. Von dem imposanten Damm dagegen ist kaum noch etwas zu sehen.

Honoratioren im Anzug, Stammesleute in weißer Tracht und Archäologen mit sonnengegerbten Gesichtern umringen den deutschen Diplomaten. Zwei jemenitische Journalisten strecken ihm ihre Aufnahmegeräte entgegen, ein dritter trägt eine Kamera auf der Schulter, Susanne schreibt in ihren Block. Pressekonferenz am Rand der Wüste. Der Botschafter lobt die Arbeit der deutschen Altertumsforscher, er beschwört die Bedeutung der Antike für den Tourismus und beklagt die Welle der Entführungen in den vergangenen acht Wochen. Erst zwei Schweizer, dann zwei Österreicher, und als die Chrobogs gerade auf dem Heimweg waren, noch fünf Italiener. Bis auf die Deutschen wurden sie alle in Marib gekidnappt.

Grund genug, die staubige Stadt von nun an zu meiden – dachten wir. Dreimal waren wir ja auch schon hier, haben mit Besuch aus Deutschland die Ausgrabungen besichtigt und sind weiter durch die Wüste gefahren, zu den Lehmhochhäusern in Schibam und den Wohnpalästen in Tarim. Warum das Schicksal herausfordern? Aber im Konvoi des Botschafters erscheint uns das Risiko minimal. Was soll uns in Begleitung der zu seinem Schutz abgestellten Soldaten sowie der üblichen Sicherheitskräfte auf Pick-ups mit fest montierten Maschinengewehren schon passieren?

Ein Archäologe berichtet von der Entdeckung neuer in den Fels gehauener Fundamente, vielleicht aus spätsabäischer Zeit. Der Botschafter mahnt, dass die Stammesleute die Steine mit den altarabischen Inschriften nicht weiter für ihren Hausbau abtragen dürften. Die Sonne steht so steil, dass die 15 Meter hoch gemauerten Steinquader kaum Schatten werfen. Mit trockenem Mund betrachte ich die mehrere Meter dicke Mauer des Auffangbeckens und sehne die Wassermassen herbei, die tosenden Wellen, die mir den staubigen Schweiß von der Haut spülen würden. Doch die Kanäle, von den Sabäern mühsam in die trockene Erde gegraben, bleiben heute auch während der Regenzeiten leer. Im sechsten Jahrhundert nach Christus hielt der Damm den Fluten nicht mehr stand. Gottes gerechte Strafe für die gierigen und hochmütigen Sabäer, heißt es im Koran: »Sie kehrten sich ab; da sandten wir gegen sie eine reißende Flut.« In den beiden prächtigen Gärten wuchsen fortan nur noch »bittere Frucht und Tamarisken und wenige Lotosbäume«.

Der schwache heiße Wind trägt das dumpfe Tuckern eines Dieselmotors heran. Da hinten – eine grüne Insel! Das ferne Geräusch muss von den zwei reich bewachsenen Feldern kommen, umsäumt von einem schmalen Streifen üppiger Palmen. Eine kleine Oase, die von einer monoton klackernden Pumpe genährt wird – so funktioniert jetzt die Bewässerung. Solange der Brunnen noch Wasser liefert.

In das Tuckern der Dieselpumpe mischt sich Gesang. Vor den Überresten der antiken Wasserwirtschaftsbauten stehen ein Dutzend Männer in weißen und olivgrünen Kleidern in einer langen Reihe, sie tragen goldene Krummdolche vor dem Bauch und Kalaschnikows über den Schultern. Die Stammeskrieger halten sich an den Händen und wippen auf ihren Sandalen im Sand. Ihr Chor, erst leise, wird immer lauter. Ein jemenitischer Kameramann hat sein Stativ auf dem Geröllboden aufgebaut. »Wir drehen einen Spot fürs Fernsehen«, sagt er, als ich ihn fragend ansehe. »Werbung für Marib.«

»*Welcome to Marib!*« Ein junger Mann wendet sich uns zu, während der Botschafter wieder in die Mikrofone der jemenitischen Reporter spricht. »*Are you from Germany?*« Ich nicke. »*My name is Said.* Ich bin vom Stamm der Abida. *Said* heißt glücklich«, lacht er. Said hat pechschwarzes Haar und ein rundes Gesicht, statt Krummdolch und Kalaschnikow trägt er Jeans, in der Brusttasche seines grauen Pullovers steckt ein Kugelschreiber. »Soll ich euch meine Stadt zeigen?« Susanne hebt abwehrend die Hände. »Ich glaube, wir dürfen den Konvoi nicht verlassen.« – »Hier wurden so viele Ausländer entführt«, pflichte ich ihr bei. »Gleich fahren wir weiter zu den Ruinen von Alt-Marib.«

Said seufzt. »Ich weiß, die Sicherheitsvorkehrungen. Aber wenn ihr wollt, komme ich mit. In meiner Begleitung seid ihr ohnehin am sichersten. Die Leute kennen mich. Niemand würde es wagen, Ausländer in Begleitung eines Mannes vom Stamm der Abida auf dessen Territorium zu entführen.«

Als der Botschafter das Zeichen zum Aufbruch gibt, steigt Said mit uns in den Wagen. Auf dem Weg zu den Ruinen erzählt er uns, dass er 26 Jahre alt ist und Informatik studiert hat. Und dass er gerade von einem deutschen Archäologen zum Fremdenführer ausgebildet wird. »Sie erklären uns die Geschichte unserer Stadt. Ich hatte vorher keine Ahnung von der alten Bewässerungstechnik.« Deutsche Entwicklungshelfer hätten sich mit ihrer Idee an den Gouverneur gewandt, und der habe ihn als einen von zwölf jungen Männern ausgewählt, fährt Said fort. Der Gouverneur kennt seinen Vater, den Polizeichef der Stadt. Jeweils drei Stammessöhne wurden zu der Ausbildung ins Klassenzimmer geladen, drei von jedem der

Clans aus dem Gebiet der archäologischen Stätten. »Zwei der Stämme lagen im Clinch«, sagt Said. »Einige in unserem Kurs konnten erst miteinander reden, nachdem sie diese Geste voreinander gemacht hatten.« Er fährt sich mit den Fingern der rechten Hand von links nach rechts über die Stirn. »*Ana athetak wadschhi*«, sagt er, »*I give you my face*. Mit diesen Worten schließen wir in den Stämmen einen Waffenstillstand. So konnten wir uns friedlich zusammen an einen Tisch setzen und gemeinsam lernen.«

Als der Konvoi hinter einem großen Dornbusch abbiegt, tauchen auf einem Hügel die von den Ägyptern im Bürgerkrieg zerbombten Lehmhäuser von Alt-Marib auf. Genau an dieser Stelle müssen vor sechs Wochen die beiden Österreicher entführt worden sein.

Said zeigt auf die Anhöhe, auf der die lehmbraunen Ruinen stehen. »Tief unter der Erde gibt es eine Stadtmauer, die ist fast fünf Kilometer lang«, sagt er stolz. »Das haben die Deutschen mithilfe der Magnetfelder vermessen. Hoffentlich können sie bald anfangen zu graben. Und hoffentlich finden sie dann den prächtigen Palast unserer Königin von Saba.« Die Untersuchungen zeigen eine dichte Bebauung, hohe Wohnhäuser, Tempel, Lagerplätze für die Karawanen. Die größte und vielleicht auch am längsten besiedelte antike Stadtanlage Südarabiens, begraben unter einer zwölf Meter hohen Schicht aus Schutt und Erde. Doch die Scheichs vom Stamm der Aschraff, die das Gebiet von Alt-Marib zu ihrem Territorium zählen, seien gegen die Grabungen, sagt Said. Solange sie nicht die Sicherheit der Archäologen garantieren, kann nicht mit der Arbeit begonnen werden. Die Stammesleute wollen mitverdienen, wenn die Steine ausgebuddelt werden. 60 Wächter aus ihrem Clan sollen die Deutschen einstellen – auf Lebenszeit. Dann erst kann es losgehen.

Vor dem Ruinenhügel, unter dem die sabäische Stadt verschüttet liegt, steigt ein kräftiger kleiner Mann aus einem polierten Geländewagen im Botschaftertross. »Beduinen!«, ruft er. »Alles Beduinen!«, während er dem Botschafter, den Archäologen und den Journalisten hinterherläuft. Er zieht seine beige Baumwollweste über den Bauch und rückt sich den schwarzen Stoffhut zurecht. »Sie haben keinen Bezug zur Vergangenheit. Die Geschichte von Saba bedeutet ihnen nichts. Sie sind erst seit ein paar Jahren hier sesshaft.« Der Archäologieprofessor nimmt seine dicke Kunststoffbrille in die Hand und fährt sich über das weiche Gesicht. »Die Beduinen haben nichts gegen die Regierung. Sie brauchen sie aber auch nicht. Sie wollen keine Entwicklung. Sie wollen frei sein.«

Jussuf Abdallah hat in Tübingen studiert. Als Chef der Antikenbehörde in Sanaa musste er viele Jahre lang gegen den eisernen Willen der Beduinen ankämpfen. Jetzt berät er den Präsidenten in Fragen der Archäologie. »Wir graben um den heißen Brei herum. Hier ein Tempel, dort ein Damm. Aber die Metropolis, die Hauptstadt, die Paläste – alles noch unberührt! Wir müssen uns mit den Stämmen einigen«, seufzt Abdallah.

»Hier stand bis vor ein paar Jahren noch ein alter Gouverneurspalast, errichtet aus antiken sabäischen Steinen.« Der stämmige Mann wischt sich den Schweiß von der Stirn und zeigt auf ein Geröllfeld. »Weg. Alles abgeräumt. Die Scheichs haben sich mit den kunstvoll behauenen Steinen neue Häuser gebaut. ›Das waren doch bloß Ruinen‹, sagen sie uns dann. Und: ›Das ist doch unser Land.‹«

»Kann man die Ruinen nicht bewachen lassen?«

»Bewachen?« Abdallah lacht laut auf. »Was ist schon eine Wache? Hier in den Stämmen sind alle bewaffnet. Das Militär kann doch nicht auf die Menschen schießen.«

Said hat keine Waffe. Während wir durch die verlassenen Ruinen stapfen, begleitet nur von ein paar Kindern, die ihre aus Speiseölkanistern gebastelten Spielzeugautos vor sich herschieben, erzählt der Sohn aus dem Stamm der Abida von seinen Zukunftsplänen. Dass er gern Touristen durch eines der sieben Stadttore tief unter der Erde führen würde, zu den großzügigen Palästen, durch die schmalen Gassen, Handwerkerviertel und Heiligtümer seiner Vorfahren. Und wie er den Fremden erzählen würde, wie tapfer sich das sabäische Heer gegen die beiden römischen Legionen verteidigte, die Kaiser Augustus geschickt hatte, damit sie das Karawanenreich mit dem Weihrauchmonopol unter ihre Kontrolle bringen. Ohne Wasser und geplagt von fremden Krankheiten, mussten die Römer nach sechs Tagen die Belagerung von Marib aufgeben.

»Und irgendwann könnte ich vielleicht ein Hotel bauen«, träumt Said weiter. Dann würden noch mehr Ausländer kommen, und schließlich würde das trostlose Marib, die Stadt der Armut, der Arbeitslosigkeit und der Zwistigkeiten um Land, Wasser und Einfluss, vielleicht wieder zu jenem Paradies mit den beiden Gärten, als das es im Koran beschrieben ist.

»Aber seit ein paar Wochen kommen fast überhaupt keine Touristen mehr«, klagt Said. »Die Entführungen haben uns das Geschäft ruiniert. Wir haben alles über die Archäologie gelernt, die Bewässerungswirtschaft, das Leben der Sabäer. Wir haben gelernt, warum die Urlauber manchmal in kurzen Hosen und die Urlauberinnen in engen T-Shirts hier herumlaufen, wie sie über unsere Frauen denken und was sie an den alten Steinen fasziniert. Wir haben Frieden unter uns Fremdenführern geschlossen sogar eine gemeinsame Organisation gegründet: die ›Söhne Maribs‹. Und nun sind wir wieder arbeitslos.«

»Hatte dein Stamm auch mit einer der Entführungen zu tun?«

Said blickt zu Boden. »Zwei von unseren Leuten haben die beiden Schweizer gekidnappt.« Mit seinem Turnschuh kickt er eine Tonscherbe über die trockene Erde. »Aber *inschallah,* das wird nicht wieder passieren.«

Über dem Tor zu dem einstöckigen Gebäude, wo ich Said das nächste Mal treffe, hängt eine Neonleuchte mit dem Schriftzug »Gulf Nights«, auf Englisch und Arabisch. Es ist ein klarer warmer Mittwochnachmittag in Sanaa, drei Monate nach unserem Besuch in Marib. Vor zwei Stunden hat das Handy geklingelt: »Ich bin in deiner Stadt. Wollen wir uns zum *qat*-Kauen treffen?«

Unser *mafradsch* ist besetzt, weil sich Susanne dort mit Ferial zum Tee verabredet hat – einer Deutschstudentin, die diesen Sommer mit einem Stipendium zum Sprachkurs nach Mainz geht. »Ich weiß einen Ort«, sagte Said. »Dort ist es ruhig, man kann sich schön unterhalten und eine Shisha rauchen.« Auch der Fahrer des *dababs* kannte das Gulf Nights auf Anhieb. Die Hadda-Straße raus, über die Kreuzung, die nach dem dortigen BMW-Händler Roweischan benannt ist, und beim Supermarkt Schumeila Hari aussteigen.

Said wartet schon vor der gut zwei Meter hohen Betonmauer, die das Gulf Nights von der Straße trennt. Er trägt ein feines dunkles Hemd und Jeans. »Willkommen«, sage ich und schüttele ihm die Hand. »Willkommen in Sanaa!«

Wir treten durch den Torbogen mit der Neonaufschrift in einen Innenhof, dessen brauner Rasen gerade gewässert wird. Von einem dunklen Flur gehen auf beiden Seiten jeweils drei Türen ab. Ein Mann in Kellneruniform öffnet uns die Tür mit der Nummer drei.

Der Raum ist fast so groß wie unser *mafradsch* und auf allen Seiten mit drei übereinandergestapelten Matratzen ausgelegt, die beinahe Stuhlhöhe erreichen. Mit dem gleichen beige-rot gemusterten Stoff sind auch der Tisch und die kleinen Hocker bezogen, auf denen der Kellner gerade zwei eisgekühlte Flaschen Wasser abstellt. Vor neugierigen Blicken aus dem Hof schützt das Milchglas in den Fenstern, eine grelle Neonlampe spendet Licht.

»Normalerweise werden diese Räume von ganzen Familien gemietet«, sagt Said, während er einen *qat*-Zweig aus der Plastikfolie zieht. »Oder von Verlobten, die sich mal ohne ihre Eltern treffen wollen. Hier können sie sich ungestört unterhalten.«

Der Kellner klopft an der Tür. Wortlos stellt er zwei Shishas auf den Teppichboden, verteilt den syrischen Apfeltabak auf der glühenden Kohle, steckt die Enden der beiden Schläuche gleichzeitig in den Mund und zieht so lange tief Luft ein, bis sich die gläsernen Wasserbehälter mit weißem Qualm gefüllt haben. Dann überreicht er uns je einen Schlauch und schließt die Tür hinter sich. Said beginnt von seinem neuen Leben zu erzählen. Er ist beruflich in Sanaa, für eine Besprechung mit seinem neuen Chef.

»Ich arbeite jetzt für eine amerikanische Ölfirma«, sagt Said.

»Und dein Traum vom eigenen Hotel in Marib?«

»Was soll ich machen? Von ein paar Führungen für 3000 Rial kann ich nicht lange leben. Öl – das ist doch das Einzige, was wir haben in der Wüste.«

Said berichtet von seinen langen Tagen im Camp der Ölarbeiter bei Schabwa, den Kollegen aus Amerika, den Nächten in Sanaa. »Ich wohne im Sheraton«, sagt er und spricht den Namen des Hotels mit den fünf Sternen so langsam und betont aus, als ließe er sich das Wort auf der Zunge zergehen. »Gestern Abend war ich mit meinem Chef an der Hotelbar. Er ist Amerikaner. Er hat einen Drink bestellt«, sagt Said und bringt das Wasser seiner Shisha mit einem tiefen Atemzug zum Blubbern. »Danach konnte er trotzdem noch ganz normal mit mir reden. Ein Jemenit, der keinen Alkohol gewöhnt ist, wüsste nach einem Gin Tonic gar nicht mehr, wem er gegenübersitzt.«

Said blieb nüchtern. Er beobachtete die Frauen mit offenem Haar und kurzen Röcken, während sie mit den Geschäftsleuten tanzten und sich von ihnen die Getränke zahlen ließen. »Ich bin ziemlich sicher, dass das Jemenitinnen waren.«

»Jemenitinnen?« Ich muss husten. Der Tabak ist stark, er steigt viel schneller in den Kopf als *qat*. Der Qualm und die Sonne, die auf die geschlossenen Fenster brennt, machen die Luft heiß und stickig. Meine Wasserflasche ist schon leer.

»Warum nicht?«, meint Said. »Solange ihre Familien Bescheid wissen. Aber ich bin sicher, dass sie nichts ahnen. Wie sollten ihre Töchter sonst noch einen Mann finden?« Für ihn selbst kämen diese Jemenitinnen nicht als Ehefrauen infrage. »Eine von ihnen fand ich sehr hübsch, ich hätte sie gerne angesprochen. Aber eine Frau, die jeden Abend mit fremden Männern tanzt? Niemals.«

In seinem nächsten Urlaub will Said wieder Touristen durch die Tempel der Sabäer führen. »Wir können auf Dauer nicht nur vom Öl leben«, sagt er. »Gott allein weiß, wie lange die Vorräte noch reichen.« Vielleicht wird es ja doch noch irgendwann etwas mit dem Hotel, den beiden Gärten und dem Paradies in Marib. »Touristen sind immer willkommen bei uns«, gelobt Said. »Neulich gab es am Tempel eine heftige Schießerei zwischen den Stämmen. Als Ausländer kamen, um sich die Ruinen anzuschauen, vereinbarten die Clans eine kurze Waffenruhe. Bis die Führung vorüber war.«

Schatzinsel

Um halb drei in der Nacht klingelt der Wecker. Eine halbe Stunde später stehen wir bepackt mit Rucksäcken, Flossen und Schnorchel im schwachen Schein der Straßenlaterne in der Gasse zur Saila. Das Taxi zum Flughafen ist noch nicht in Sicht. Es ist Anfang Februar und eiskalt. Kein Mensch ist um diese Zeit in der Altstadt unterwegs, selbst die Hunde haben ihre allnächtlichen Kämpfe eingestellt. Unsere müden Körper frieren, der verschlafene Kopf sucht schwerfällig nach einer Lösung für den Fall, dass der Taxifahrer den Auftrag vergessen haben sollte.

»*Sabah al-cheir!*« Der laute Morgengruß reißt mich aus den Gedanken, die Männerstimme kommt mir bekannt vor. Von hinten nähert sich unser *aqil* in seiner Tarnjacke über dem Kleid: »Reist ihr jetzt ab, geht ihr zurück nach Deutschland?«, fragt er Klaus. – »Nein, wir bleiben im Jemen, wir fliegen für eine Woche auf die Insel Soqotra.«

Am Flughafen wird mein Rucksack zweimal durchleuchtet, der Kontrolleur hat auf dem Bildschirm einen verdächtigen Gegenstand entdeckt. Erst als ich den riesigen geschmiedeten Schlüssel für unser Hoftor hervorkrame, dürfen wir weiter.

Das Flugzeug ist bis auf den letzten Platz gefüllt, von Jemeniten und höchstens 20 ausländischen Touristen. »*Good morning, my friends!*« Noch eine bekannte Stimme. Ich drehe mich um: Amin Dirhem, unser Retter in Visanot, sitzt ein paar Reihen hinter uns. Als ein Mann darauf besteht, dass alle weiblichen Mitglieder seiner Familie mit ihm in einer Reihe sitzen, platziert uns die Stewardess um. Beim Zwischenstopp in Mukalla an der Südküste steigt die Großfamilie aus, Frauen steigen zu, ihre nackten Füße stecken in

Badeschlappen und sind wie ihre Hände über und über mit Henna bemalt. Unter den schwarzen *abajas* zipfeln grellbunte Kleider hervor.

Ab Mukalla ist unter uns nur noch tiefschwarzer Ozean zu sehen. Haie soll es hier geben, auch Piraten und vor allem im Sommer tosende Stürme. Wie ein abgebrochener Splitter vom Horn vom Afrika liegt Soqotra im Meer, näher an Somalia als am Jemen.

Vor zehn Jahren hätten wir die 350 Kilometer vermutlich noch mit dem Schiff zurücklegen müssen wie einst Marco Polo. Regelmäßige Flugverbindungen gibt es noch nicht lange, und erst vor wenigen Wochen wurden die erhöhten Ausländerpreise für die Tickets auf ein erschwingliches Niveau gesenkt. Sanft setzt die Boeing 738 auf der kurzen Landebahn von Hadibu auf, der Hauptstadt der 60 000 Insulaner. Noch bevor sich die Kabinentüren öffnen, stürmen Männer in karierten Wickelröcken auf das Rollfeld und wuchten Säcke mit Mehl und Reis, Kisten voller Bananen und Kartoffeln und einen Fernseher aus dem Flugzeugbauch.

Auf der Gangway schlägt mir heißer Wind ins Gesicht, die Luft schmeckt salzig, nach Urlaub. Arabische, englische und italienische Satzfetzen dringen mit dem Wind in meine Ohren, dazwischen Laute, die ich noch nie gehört habe. Das muss Soqotri sein.

Im einzigen Laden des Flughafens kaufen wir uns eine Broschüre mit Abbildungen von Tieren und Pflanzen der Insel. »Soqotra ist ein Juwel, nicht nur des Jemen, sondern ganz Arabiens. Zu Recht wird Soqotra auch ›Galápagos des Indischen Ozeans‹ genannt. Es gibt einmalige botanische und zoologische Schätze sowie eine einzigartige Kultur der Inselbewohner«, lese ich vor, während wir auf unseren Rucksäcken sitzen und auf den Mann warten, der uns als bester aller Fahrer und Führer empfohlen wurde.

»*Susanna and Claus?*« Ein berockter Mann steht vor uns und strahlt uns an. »Ich bin Mohammed al-Amir, herzlich willkommen auf Soqotra.« Mohammed setzt sich zu uns und zieht einen Kugelschreiber aus der Brusttasche seines grün-orange karierten Hemds. Auf ein Stück Papier zeichnet er die Umrisse der Insel. Sie sieht aus wie ein Mund mit dicken Lippen, nicht ganz symmetrisch geraten. Mohammed markiert unsere Route. »Berge und Drachenblutbäume«, sagt er und malt viele kleine Punkte in die Inselmitte, im Süden zeichnet er einen langen Strand ein, an der Spitze ganz im Osten, dem Mundwinkel, skizziert er Dünen, auf dem Weg dorthin Höhlen und ein Wadi. »Lagune«, erklärt er und tippt mit dem Kuli auf die Landzunge im Westen. Kleine Hotels und Lokale gibt es bloß in Hadibu, dort, wo wir hinwollen, bleibt uns nur das Zelt.

Alles, was Camper brauchen, bewahrt Mohammed in einem Schuppen unweit seines Hauses auf: rote Igluzelte, Gaskocher, Töpfe und Gaslampen. »Die Zelte haben wir von der UNO bekommen, damit wir den Touristen auch die entlegenen Ecken zeigen können«, erklärt Mohammed. Er packt unsere Ausrüstung für die nächsten sieben Tage in den Kofferraum seines weißen Landcruisers. »Matratzen leiht uns bestimmt meine Schwester«, sagt er.

Der Hof vor dem Haus der Schwester leuchtet in hellem Grün. Blumen blühen, an einem Strauch hängen reife Feigen, und ein großer Baum mit zarten Blättern spendet Schatten. Im Baum singen Vögel, aus der Küche dringen Tellerklappern und der Duft des Mittagessens. Mädchen tollen mit wehenden langen Haaren umher. Mohammed setzt sich auf eine Strohmatte unter dem Baum und macht es sich bequem, so wie wir das schon bei vielen Männern im Südjemen gesehen haben: Er nimmt sein Tuch vom Kopf, wickelt es zu einem schmalen Band, schlingt es um den Rücken und schnürt sich selbst ein, indem er es vor den angezogenen Knien verknotet. Ich fühle mich auch so wohl.

Fast ein Jahr leben wir mittlerweile in Sanaa. In zwei Wochen verfallen unsere Tickets für den Rückflug. Trotzdem haben wir uns entschieden, noch ein Vierteljahr zu bleiben. Es hat lange gedauert, bis wir uns die Fremde vertraut gemacht und Freunde gefunden haben, bis unser Arabisch endlich zur Verständigung taugte, bis aus unserem Haus ein Zuhause wurde. Das alles möchten wir noch nicht aufgeben! Drei weitere Monate wollen wir uns Zeit nehmen für Menschen, Orte und Geschichten, von denen es noch so viele zu entdecken gibt. Zum Beispiel auf Soqotra.

»Früher habe ich als Fahrer die Läden der Insel mit Lebensmitteln beliefert«, erzählt Mohammed im Schatten des Baumes. »Als vor zehn Jahren ein Flugzeug voller Wissenschaftler auf Soqotra landete, waren das die ersten Ausländer, die ich je gesehen habe.« Er zeigte ihnen Pflanzen und Tiere, Höhlen und Wadis und übersetzte von Soqotri ins Arabische, jene Fremdsprache, die er in der Schule gelernt hatte. Einer der ausländischen Forscher, ein Sprachwissenschaftler, nahm ihn als Lehrer für Soqotri mit nach Aden. »So bin ich zum ersten Mal aufs Festland gekommen«, erinnert sich Mohammed.

Heute, mit 33 Jahren, fährt er statt Reis und Zucker Touristen über die Insel, Vogelkundler und Naturbegeisterte, mit denen er sein Englisch übt. Mohammed holt zwei geblümte Schaumstoffmatten aus dem Schlafzimmer seiner Schwester. »Wir bringen sie in einer Woche wieder«, ruft er in die Küche.

Wenige Meter hinter dem Haus der Schwester mündet die Sandpiste zwischen den niedrigen Steinhäuschen in eine vierspurige Asphaltstraße, doch statt Autos sind nur Ziegen unterwegs. Mohammed gibt Gas, bis die Schnellstraße nach wenigen Kilometern wieder zur Piste wird. Wir holpern vorbei an Palmenhainen, am Horizont glitzert das Meer. Richtung Süden erheben sich kahle Berge aus einem Panorama niedrigen Gestrüpps. Immer wenn der Wagen über ein Schlagloch rumpelt, setzt die Musik aus dem Kassettendeck für ein paar Sekunden aus. Durch die offenen Fenster wirbelt der Staub und bleibt an der nass geschwitzten Haut kleben.

Abrupt bremst Mohammed. »Seht ihr den Fischschwarm?«, fragt er und zeigt aufs Meer. Ich sehe nur türkis leuchtendes glasklares Wasser, das einlädt, sofort hineinzuspringen. »Dort hinten!«, sagt Mohammed, steigt aus und läuft zur Klippe. In seinem braun und beige gemusterten Rock, dem karierten Hemd, Sandalen mit Plateausohlen und einem kurz geschnittenen dunkelbraunen Vollbart steht er auf dem Fels und wirft Steine ins Meer, flach und weit. »Seht ihr sie jetzt?« Die Fische folgen Mohammeds Steinen und ziehen in Richtung Ufer, bis sie zu Hunderten vor der Klippe im Wasser stehen.

Mohammed setzt sich auf den Fels und lässt die Plateausohlen baumeln. »Früher waren wir isoliert von der Welt.« Mohammed lacht, dann blickt er nachdenklich aufs Wasser, seine Hände spielen mit einem Kiesel. »Damals haben sich die Leute hier gewünscht, Gott möge sie vor dem bewahren, was hinter dem Meer ist. Als lebten wir allein auf dieser Welt, und der Rest wäre nur Wasser.« Unvermittelt springt Mohammed auf und läuft zum Wagen zurück. »Jetzt zeige ich euch Dihamri«, sagt er und lässt den Motor an. »Dort übernachtet ihr direkt am Meer.«

Zwei rote Felsen ragen aus dem Ozean, am Strand knirschen vom Wasser geschliffene Korallen, Muscheln und rote Kiesel unter den Schuhen. »Das ist der beste Platz, um Fische zu beobachten.« Mohammed zeigt mit ausgestrecktem Arm auf die Wellen vor einer kleinen Landzunge. Am Strand schützen mit Gräsern gedeckte Unterstände vor der Sonne. »Diesen Zeltplatz haben die Dorfbewohner zusammen mit den UN-Leuten gebaut«, sagt er. An einer der Hütten baumelt der mit spitzen Zähnen bestückte Kiefer eines Raubfisches. Er ist so groß, dass er meinen Kopf mühelos hätte verschlingen können. Wir bauen das rote Zelt auf. Von einem Flachbau aus rohem Beton kommt ein alter Mann barfuß auf uns zugeschlurft. Mohammed beugt sich zu ihm hinunter und reibt zur Begrüßung seine Nase an der des Alten. Omar betreibt im Auftrag seines Dorfes das Camp. Die Rechnung für unsere Übernachtung muss ihm Mohammed ausstellen – Omar kann nicht schreiben, für Soqotri, seine einzige Sprache, gibt es keine Schrift. »1000 Rial bitte, das Geld ist für die Gemeinde«, übersetzt Mohammed.

Auch das haben die Entwicklungshelfer – neben den Zelten – auf die Insel gebracht: ein Konzept für umweltverträglichen, sanften Tourismus, von dem nicht ein paar Hotelbetreiber und Investoren vom Festland profitieren, sondern die Fischer und ihre Familien, die hier seit Generationen leben.

»Außerdem will er wissen, ob ihr Hunger habt«, fährt Mohammed fort. Omar schlurft hinaus auf die Landzunge und wirft eine Nylonschnur ins Wasser. Eine Stunde später steht er immer noch da. Doch rechtzeitig bevor es dunkel wird, bringt er einen großen gegrillten Fisch, einen Topf Gemüse und heiße Fladen zu unserem Zelt. Er zeigt auf den Vogel mit struppigem ockerfarbenen Gefieder und schwarzem Hakenschnabel, der den Korallenstrand groß und stolz wie ein Hahn auf- und abschreitet. Kaum ist Omar gegangen, bekundet der Vogel Interesse an unserem Fisch. Schließlich teilen wir: der Kopf für den Vogel, das weiße Fleisch für uns.

Am nächsten Morgen ist der Schmutzgeier schon vor uns wach, wartet aber höflich, bis wir satt sind, bevor er sich über die Reste des Frühstücks hermacht. Klaus geht schnorcheln, schwärmt von einem Korallenriff mit Fischen in allen Regenbogenfarben. Ich bleibe am Strand, weil ich mich mit Omar und Mohammed als Zuschauer nicht halb nackt ins Wasser traue.

Als das Zelt abgebaut ist und wir weiter entlang der Nordküste nach Osten fahren, schweigt Mohammed. Der Blick aus dem Fenster macht auch uns sprachlos: links das türkise Meer, rechts ein Märchenwald aus Wüstenrosen. Auf Stämmen grau und prall wie geschwollene Elefantenbeine wachsen zarte Äste mit feinen zartroten Blüten. *Adenium obesum sokotranum* steht in unserem Büchlein unter einer Zeichnung dieser Pflanze und: hochgiftig. An einem anderen Busch, der ebenfalls Wasser im Stamm speichert, hält Mohammed, pflückt eines der fleischigen Blätter und träufelt den milchigen Saft auf Klaus' Finger, den er sich beim Schnorcheln an einer Koralle aufgeschnitten hat. Am nächsten Tag ist die Wunde verheilt.

Mohammed kennt nicht nur die Pflanzen, sondern auch die Menschen, denen wir unterwegs begegnen. Die Männer begrüßt er mit einem Nasenreiben, eine alte Frau, die zur Größe eines Kindes geschrumpft ist, nehmen wir ein Stück mit. Die niedrigen Steinhäuser der kleinen Fischerdörfer heben sich kaum vom steinigen Untergrund ab.

In einem der Weiler werden wir zum Tee eingeladen. Mohammed und Klaus setzen sich zu den Männern vors Haus, mich schicken sie in den Hof. Dort hocken in geblümten Hängekleidern 13 Frauen barfuß im Kreis. Einige haben sich die Gesichter gelb bemalt und die Lippen grellrot geschminkt, ihre mit Henna und Gold geschmückten Hände suchen die Schöpfe der Kinder nach Läusen ab. Die Frauen mustern mich, während sie auf Soqotri tuscheln. »Warum hast du nicht so schöne Kleider wie wir?«, fragt schließlich eine, die Arabisch kann.

Je weiter wir nach Osten kommen, desto bizarrer wird die Landschaft. Seit Stunden ist uns kein Mensch mehr begegnet, den ganzen Tag haben wir noch kein Auto gesehen. Wir fahren durch ein einsames Wunderland. Während das Meer zur Linken rauer wird, rücken die Berge zur Rechten ganz nah heran. An den schwarzen Fels schmiegen sich riesige Dünen aus feinem weißen Sand, der am Fuß des Berges dicht mit leuchtend grünem Gras bewachsen ist. Durch den Rasen plätschert ein klarer Bach, gesäumt von Steinen und duftenden lila Blümchen. Der Bach fließt über einen breiten Strand, den Krebse mit ihren Sandpyramiden dekoriert haben, ins Meer. Wiesengrün und Wellentürkis, Bachgeplätscher und Meeresrauschen.

»Wollt ihr hier bleiben?«, fragt Mohammed. Barfuß wandere ich durch das feine Gras über den weichen Boden, der bei jedem Schritt sanft nachgibt. Gras! Grün! Wie habe ich dieses Gefühl im letzten Jahr vermisst. In Sanaa gibt es, wenn überhaupt, nur harten braunen Rasen, der mühsam mit verschwenderischer Bewässerung am Leben erhalten wird. Und erst der Bach! Außer der braunen Brühe, die zur Regenzeit durch die Saila zieht, habe ich keinen Fluss mehr gesehen, auf der ganzen Arabischen Halbinsel gibt es keinen einzigen. Kühl streicht das Wasser über meine Füße, und der Gedanke an Bäche und Weiden weckt zum ersten Mal doch ein bisschen Vorfreude auf die Rückkehr nach Deutschland in drei Monaten.

Wir sammeln Treibholz fürs Lagerfeuer, unterdessen macht sich Mohammed auf die Suche nach einem Fischer, fürs Abendessen. Kurz darauf kommt er zurück, in der Hand einen prall gefüllten Plastikbeutel. Neun Fischchen gleiten aufs Gras: schwarze mit türkisen Punkten, regenbogenfarbene, silbrig glänzende.

Während Mohammed aus Steinen einen Grill baut und Scheite aufschichtet, erzählt er, wie er als Kind in seinem Bergdorf winters in einer Höhle wohnte, wie die Familie von Datteln, Honig und Ziegen lebte und wie er in der Schule Marx lesen musste – weil Soqotra damals zum sozialistischen Südjemen gehörte. Inzwischen verdient er als Fahrer gerade genug, um seine Frau, fünf Söhne und Töchter, die Mutter und eine geschiedene Schwester samt Kind ernähren zu können. Ohne den Tourismus wäre er wahrscheinlich wie viele andere Soqotris als Gastarbeiter in den Oman gegangen. »Ich finde das Leben jetzt besser, wir sind nicht mehr abgeschnitten von der

Welt und lernen Menschen aus fremden Ländern kennen. Aber natürlich macht uns die neue Zeit Angst, sehr sogar. Die Urlauber könnten die Menschen auf falsche Gedanken bringen, ihnen schlechte Vorbilder sein.« Knapp tausend ausländische Touristen besuchten im vergangenen Jahr Soqotra. Nicht viel für eine Insel, die viermal so groß ist wie Rügen, aber vermutlich mehr als im ganzen 20. Jahrhundert.

Das Lagerfeuer wirft flackerndes Licht auf Mohammeds hageres Gesicht mit den in tiefen Höhlen sitzenden dunklen Augen. Er spricht ruhig und überlegt und ist mir nach eineinhalb Tagen schon so vertraut, als hätten wir Wochen miteinander verbracht. »Gesegneten Schlaf, bis morgen«, ruft er und läuft zu Fuß durch die stockfinstere Nacht in ein Dorf, wo er bei Freunden übernachten will. Wir bleiben zurück zwischen plätscherndem Bach, rauschendem Meer und scharrenden Krebsen in einem roten Zelt auf weichem Gras.

»Kain und Abel zankten sich um eine Frau, sie stritten sich heftig, gingen mit Eisenstangen aufeinander los, und Kain erschlug Abel. Aus dem Blut wuchs ein wundersamer Baum.« Mohammed steuert seinen Wagen eine steinige Piste bergauf. »Wir nennen den Baum deshalb ›Blut der beiden Brüder‹«, sagt er und lacht sein tiefes, ansteckendes Lachen. »Das Paradies muss also auf Soqotra gewesen sein, denn diesen Baum gibt es nirgendwo sonst auf der Welt.« Wir erreichen ein karges Plateau. Dutzende knorrige Stämme wachsen aus dem trockenen Boden. In Kopfhöhe verzweigen sie sich zu einer pilzartigen Krone, deren Dach von grünen Blättern überzogen ist, die wie Stacheln in den Himmel ragen. Mohammed kratzt mit dem Zeigefinger an der Rinde, und schon quillt eine Träne des blutroten Harzes aus dem Stamm.

»*Damm al-achawein!*« Drei spindeldürre Mädchen laufen uns entgegen, mit Döschen winkend, die wie Rasseln scheppern. »Pomade« steht darauf unter dem Bild einer bleichen Schönheit, die ihre langen schwarzen Haare kämmt. Die Pomade ist aufgebraucht, stattdessen sind die Döschen mit rotbraunen Bröckchen gefüllt, getrocknetem »Blut der beiden Brüder«. Im Mittelalter war dieses Harz in Europa als Medizin und Färbemittel heiß begehrt und kostbar wie Gold. Die Mädchen wollen für ein Döschen nur 500 Rial, kichernd laufen sie zurück zu ihren Müttern, die in leuchtenden Kleidern im Schatten einer Pilzkrone sitzen und Ziegen scheren.

Mohammed ist beunruhigt. »Die Kinder haben mir erzählt, dass sie ein Auto mit Touristen auf dem Weg ins Wadi gesehen haben.«

»Ja, und?«

»Dann wärt ihr nicht mehr allein unten im Tal!«

Mohammed balanciert den Landcruiser in Serpentinen einen steilen Pfad hinunter. Zwischen Weihrauchbäumen blinkt Wasser hindurch. Am Ende der Abfahrt im Schritttempo erwartet uns eine palmenbestandene Oase. Nichts deutet darauf hin, dass hier heute schon einmal Touristen gewesen sein sollen, dass überhaupt je ein Mensch seinen Fuß in dieses Tal setzte. Halb im Schatten, halb in der Sonne sammelt sich glasklares Wasser in einem Bett aus rund geschliffenen Kieseln, bevor es sich über eine Treppe aus Fels in ein tieferes Becken ergießt, auf dessen Grund sich winzige Fische tummeln. Hoch oben markiert eine Reihe Drachenblutbäume den Rand des Plateaus. »Gott hat uns durch die Schönheit der Insel zu etwas Besonderem gemacht«, kommentiert Mohammed die Szene.

Zu dritt holen wir das Zelt, die Matten, den Gaskocher und die letzten Lebensmittelvorräte aus dem Kofferraum. »Hier gibt es keine gefährlichen Tiere«, sagt Mohammed zum Abschied, als könnte er meine Gedanken an giftige Schlangen und hungrige Raubkatzen lesen, und lässt uns allein in unserem exklusiven Hotel.

Zum Abendessen – einem Festmahl aus Nudeln und Karotten mit kristallklarem Quellwasser – beginnen Vögel zu singen, außer dem lauernden Schmutzgeier ist keiner zu sehen. Vielstimmig und in nie gehörten Lauten geben sie ihr Konzert, ausdauernd lange, die Oase ist längst in pechschwarze Dunkelheit getaucht. Wir sind zu zweit allein auf dieser Welt.

Am nächsten Morgen hat der Schmutzgeier den ungenießbaren Inhalt unserer Mülltüte vor dem Zelt verteilt. Als ich Plastikflaschen und Alufolie von den Kieseln klaube, stehen plötzlich zwei behaarte Männerbeine vor mir. Ich blicke an einem Wickelrock und einem T-Shirt nach oben in ein freundliches Gesicht. Das Kinn weist auf das Zicklein, das – quicklebendig – über den Schultern liegt. »Wollt ihr ein Stück davon?«, fragt der Mann.

So einsam, wie wir uns in der Nacht wähnten, ist unsere Oase offenbar doch nicht. Als ich mir gerade die Haare wasche, taucht ein zweiter Mann aus dem Nichts auf. Unterm Arm trägt er einen schwarzen Kassettenrekorder. »Bist du Ingenieur?«, fragt er Klaus. »Mein Kassettenrekorder ist kaputt.«

Als Mohammed uns am Mittag abholt, wirkt er bedrückt. Zwei Reisegruppen aus Italien, die er in den nächsten Wochen über die Insel fahren sollte, haben abgesagt – wegen der Entführungen. »Aber warum kommen sie deshalb nicht nach Soqotra? Das ist eine Insel, hier kann man niemanden entführen. Und außerdem sind wir die friedlichsten Menschen der Welt!«

Wir nehmen den Mann mit dem defekten Kassettenrekorder mit hinaus aus dem Tal und weiter bis in den Hauptort Hadibu. Drei Flaschen Trinkwasser und zwei Bananen sind alles, was wir noch an Vorräten haben, und der Tank des Landcruisers ist auch beinahe leer. Benzin, Obst und Gemüse gibt es nur in Hadibu, 70 Kilometer Luftlinie vom östlichen und 90 Kilometer vom westlichen Kap entfernt. Zwischen den Betonbuden der Marktgasse liegt Müll, in den Auslagen schrumpeln Möhren und Gurken vor sich hin – die nächste der beiden wöchentlichen Lieferungen vom Festland kommt erst morgen. An der Tankstelle begrüßen uns zehn Kinder mit Handschlag, um ihre Nasen an Mohammeds zu reiben, recken sie sich auf Zehenspitzen zu ihm hoch.

Mit vollem Tank brettern wir über frisch planierte Pisten, gesäumt von lichten, niedrigen Wäldern. Plötzlich versperrt eine Staubwolke die Sicht, der Boden vibriert, ein Dröhnen übertönt das Motorengeräusch. Als wir näher kommen, sind gelbe Baumaschinen zu erkennen, ein Bagger steht am Straßenrand, eine rostige Walze verteilt dampfenden Teer auf dem rotbraunen Untergrund. Mohammed weicht über den Straßengraben aus, die Bauarbeiter grüßt er nicht. »Die kommen aus Sanaa, bauen Straßen, wo wir überhaupt keine brauchen. Da kennt der Bauunternehmer wohl jemanden in der Regierung!« Wir rollen weiter auf glattem Asphalt, ungewohnt ruhig, das einzige Auto weit und breit. »Eine der neuen Straßen soll an der Küste entlang rund um die Insel führen, auch an den Dünen vorbei, dort, wo der Bach so schön ins Meer fließt«, sagt Mohammed, bevor er wieder auf eine Piste Richtung Süden abbiegt. Präsident Saleh, dem selbst ein großes Anwesen auf Soqotra gehört, hat im Jahr 2000 rund drei Viertel der Insel per Dekret unter Naturschutz gestellt. Der Straßenbau scheint nicht unter das Gesetz zu fallen.

Nach drei Stunden Berg-und-Tal-Fahrt und einem Picknick im Eingang einer feucht-kühlen Tropfsteinhöhle erstreckt sich ein breiter weißer Strand vor uns, auf den sachte türkise Wellen schlagen. Der Sand brennt unter den nackten Fußsohlen, die Luft flimmert. Mohammed fragt immer wieder, ob wir hier wirklich bleiben wollen, ob der Ort schön genug sei oder ob er uns nicht besser an ein schattigeres Plätzchen bringen solle, dann kontrolliert er unseren Wasservorrat und fährt über die Dünen davon.

Das rote Zelt steht zwischen sandigen Hügeln und wirft einen kargen Streifen Schatten. Ich laufe ins laue Meer, das kaum kühler ist als die Luft. Dann lege ich mich in T-Shirt und kurzer Hose in den Sand, auf dem Kopf einen Turban aus einem nassen Handtuch – in der Hoffnung, so den Nachmittag ohne Sonnenstich zu überstehen.

Als ich aufwache, steht vor mir ein Fischer mit seinem Sohn. *»Keif al-hal?«*, fragt der Fischer und blickt mir wohlwollend ins Gesicht. »Ist alles in Ordnung?« Bevor ich seine ausgestreckte Hand greife, versuche ich noch, meine nackten Beine notdürftig mit einem Tuch zu bedecken. Vater und Sohn setzen sich im Schneidersitz zu mir, ihre Beine verschwinden unter den Wickelröcken. Der Mann erzählt, wo er fischt; was er fängt, versucht er mir mit Gesten zu beschreiben. »Kommen viele Touristen hierher?«, will ich wissen. »Ja, sehr viele mittlerweile«, sagt der Fischer. »Fünf oder sechs im Monat.«

Als wir am Abend vor dem Zelt liegen und in den soqotrischen Sternenhimmel schauen, taucht der Fischer plötzlich wieder auf. »Entschuldigung«, sagt er und stellt eine Aluschüssel vor uns in den Sand. Der Fisch ist noch warm.

Feindcode 57

Das jemenitische Paar am Nachbartisch winkt indigniert den Kellner heran. »Was ist das denn?«, poltert er, verwaschene Jeans, braune Lederjacke. Sie, blaues Kopftuch zur schwarzen *abaja*, präsentiert empört einen Teller mit portionsweise abgepackter Butter, »Lurpak« und *»product of Denmark«* steht darauf. »Das essen wir nicht!« Der äthiopische Kellner des neu eröffneten griechischen Bistros in der Hadda-Straße rechtfertigt sich kleinlaut: »Entschuldigen Sie vielmals, die Lieferung ist von vorher. Ich bringe Ihnen andere Butter.«

Vorher, das war, ehe die Karikaturen über den Propheten Mohammed in der dänischen Zeitung *Jyllands-Posten* die islamische Welt in Aufruhr versetzten. Bevor zwölf Zeichnungen, die den Religionsstifter mit Bombe im Turban zeigen, Massen auf die Straße trieben, bevor dänische Flaggen angezündet und skandinavische Botschaften gestürmt wurden.

Für unseren Alltag im Jemen hat der Karikaturenstreit ganz praktische Auswirkungen: keine Butter und kein frischer Käse mehr. In den Supermärkten der Stadt räumen die Angestellten ganze Regale mit dänischen Produkten leer, und sie bleiben auch leer, demonstrativ. An der Kühltheke des Al-Huda-Supermarktes auf der Subeiri-Straße tauschen die Verkäufer die Schilder an den Plastikboxen mit Salzlauge aus, so wird aus dänischem Feta Schafskäse aus Schweden. Nur auf dem Kassenzettel steht weiter *»danmarki«*, 2800 Rial das Kilo.

Boykottiert wird alles mit einer 57. Die beiden ersten Ziffern auf der Verpackung, in der Zeile unter dem Strichcode, stehen für das

Produktionsland Dänemark. So erklärt es Mohammed al-Adrui. Der Sänger und Komiker, eigentlich spöttischer Kritiker der Regierung, ist zum Verteidiger des Propheten geworden. Im Dialekt der Hauptstadt erklärt er, wie der Boykott funktioniert. »Fünf und sieben, das sollst du nicht kaufen«, so geht der Refrain, »vor dänischem Essen sollst du weglaufen.« Die Kassette, deren Hülle einen überschwappenden Eimer Milch zeigt, wird in den Musikläden von Sanaa zum Hit.

»*Danmarki*«, schnaubt der junge Imam unserer Nachbarmoschee, als er den schreiend roten Boykottaufruf mit den dänischen Produkten an der Tür von Faris' Laden sieht. Es klingt ein bisschen wie das verächtliche »*amriki*« aus dem Mund mancher Jemeniten. »Sie haben unseren Propheten beleidigt, Gott segne ihn und schenke ihm Heil!«

»Aber die Dänen haben sich doch entschuldigt«, wende ich ein. »Jetzt ist alles wieder in Ordnung.« Der Imam scheint davon nicht überzeugt: »*Inschallah*«, sagt er nur und wendet sich ab.

Wir sind unterwegs zu einer Demonstration auf dem Tahrir, wo die Parteien zum Protest aufrufen. In den vergangenen Tagen haben bereits Frauen- und Studentenorganisationen und die Journalistengewerkschaft die Leute auf der Straße versammelt. Als wir am Geschäft unseres Wäschers vorbeikommen, winkt er uns zu seiner Theke heran, auf der er zwischen Bergen ordentlich gefalteter *sannas* gerade einen von Susannes Kitteln glättet. »Seid vorsichtig«, flüstert er und fährt mit dem schweren Bügeleisen über den langen Ärmel. »Die Dänen, die haben keinen Respekt, aber hier gibt es auch schlechte Menschen.«

Ich muss an zwei polnische Urlauber denken, die uns erzählten, wie sie von der Polizei von Schibam nach Sanaa eskortiert wurden: Die Beamten hatten Angst, die beiden könnten von wütenden Jemeniten für Dänen gehalten werden. Und an die dänische Sprachschülerin in der Altstadt, die sich aus Angst vor Übergriffen nun als Schwedin ausgibt. Die mahnenden Worte des Wäschers im Ohr, steigen wir, kaum angekommen am Tahrir, gleich die Treppen der Yemen-Mobile-Zentrale nach oben. Auf der Dachterrasse des hohen Baus fühlen wir uns sicher. Unten wird das Gedränge von Minute zu Minute größer. Beim letzten Protestmarsch zogen ausschließlich Frauen durch die Straßen, heute ist es eine reine Männerveranstaltung.

»Was meinst du? Sind es 100 000 Leute oder sogar 200 000?«, fragt der jemenitische Journalist, der neben uns mit seiner Digitalkamera Fotos schießt. Im Laufschritt kommen immer neue Gruppen auf den Platz: Männer in guten Anzügen, andere im weißen Kleid mit Krummdolch, Jungen in Schuluniformen. »Es gibt keinen Gott außer Allah, und Mohammed ist der Gesandte Allahs«, rufen sie. Zwei Männer in Wickelröcken halten ein handgemaltes Banner: »Unser Prophet ist der Botschafter des Friedens.« Auf einem anderen steht: »Möge Allah sie bestrafen!«

Der schmächtige kleine Mann im fensterlosen Kellerraum des Süd-Ost-Gerichtes fürchtet Gottes Strafe nicht. »Allah und sein Prophet wissen, dass ich nichts falsch gemacht habe«, beteuert Mohammed al-Asadi und richtet die Handflächen gen Himmel. Er muss sich auf die Zehenspitzen stellen, um uns durch die kleine vergitterte Öffnung in der verriegelten Eisentür sehen zu können. »Den Propheten habe ich verteidigt, sonst nichts.« Der Chefredakteur des *Yemen Observer,* bei der Chrobog-Entführung vor ein paar Wochen noch unsere beste Quelle, muss sich eine Zelle mit einem Dutzend Mitgefangenen teilen. Nur hier sei er sicher vor der Wut des Volkes, entschied der Richter. Mohammed hat keine Angst. »Die sind alle auf meiner Seite«, sagt er und zeigt auf die Männer, die sich an den unverputzten Wänden auf dünne Schaumstoffmatratzen kauern.

Selbst orthodoxe Islamgelehrte hätten nichts dagegen einzuwenden gehabt, dass er die Karikaturen ganz klein abgedruckt habe, schließlich seien sie dick durchgestrichen gewesen. »Und die Leute sollten doch wissen, wogegen sie protestieren«, sagt Mohammed. Die Bombe im Turban des Propheten war dennoch zu erkennen – und wurde ihm zum Verhängnis.

Die Doppelseite im *Observer*, ein wahres Manifest zur Verteidigung des Religionsstifters, haben wir im Flugzeug gelesen, auf dem Weg zurück von Soqotra. Selbst dort, fernab von Massendemonstrationen, Botschaften und Parlamenten, in der paradiesischen Idylle, war der Karikaturenstreit in aller Munde. »Ihr habt aber keine Milch aus Dänemark, oder?«, war der Running Gag unseres Fahrers, wann immer wir auf unserer Inselerkundung eine Pause zum Teetrinken einlegten.

Umso überraschender die versöhnliche Überschrift des Leitartikels im *Observer*: »Akzeptiert die Entschuldigung der Dänen, und schaut nach vorn.« In Sanaa kam der Appell nicht gut an. »Warum hast du den Islam nicht verteidigt?«, habe der Staatsanwalt ihn gefragt, erzählt Mohammed, und nun dürfe seine Zeitung nicht mehr erscheinen.

Ein amerikanischer Mitarbeiter des *Observer* hat Mohammed ein Radio mitgebracht, Freunde und Angehörige versorgen ihn mit *qat* und Lebensmitteln. Sein Handy durfte Mohammed behalten; heute hat sich der stellvertretende Informationsminister bei ihm gemeldet. »Haben sie dich nicht in einer Einzelzelle untergebracht?«, fragte der ihn. Aber Mohammed ist froh über ein bisschen Gesellschaft.

»*Allahu akbar*«, setzt ein Bärtiger im langen grauen Kleid an. Draußen wird es dunkel, die Muezzine rufen, hier drinnen übernimmt ein Häftling die Rolle des Vorbeters. Wir verabschieden uns durch das Gitter von Mohammed und ein Stockwerk weiter oben von den Wächtern mit ausgebeulten Wangen, die sich nicht weiter um die ausländischen Knastbesucher kümmern.

»Allahu akbar«, murmelt unser Sitznachbar inbrünstig, sobald die Jemeniten in die Nähe des gegnerischen Tores gelangen. Wir sitzen auf der Tribüne des Ali-Mohsen-Stadions, gegenüber winkt der Staatspräsident von einem meterhohen Plakat. Der Eintritt zu dem Länderspiel ist frei, die Arena bis auf den letzten Platz besetzt, nur qat und Krummdolche müssen draußen bleiben. Auf den Banden werben Coca-Cola und Yemenia.

Saudi-Arabien hat schon zwei Tore geschossen, da erscheint die Nachricht von Mohammed al-Asadi auf dem Handydisplay. »Aus dem Gefängnis entlassen. Sehr gut, wieder frei zu sein!« Zwei Wochen lang saß der Observer-Chef in Haft, in vierzehn Tagen soll der Prozess wegen Prophetenbeleidigung vor dem Süd-Ost-Gericht fortgesetzt werden, zwei Etagen über der Kellerzelle. Bis dahin will er Abgeordneten, Ministern, Scheichs und islamischen Gelehrten die letzte Ausgabe seiner Zeitung zukommen lassen, übersetzt ins Arabische. Damit sie wissen, worüber der Kadi zu urteilen hat.

In der 89. Minute fällt das dritte Tor. Der Junge mit den rot-weiß-schwarz geschminkten Wangen in der Sitzreihe hinter uns schaut betreten aufs Spielfeld. Woher wir kommen, will er wissen. »Aus Deutschland? Aber zur Weltmeisterschaft seid ihr wieder zurück, oder?« Er werde es wohl nicht mehr erleben, dass seine Mannschaft an einer WM teilnehme, sagt er, als die Nachspielzeit 0:4 zu Ende geht.

Vor dem Tor des Süd-Ost-Gerichts stehen mit Kalaschnikows bewaffnete Soldaten und tasten alle Männer ab; mangels weiblichen Personals kann Susanne das Gebäude unkontrolliert betreten. Das Gedränge ist groß. Für zehn Uhr ist die fünfte Anhörung im Prozess gegen Mohammed angesetzt. Der Verhandlungssaal ist schon jetzt übervoll. In den vorderen Reihen der mit Kunstleder gepolsterten Holzbänke haben Männer in Anzügen Platz genommen, in der Mitte eine Gruppe schwarz Verschleierter, im hinteren Teil sitzen Jemeniten in traditionellen Gewändern, vor dem Bauch nur noch die leeren Scheiden ihrer *dschambias*. Im Mittelgang marschieren Bewaffnete in grüner Uniform auf und ab. Von der Decke baumeln nackte Glühbirnen, das Tageslicht fällt durch bunte *qamarias*. Handys klingeln, auf dem Flur wird palavert und gestritten. Von draußen sind immer wieder Gehupe und »Lambada« zu hören, die Melodie, mit der Autofahrer hier gern ihren Rückwärtsgang versehen.

Um Viertel nach zehn betritt der Richter den Saal, in schwarzer Robe, ein Holzhämmerchen griffbereit. Er nimmt auf einem Podest Platz, vor dem drei Pulte aufgestellt sind: »Anklage«, »Zeuge«, »Verteidigung« steht auf den Schildern. Doch bald sind nur noch die Rücken der Anzugträger zu sehen. Auf der rechten Seite drängeln sich die Klägeranwälte, links Mohammed und seine Verteidiger. Nicht nur der Staatsanwalt vertritt die Klage gegen den Journalisten. Scheich Sindani, dessen Buch über die Wunder im Koran mir Abu Hamsa schenkte, hat mehr als ein Dutzend Rechtsanwälte engagiert. Bei der letzten Anhörung hatten sie die Todesstrafe gefordert.

Diesmal werden keine Plädoyers gehalten, es geht auch nicht um Prophetenbeleidigung. Zunächst sind Formalitäten zu klären. Auf Schmierzetteln werden dem Richter die Namen der Anwälte überreicht. Dann entschuldigen sich die Kläger für ihre bei der letzten Anhörung vorgebrachte Anschuldigung, die Verteidigung werde von Dänemark finanziert. Und erklären, dass es ihnen in den vier Wochen seither nicht möglich gewesen sei, den Prozess angemessen vorzubereiten. Der Richter wiederholt jeden Satz der Anwälte laut, damit sie in dem Lärm nicht völlig untergehen. Seinen eigenen Worten verleiht er durch rhythmische Hammerschläge Nachdruck.

Mit dem letzten Schlag vertagt er das Verfahren um zwei Wochen. Zum fünften Mal.

Zwei Monate wird es noch dauern, bis der *Yemen Observer* wieder erscheinen darf. Die Zeitung muss eine Geldstrafe zahlen, Mohammed ist seinen Job los. Er muss zwar nicht wieder ins Gefängnis, wird aber der Prophetenlästerung für schuldig befunden – das Zugeständnis der staatlich gelenkten Justiz an die Fundamentalisten. Mohammed beklagt sich nicht. Immerhin ist er nicht mit Berufsverbot belegt worden wie zwei seiner Kollegen, die sich mit ihren kleinen Zeitungen des gleichen Vergehens schuldig machten. Er hat eine Website eingerichtet, die will er zu einem Nachrichtenportal für den Jemen ausbauen. Auf Englisch und Arabisch, ohne religiöse Themen, dafür mit Kritik an der Regierung und am Präsidenten. Am liebsten aber würde er in die USA gehen, in Washington hat sich Mohammed um ein Journalistenstipendium beworben.

Die Boykottaufrufe in den Schaufenstern und auf den Ladentüren, verfasst »im Namen Gottes, des Erbarmers, des Barmherzigen« und ergänzt durch das Glaubensbekenntnis, sind mittlerweile aktualisiert. Kinder-Schokolade haben die Ladenbesitzer durchgestrichen, die kommt, anders als es der blonde Junge auf der Schachtel vielleicht vermuten lässt, gar nicht aus Dänemark. Auch Überraschungseier sind wieder im Sortiment. Für die ganze arabische Welt hat der Süßwarenhersteller Ferrero Poster drucken lassen, die über die Herkunft seiner Schokolade aufklären.

Manche bleiben aber auch pragmatisch, so wie das griechische Bistro in der Neustadt. »Eine Butter bitte«, verlange ich ganz unschuldig beim Milchlädchen am Tahrir. Wortlos bückt sich der Alte unter seine Theke, raschelt mit Plastik und schiebt ein in eine schwarze Tüte gewickeltes Päckchen über den Tresen. Die gute teure Lurpak wegzuwerfen, das kann er sich nicht leisten, der Butterdealer.

Kaffeekirschen

Al-Matari – schon der Nachname qualifiziert Haschim, uns als Übersetzer für ländlichen Dialekt auf der Spurensuche im Ursprungsland des Kaffees zu begleiten. Der Name weist ihn als Angehörigen des Stammes der Bani Matar aus, und diese »Söhne des Regens« sind nicht nur für ihre Kampfeslust, sondern auch für ihren Kaffee, den »Matari«, bekannt. Haschim selbst hat in seinen gut 20 Lebensjahren weder gekämpft noch Kaffee gepflanzt, sondern Germanistik an der Uni in Sanaa studiert. »Ihr wollt zu Kaffeebauern? Dann besuchen wir meinen Onkel!«, bestimmt er und organisiert einen Bekannten als Fahrer. Und wenn schon ein Wagen in das abgelegene Tal zur Verwandtschaft fährt, muss der kleine Bruder auch mit, er hat lange nicht mehr mit seinen Cousins und Cousinen gespielt.

Eine Stunde dauert die Fahrt Richtung Südwesten auf der Straße, die zum Hafen nach Hudeida führt. Wo sich sonst Tankwagen und mit Containern beladene Laster vom Roten Meer durch die über 3000 Meter hohen Berge hinauf nach Sanaa quälen, herrscht freitägliche Ruhe. Am Ende eines Straßendorfes dirigiert Haschim uns einen Abhang hinunter, einen steilen Pfad, angelegt für Esel und nicht für japanische Autos. Eine weitere Stunde manövriert der Fahrer seinen Geländewagen über Felsen, zu Fuß wären wir jetzt vermutlich schneller. Naqba heißt der Ort, an dem Haschims Familie wohnt: gut ein Dutzend Steinhäuser verstreut in einem Tal.

Die Onkel und Großonkel warten schon in Festtagskleidern vor dem Haus, umarmen, drücken und küssen Haschim, schütteln uns herzlich die Hände, als wären auch wir lang erwartete Gäste. Die

Tanten stehen etwas abseits, in farbigen eng sitzenden Kleidern bis zum Knie, darunter tragen sie Pluderhosen, an denen sich die kleinsten Kinder festkrallen. Als ich zu den Frauen gehe, um sie zu begrüßen, ziehen sie das straff vom Kinn bis über die Nase gebundene Tuch nach unten, damit ich auch ihre lachenden Gesichter sehen kann.

Die Männer der Familie und ein paar Nachbarn führen uns durch eine Allee von *qat*-Bäumen zu den Kaffeefeldern – Terrassen, die ihre Vorfahren über Jahrhunderte hinweg in mühevoller Arbeit den steilen Hängen abtrotzten. »Seit 922 baut unsere Familie Kaffee an, wir waren die Ersten im Tal«, sagt Hamud, der mittlere von drei Brüdern. Er rechnet mit dem islamischen Kalender, fast 500 Jahre hat der Kaffeeanbau in der Familie Tradition. »Dieser Kaffeestrauch ist so alt wie ich, den dort drüben hat noch meine Großmutter gepflanzt, und der hier ist mein Sorgenkind: immer nur ganz kleine Bohnen«, erzählt der 30-Jährige, als gehörten die Pflanzen mit zur Großfamilie. Die buschigen Sträucher mit den spitz zulaufenden fingerlangen Blättern überragen Hamud um zwei, drei Meter. Während einige noch weiß blühen, neigen sich andere unter der Last Hunderter grüner bis tiefrot glänzender Früchte zur Erde.

»*Alhamdulillah*, das Wetter war gut, es hat viel geregnet«, sagt Hamud, steckt eine murmelgroße Kaffeekirsche in den Mund, lutscht den süßen Saft aus dem Fruchtfleisch und spuckt den Kern aus.

Ein Mann im Wickelrock steht auf einer wackeligen Metallleiter in der prallen Sonne. Mit seinen rissigen Händen zupft er Frucht um Frucht von den Zweigen und lässt sie in die aus einem alten Autoreifenschlauch genähte Tasche vor seiner Brust gleiten. Der Schweiß steht ihm auf der Stirn, doch bald ist sein Tagwerk vollbracht: Der große weiße Plastiksack am Fuß der Leiter, den er mit roten Kaffeekirschen füllen muss, ist schon beinahe voll. 600 Rial, knapp 2,50

Euro, bekommt er dafür. »Die Terrassenfelder sind zu schmal für normale Traktoren. Es gibt spezielle Maschinen, aber die sind zu teuer«, sagt Hamud. Im Gegensatz zum *qat* werden die Kaffeepflanzen weder gespritzt noch mit Kunstdünger aufgepäppelt. Die Produktionsmethode hat sich seit 922 kaum geändert: Ein Esel zum Pflügen, handgeschmiedete Harken und die Hände der mehr als 20 Familienmitglieder müssen reichen. Notfalls helfen Tagelöhner aus.

Aus zwei Lautsprechern, mangels Minarett auf einem verrosteten Blechfass neben Hamuds Haus montiert, dringt der Mittagsruf des Muezzins durchs Tal. Behände klettern die Männer über die Steinmauern der Terrassenfelder und eilen zurück ins Dorf, in die Moschee.

Im Esszimmer von Hamuds Haus treffen wir sie eine Stunde später wieder. Erdverkrustete Sandalen stapeln sich vor der Schwelle, zwölf Männer nehmen auf dem blanken PVC-Boden Platz. Ein Junge läuft zwischen Küche und Männerrunde hin und her, bringt Aluschüsseln mit Kartoffeln, Okraschoten und Reis, Steintöpfe mit dampfender Suppe und heißes Fladenbrot. Auf einem Tellerchen nicht größer als eine Untertasse liegt das Rindfleisch für alle. Nach dem Essen gibt es *schai ahmar.* »Roten Tee« nennen die Jemeniten den Schwarztee, den sie zu jeder Gelegenheit trinken.

Der Großvater nimmt sein Glas und setzt sich mit baumelnden Beinen auf das Metallbett in der Ecke neben der Tür. Zum Tee raucht er eine Wasserpfeife, ein Nachbar stopft sich Tabak unter die Lippe. Hamud kramt in einem Stapel Papieren nach einem vergilbten Foto: Ein Jemenit steht mit langen Haaren und Schlaghose am Rhein – ein Verwandter, der vor Jahrzehnten in Deutschland war. »Und wo ist er jetzt?« Hamud zeigt mit der Hand aus dem Fenster vage irgendwo ins Tal hinunter.

Von Samstag bis Donnerstag gehen die Bauern gleich nach dem Essen wieder aufs Feld. Am Freitag aber versammeln sich die Män-

ner des Dorfes im *diwan* neben dem Haus der Brüder, denn Mohammed, der älteste der drei, ist Ortsvorsteher. Hamud mag kein *qat*, lieber als den Nachbarn beim Kauen zuzusehen, zeigt er uns das Land
der Bani Matar.

Über dem Tal der Söhne des Regens sind Wolken aufgezogen. Im
grünen Kleid, über das er ein graues Jackett gezogen hat, geht Hamud
voran, ein zierlicher Mann. Das knochige Gesicht und die dunklen
Ringe unter den Augen lassen ihn älter als 30 Jahre aussehen. Seit er
acht ist, arbeitet er mit auf den Feldern. Lesen und Schreiben hat er
trotzdem gelernt, dafür ist er jeden Tag eineinhalb Stunden zu Fuß
zur Schule gelaufen.

»Diese Sorte heißt Doweiri, das ist die beste für den Export«, sagt
Hamud und streift ein paar Früchte vom Strauch. »Udeini wächst
zwar nicht so dicht, ist aber auch sehr gut«, erklärt er ein paar
Strauchreihen weiter und lässt noch mehr Kaffeekirschen in die Plastiktüte am Knauf seines Krummdolchs kullern. »Schibrigi, ziemlich
schlecht«, sagt er und zeigt ein paar mickrige Pflanzen ein Terrassen-
feld tiefer im Tal. »Die werden wir demnächst ausreißen.« Wir wandern weiter talabwärts, kraxeln über Steinhaufen und steigen über
Wassergräben, die um jeden Strauch gezogen sind. Schwer klebt die
feuchte Erde an unseren Sohlen. »Das sind ganz außergewöhnliche
Bohnen – Tuffahi«, sagt Hamud, während er das Fleisch einer besonders dicken Kaffeekirsche aufreißt. »Die haben nämlich drei
statt zwei Bohnen!« Von diesen Wunderbohnen packt Hamud besonders viele in seine Tüte.

Aus den Wolken über dem Tal fallen die ersten Tropfen. Hamud
bringt uns in den Rohbau eines Hauses ins Trockene, bevor der
Regen zu prasseln beginnt. Wir setzen uns auf Zementsäcke und
leere Farbeimer, durch die Fensteröffnung blicken wir auf eine
steile kahle Felswand, die das Tal der Bani Matar begrenzt. Hinter
der Felswand beginnt das Gebiet der Heima. Und das sind die

Feinde, so lange das Stammesgedächtnis zurückreicht. Im Bürger-krieg in den 6oer-Jahren standen die Bani Matar auf der Seite des Imams, die Heima kämpften für die neue Republik. Heute geht es im Krieg zwischen Heima und Bani Matar nicht mehr um die Herr-schaft in Sanaa, sondern ums Wasser. Immer wieder versuchten die Heima, die Quellen der Kaffeebauern für ihre *qat*-Felder anzuzap-fen, erzählt Hamud. »Vor 18 Jahren gab es deswegen zwei Tote, von jedem Stamm einen.« Zwei Quellen sprudeln oberhalb des Dorfes aus dem Fels: »Eine ganz saubere zum Trinken, die andere zum Bewässern.« Noch benötigt Naqba keinen Brunnen, doch in ande-ren Orten ist das Wasser längst knapp. »Die Leute bohren zu viele Brunnen, das Wasser im Boden wird weniger, deshalb wird auch immer weniger Kaffee angebaut«, erklärt Hamud.

Hinter der Felswand bei den Heima wächst nur noch *qat*, auch im Tal der Bani Matar mussten in den vergangenen Jahrzehnten immer mehr Kaffeepflanzen *qat*-Sträuchern weichen. »Das *qat* braucht nur kurz vor der Ernte richtig viel Wasser, der Kaffee muss ständig bewässert werden«, erläutert Hamud. »Außerdem wächst *qat* viel schneller als Kaffee, ich kann doppelt so viel damit verdienen.« Seit 40 Jahren pflanzt seine Familie neben Kaffee auch *qat*, inzwischen auf einem Drittel der Fläche. »Wir haben schon überlegt, ganz umzusteigen. Aber ich fühle mich in der Pflicht, die Kaffeetradition fortzuführen.«

Zurück im *diwan,* wölben sich inzwischen die Wangen. 40 Män-ner lungern auf den dicken braun geblümten Polstern, im Schoß die grünen Büschel. Ihre Gewehre lehnen in den Wandnischen. Das neu gebaute Besucherzimmer ist riesig, 25 Meter lang und vier Meter breit. In drei Ecken des Saals hängen Fotos des Präsidenten: als jun-ger Mann im Look der 7oer, als streng blickender Militär in Uniform und als Staatsmann im schwarzen Anzug. Die vierte Ecke schmückt ein Bild der Kaaba. Die Phase, in der das *qat* redselig macht, scheint vorüber. Die Männer schweigen, sie sind mit sich selbst und ihren grünen Blättern beschäftigt.

Nur der Großvater, Ali Ahmed, ist zum Reden aufgelegt. »Der Kaffee aus Bani Matar ist der beste in der ganzen Welt«, stellt der 70-Jährige klar. Das wussten auch die Briten in ihrer Kronkolonie im Südjemen. In den 50er-Jahren, als im Norden bei den Kaffeebauern noch Imam Ahmed herrschte, fuhr der Großvater zweimal im Jahr mit seiner Ernte nach Aden. 100 silberne Maria-Theresia-Taler zahlten die Briten pro Sack. »Damals konnte man mit Kaffee noch richtig Geld verdienen«, sagt der alte Mann. Heute verfällt der Preis. »Brasilien ist schuld«, schimpft der Großvater. »Dort wird auf riesigen Plantagen angebaut, wir hier müssen uns mit den kleinen Terrassenfeldern plagen.«

Hamud betritt mit einer Thermoskanne den *diwan*. Endlich die erste Kostprobe des gerühmten Kaffees! Doch was Hamud da in kleine Gläschen gießt, ist kein schwarzer Kaffee, nur *qischr*, der Aufguss der Bohnenschalen. Das trübe braune Wasser schmeckt in erster Linie süß, ein wenig nach Kardamom und ganz und gar nicht nach Kaffee. »Tagsüber trinken wir nur *qischr*, der ist nicht so stark«, sagt Ahmed und vertröstet aufs Frühstück, zu dem es »*bunn*«, echte Bohne, geben werde.

Als es dunkel wird, zieht Hamud einen tarnfarbenen Parka übers Kleid. Er geht die *qat*-Felder bewachen, »vor den Heima und den Soldaten aus der Kaserne hinter dem Fels«. »Könntet ihr mir nicht in Deutschland ein Nachtsichtgerät besorgen, das würde mir sehr helfen«, bittet er, schultert die Kalaschnikow und verlässt die Runde.

Die Frauen warten schon auf mich, als ich vom *diwan* zu ihnen ins Haus komme. Mit einer Kerze leuchten sie mir den Weg über die flachen, aus Lehm gestampften Stufen ins oberste Stockwerk, dort soll ich schlafen, Klaus im *diwan* bei den Männern. Der kleine Raum wirkt wie eine Höhle, das Fenster ist mit Zeitungspapier abgeklebt. In der Mitte liegen mehrere kratzige Decken übereinander am Boden – mein Bett. Darauf sitze ich, um mich herum fünf Frauen, die mich aus zerfurchten Gesichtern erwartungsvoll ansehen, mit Blicken, die sagen: »Los, erzähl schon von der Welt, aus der du kommst, wir sind extra so lange aufgeblieben.« Und auf einmal bin ich wieder in der Fremde. Der Tag mit den Bauern, als einzige Frau unter Männern – längst vertraut. Aber hier oben bei den Bäuerinnen fühle ich mich, als wäre ich noch weiter gereist, weit, weit weg von dem Jemen, in dem ich mich zurechtzufinden gelernt habe. Selbst Sanaa scheint zu einem anderen Universum zu gehören. Ich erzähle von unserem Haus in der Altstadt, vom Arabischlernen und warum wir in ihr Dorf gekommen sind. Ich weiß nicht, ob sie mich verstehen, die erste Europäerin, die sie treffen. Sie halten mich für Anfang 20, vielleicht weil meine Arbeit am Schreibtisch weniger Spuren hinterlassen hat als ihre auf den Feldern. Oder weil es in ihrer Vorstellung nicht sein kann, dass eine Frau in mehr als 30 Jahren noch kein Kind geboren hat. Es fällt mir schwer, in ihrem Dialekt bekannte Wörter auszumachen. Anders als ihre Männer waren die Frauen nie in der Schule, es gibt auch keinen Fernseher, der Hocharabisch nach Naqba bringen würde. Haschim, unser Übersetzer, hätte ihre Tochter heiraten sollen, erzählt eine Frau. Aber noch vor der Hochzeit sei das Mädchen gestorben. »Wie alt war sie?« – »15.« – »Woran ist sie gestorben?« Die Frau zuckt mit den Schultern und sagt einen Satz, in dem Allah vorkommt.

Ich überreiche den Frauen mein Geschenk, ein Fläschchen französisches Parfüm in einem mit Blumenmuster bedruckten Schächtelchen. Das Schächtelchen wandert von Hand zu Hand, wird betrachtet, aber keine sagt etwas dazu. Empfinden sie es als deplatziert, hier Parfüm zu schenken, in einer Welt, in der es darum geht, die Kinder durchzubringen? Oder als Kritik an ihrem Haus, in dem es riecht, wie es riecht, wenn Menschen schwer arbeiten, kaum Kleider zum Wechseln und kein fließendes Wasser haben?

Die Frauen fragen mich, ob sie bei mir im Zimmer schlafen sollen, damit ich nicht allein sei und keine Angst haben müsse. Nein, das sei nicht nötig, versichere ich ihnen. Noch dreimal wiederholen sie ihre Frage und ich meine Antwort. Schließlich wünschen wir uns eine »gesegnete Nacht«, und ich bleibe allein, das Parfüm steht auf einem Bord an der Wand. Kurz darauf kommt eine der Frauen zurück, bindet den Vorhang, der die Tür ersetzt, zur Seite und stellt eine Kerze auf den Treppenabsatz. Draußen bellen die Hunde, die die *qat*-Felder eines Nachbarn bewachen.

Das sanfte Morgenlicht lässt das Grün der Kaffeefelder leuchten. In den Gipfeln hängt noch der Nebel. Die Großmutter ist schon auf, sie sitzt in einem Verschlag aus zerfetzten Stoff- und Plastikplanen vor dem Haus. Ölig glänzende Locken umrahmen ihr zerknittertes Gesicht. Zwei hagere hellbraune Kühe recken ihre Mäuler über die Schulter der alten Frau, sie schiebt Bündel aus Kräutern und Gras hinein. Ich erzähle ihr, dass meine Oma auch Kühe hatte, einen ganzen Stall voll. »Wie viele?«, fragt sie. »20 vielleicht.« – »Sehr viele«, staunt sie und hält meine Großmutter vermutlich für eine schwerreiche Frau.

In die vom offenen Feuer schwarz gefärbte Küche – zwei Schritte breit, zwei Schritte lang – dringt noch kein Licht. Aus einem blauen Plastikfass schöpft Hamuds Frau trübes Wasser in einen zerbeulten Alutopf, gibt einen großen Löffel hell gerösteter, puderfein gemahlenes Pulver und ein Vielfaches an Zucker dazu und lässt es schäumend kochen. Hamud bringt den Morgenkaffee und Steintöpfe mit Tomatenomelett vors Haus, wir frühstücken auf einer Mauer im Freien. Der Kaffee hat die Farbe von Tee und keinerlei Ähnlichkeit mit dem Getränk, das wir zu Hause in unserer Espressokanne zubereiten. Hamud schwärmt, wie gut so eine Tasse morgens tue, wie sie ihn den ganzen Tag über wach halte. Dann überreicht er uns die Tüte, in die er auf unserem Spaziergang die Kaffeekirschen gepflückt hat, und erklärt, wie wir die Bohnen in der Sonne trocknen und in einer Bratpfanne rösten sollen, um daraus unseren eigenen Matari-Kaffee zu brauen.

Die übrige Ernte lagert auf dem Dach. Flach sind die Kaffeekirschen auf dem Zementboden ausgebreitet, damit die Sonnenstrahlen möglichst jede Einzelne erreichen. Nach ein bis zwei Wochen sind die rot glänzenden Früchte zu harten braunen Kügelchen verdorrt, so wie sie der Händler oben im Dorf haben möchte.

Der Weg zu ihm führt aus dem Tal hinaus, vorbei an einem zerstörten Weiler, der vor drei Jahren Schauplatz einer weiteren Fehde zwischen den verfeindeten Nachbarstämmen war. »Am Ende sind die Heima-Familien aus den Häusern geflohen, 30 Leute starben«, erzählt Hamud. »Hamud hat auch mitgekämpft«, sagt sein Bruder. »Nein, habe ich nicht«, widerspricht Hamud.

Das einstöckige Haus des Händlers Mahmud steht an der Teerstraße oberhalb des Tales. Im dunklen Innern stapeln sich die vollen Kaffeesäcke und verbreiten einen süßlichen Geruch, die Wände sind wie ein Notizbuch mit Rechnungen und Namen bekritzelt. Mahmud sitzt auf einem leeren Kaffeesack und frühstückt. Für die Besucher lässt er die *fasulia* stehen und müht sich, seine Maschine anzuwerfen. Er dreht an einem gusseisernen Rad, doch der Dieselmotor, der die Maschine über ein Band antreibt, will nicht anspringen. Sein Sohn kommt Mahmud zu Hilfe, »*bismillah*«, murmeln sie im Chor und haben Erfolg. Es knackt und kracht, als die getrockneten Kaffeefrüchte durch den blauen Trichter der Maschine gleiten und Schalen und Bohnen – nun voneinander getrennt – von einem runden Alutablett aufgefangen werden. Aufgabe des Sohnes ist es, die Bohnen mit einem weiteren, planvoll durchlöcherten Tablett auszusieben. Mit immer feineren Sieben wirft er die Bohnen in die Höhe, bis nur noch die kleinen blassgrünen übrig bleiben. »Die Schalen und die gebrochenen Bohnen sind für die Jemeniten bestimmt, die schönen, ganzen für den Export«, erklärt der Händler sein Geschäft. Mahmud ist der einzige Zwischenhändler, dem Hamud und seine Brüder trauen. Denn Mahmud stammt aus ihrem Dorf. Er zahlt den Bauern 1000 Rial pro Kilo reiner Bohnen, für die Schalen, den *qischr*, noch mal 300. Kaffeegourmets im Ausland sind die kleinen Bohnen mehr als das Zehnfache wert.

100 000 Kleinbauernfamilien leben von den Erträgen ihrer Kaffeesträucher. Gut ein Viertel der Ernte, etwa 3000 Tonnen im Jahr, werden exportiert. Das ist weniger als ein Prozent der weltweiten Produktion, in Handelsstatistiken wird der Jemen gar nicht erwähnt, das Land ist nicht einmal Mitglied der Internationalen Kaffeeorganisation.

Zu der Zeit, als Hamuds Vorväter die ersten Kaffeesträucher pflanzten, war das anders. Im 16. Jahrhundert – in Istanbul eröffnete gerade das erste Kaffeehaus auf dem europäischen Kontinent – war das Land der einzige Kaffee-Exporteur auf der ganzen Welt. Jede Bohne, die in Europa gemahlen wurde, kam aus dem Jemen. Und jeder Sack des in den jemenitischen Bergen geernteten Kaffees wurde in Mocha verschifft. Der Hafen am Roten Meer wurde zum Synonym für Kaffee – und gab dem Gebräu seinen Namen: Mokka.

»Es gab viele Palmen und Paläste. Der Anblick Mochas erfreute uns sehr«, heißt es in einem französischen Reisebericht vom Beginn des 18. Jahrhunderts über Mocha. Unser Fahrer hingegen steuert Mocha nur widerwillig an. »Dort gibt es nichts zu sehen«, sagt er. Auch der Mann an der Rezeption des einzigen Hotels im Ort ist überrascht, dass wir hier ein Zimmer nehmen wollen. Unsere Frage, wo wir nach Spuren aus der Hochzeit des Kaffeehandels suchen sollen, beantwortet er mit einem Schulterzucken.

Die feuchte Hitze macht träge, gelbgrauer Sand weht durch die Luft und trübt die Sicht. Mocha besteht aus einer einzigen Teerstraße, davon gehen rechts und links Sandpisten ab, Menschen hausen in Hütten aus Holz und Plastik. Heute wächst im staubigen Boden keine einzige Palme mehr, in dornigem Gestrüpp rascheln bunte Plastiktüten im Wind. Einst hatten Franzosen, Engländer und Portugiesen hier ihre Konsulate und organisierten in Mocha den Kaffeehandel mit der halben Welt. Von ihren Palästen sind immerhin Ruinen geblieben. Aber der weiße Anstrich der Steinhäuser ist vergilbt, der Fassadenstuck bröckelt, von den holzgeschnitzten Erkern sind nur noch Skelette aus Latten übrig.

»Haben Sie Kaffee?«, fragen wir in den Läden entlang der Teerstraße. Bis unter die Decke sind die kleinen Geschäfte mit Ölkanistern, Thunfischdosen und Milchpulver vollgestopft. Ein Verkäufer schließlich klettert auf seine Leiter und reicht uns eine Packung Nescafé, importiert aus Brasilien. Kaffeebohnen, wie Hamud sie erntet, hat er nicht im Angebot. »Aber war Mocha nicht mal bekannt für den Kaffeehandel?«, versuchen wir ein Gespräch. »Vor langer, langer Zeit«, sagt er und macht eine wegwerfende Handbewegung.

Wir stapfen weiter durch den Sand, steigen über Tierkadaver, machen einen Bogen um Müllberge. Ein Motorrad knattert vorbei und wirbelt noch mehr Staub auf. Vor einem weiß gekalkten Kuppelgrab sitzt ein Greis mit Turban und grünen Flipflops. Er möchte über Kaffee reden! Ali Mohammed Abd asch-Schadhili hält die Erinnerung an Mochas goldene Zeit wach, er verwahrt den hölzernen Schlüssel zum Grab von Ali Ibn Omar asch-Schadhili, dem Scheich, der den Kaffee berühmt machte. Der Korangelehrte soll die erste Kaffeepflanze von der gegenüberliegenden Seite des Meeres, aus Äthiopien, mitgebracht haben. Eines Tages bat ihn der schwerkranke Kapitän eines englischen Schiffes um Hilfe. Der Scheich verabreichte ihm ein bitteres schwarzes Getränk, worauf es dem Patienten augenblicklich besser ging. Daraufhin tauschte die Mannschaft ihre Schiffsladung gegen die Bohnen, aus denen der Scheich den heilenden Trunk gebraut hatte. Damit segelte der Kapitän davon und brachte die Kunde vom Kaffee in die ganze Welt. So jedenfalls erzählt es die Legende. Auch der Namensvetter des Scheichs, der Wächter, kocht Kaffee. »Für die Pilger«, sagt er und holt ein kniehohes Kohleöfchen, eine Alukanne und getöpferte Tassen aus einem Nebenraum des Mausoleums. Besonders am 15. des islamischen Monats *safar*, dem Todestag des Scheichs, ist der Andrang groß: »Die Leute kommen von weit her, für sie ist er ein Heiliger. Prediger stellen Lautsprecher auf, und die Menschen grillen vor dem Grab im Sand«, erzählt der 70-Jährige. Für ihn selbst ist Kaffee immer noch ein besonderes Getränk, nur am Freitag, nach dem Mittagsgebet, gönnt er sich ein Tässchen. »Oder wenn ich Magenschmerzen habe.«

Die Nacht war ein Bad im Schweiß, der Strom ist ausgefallen und damit die Klimaanlage. In der Hoffnung auf ein bisschen Kühle stehen wir mit dem Muezzin auf. Unten am Meer dösen Männer auf mit Seilen bespannten Holzbetten vor ihren Hütten, noch gehören die verdreckten Pisten allein den Ziegen- und Hundehorden. Nur der Mann von der Politischen Sicherheit ist schon im Dienst. Auf seinem Motorrad hat er uns aufgespürt – verdächtig, wenn Ausländer sich für solch einen Ort der Trostlosigkeit interessieren. Doch die Suche nach Überresten der glorreichen Vergangenheit Mochas lässt er als Begründung gelten. »Dort drüben, das war der alte Hafen«, sagt er und zeigt zum Strand, an den die ersten Fischer gerade mit ihrem Fang zurückkehren. »Und dort hinten«, sagt er und deutet auf ein kleines Haus in der entgegengesetzten Richtung, »dort findet ihr einen, der kennt sich mit Geschichte aus.« Die Tür des Hauses ist noch verschlossen.

Die Fischer haben einen großen Fisch fürs Frühstück ausgewählt. Sie liefern ihn in einer der Garküchen am Strand ab und bekommen ihn wenig später gegrillt mit Fladenbrot und Milchtee auf dem Holztisch vor dem Lokal serviert. Die Männer laden uns ein mitzuessen, wie sie mit den Fingern ein Stück aus dem Fischbauch zu reißen. Wir begnügen uns mit Brot und Tee als erste Mahlzeit des Tages.

Mittags steht die Tür zum Haus des Geschichtskenners offen. Dirar ad-Daim sitzt am Schreibtisch seines kahlen Büros. Der Schweiß tropft ihm von der Stirn – schon wieder wurde der Strom gesperrt, der kleine Ventilator dreht sich nicht mehr. »Die große Geschichte Mochas interessiert hier keinen«, sagt der 65-Jährige, der sein Geld als Ingenieur verdient. »Alle suchen nur nach Essen, nicht nach der Vergangenheit.« Ganz anders ad-Daim. Seit ihm sein eritreisches Kindermädchen Geschichten über Kaffee und Könige erzählte, fasziniert ihn die Historie der Hafenstadt. »Mocha birgt so viele Geheimnisse, die muss ich finden.« Er zeigt uns einen seiner Artikel, der ins Englische übersetzt wurde. Darin beschreibt er den Niedergang des Kaffeehandels und den Verfall der Stadt. Der begann, als es Holländern und Portugiesen Anfang des 18. Jahrhunderts gelang, Kaffeesträucher auch in ihren Kolonien zu kultivieren – leichter und billiger als auf den Terrassen in den jemenitischen Bergen. »Heute spricht man von ›türkischem Kaffee‹, wenn man unseren Mokka meint«, echauffiert sich der Hobbyhistoriker. »Doch wer hat denn den Türken beigebracht, wie man Kaffee kocht? Wir! Die Jemeniten!« Die Armut sei schuld, dass die Jemeniten heute nur noch die billigen Kaffeeschalen aufbrühten, sagt ad-Daim. »Ich aber trinke noch jeden Tag meinen Kaffee: Schwarz wie der Satan und süß wie die Liebe – so muss er sein.«

Freischwimmerinnen

Es gibt wenige Dinge, die mir wirklich fehlen in Sanaa. Eines ist Vollkornbrot. Ein anderes Schwimmen. Ins Wasser springen, Bahnen ziehen, die nasse Haut in der Sonne trocknen lassen. Für Männer gibt es den Offiziersklub an der Subeiri-Straße, ein von hohen Mauern umgebenes Freibad mit dem einzigen 50-Meter-Becken der Stadt. Klaus geht dort einmal pro Woche schwimmen, ab und zu begegnet er dabei einem der Studenten, die wir aus der Uni kennen. Frauen haben keinen Zutritt zum Offiziersklub. Eine deutsche Freundin bettelte darum, wenigstens ganz frühmorgens, vor den ersten Männern, ins Wasser zu dürfen, notfalls in einem Ganzkörper-Neoprenanzug, wie ihn Taucher tragen. Keine Chance. »Warum gibt es kein Schwimmbad für Frauen?«, fragte ich den Deutschstudenten Anis. »Wir kennen diese Vorstellung nicht, dass Frauen schwimmen«, gab er nur knapp zur Antwort.

»Geh doch einfach im Pool eines Hotels baden«, rieten Ausländer, die seit Jahren in Sanaa leben. Das Hotel Schahran soll ein schönes Becken haben. An einem Freitagvormittag nehmen wir erst ein *dabab,* dann das nächste, nach einer Dreiviertelstunde sind wir da. Die Sonne brennt inzwischen vom Himmel, die Vorfreude auf kühles Wasser steigt. Das kleine Hotel am südlichen Stadtrand sieht einladend aus, der gepflegte Garten ist mit Palmen bepflanzt. »Sie wollen beide schwimmen?«, fragt der Mann am Empfang. »Alle beide?«, hakt er nach und kassiert, als wir bejahen, weit mehr, als der Eintritt in einem Berliner Bad kostet.

Vom Pool neben dem Hotel sind fröhlich kreischende Kinder zu hören, und als wir um die Ecke biegen, sehen wir ihre Mütter:

Schwarz verhüllt stehen sie am Beckenrand und schauen ihren Männern und Söhnen beim Planschen zu. Keine Ausländerin sonnt sich, kein Stück Frauenhaut ist zu sehen. Nein, hier präsentiere ich mich nicht im Bikini! Das würde mindestens so viel Aufsehen erregen, als liefe ich in einem bayerischen Dorf mit *abaja* und Gesichtsschleier durch die Gassen. Voller Verständnis gibt uns der Mann an der Rezeption das Geld zurück. Am Freitag kämen viele Jemeniten zum Baden, sagt er entschuldigend, aber wochentags seien die ausländischen Hotelgäste unter sich.

»Hast du Lust, mit mir gemeinsam Jemenitinnen das Schwimmen beizubringen?«, fragt Rea mich ein paar Monate später. Die Sportwissenschaftlerin aus Oldenburg auf Uniexkursion in Sanaa hat bereits niedersächsischen Kurdinnen das Schwimmen beigebracht. Aber hier in Sanaa? »Wo soll der Kurs denn stattfinden? Und gibt es überhaupt Frauen, die mitmachen wollen?« – »Darum kümmert sich Raufa, der Schwimmkurs ist ihre Idee.« Raufa Hassan, die prominente Frauenrechtlerin – der könnte das tatsächlich gelingen. Raufa ist Mitte 40 und hat nie Schwimmen gelernt, dafür hat sie reichlich Erfahrung darin, Dinge durchzusetzen, die eine Jemenitin normalerweise nicht tut: Mit zwölf hatte sie bereits ihre eigene Radiosendung, als erste Frau moderierte sie im jemenitischen Fernsehen – dem Protest ihrer Familie zum Trotz sogar ohne Gesichtsschleier. Raufa studierte in den USA, promovierte in Paris. Zurück im Jemen, organisierte sie Sexualkundeunterricht für Schulmädchen und gründete ein Zentrum für Frauenstudien an der Uni, das die Islamisten so sehr gegen sie aufbrachte, dass Raufa für mehrere Jahre ins Exil musste.

»Wir brauchen das Becken unbedingt!«, ruft Raufa ins Handy. Die graziöse kleine Dame in bunten wallenden Kleidern, das abstrakt gemusterte Tuch wie ein Beduine um den Kopf geschlungen, telefoniert mit dem Innenminister, während sie uns im Geländewagen zu ihrem Büro chauffiert. »Ja, nächste Woche wollen wir anfangen. Danke, auf Wiederhören«, sagt sie und lässt das Telefon – eines von zweien, die ständig klingeln – in ihre Handtasche gleiten. Als wir am Tahrir-Platz vorbeifahren, zeigt sie uns den osmanischen Palast, in dem sie ein Museum für jemenitische Geschichte einrichten möchte. »Ich stelle mir etwas Ähnliches vor wie das Haus der Geschichte in Bonn. Wir Jemeniten müssen unsere Vergangenheit verstehen, damit aus der Zukunft etwas wird!«, sagt sie laut und bestimmt und in perfektem Englisch. Schon wieder klingelt ihr Handy. »Warum soll das nicht möglich sein?«, fragt sie in den Apparat. Die ganze Autofahrt über telefoniert Raufa – mit Politikern, Funktionären, Militärs. Der Neffe des Präsidenten – als Chef des Zentralkommandos für die Terrorbekämpfung zuständig – verspricht Geld, für Raufas Initiativen hat er immer etwas übrig. Doch ihr Ziel, das neu gebaute Hallenbecken des Offiziersklubs noch vor der offiziellen Eröffnung nutzen zu dürfen, erreicht Raufa nicht. Der Plan, in der kommenden Woche mit dem Kurs zu beginnen, scheitert. Es gibt kein Becken – jedenfalls keines für Frauen.

Doch Raufa gibt nicht auf. In ihr fensterloses Büro neben dem seit Jahren geschlossenen Hadda-Kino kommen die ersten Frauen, um sich für den Kurs anzumelden. Die meisten engagieren sich in gemeinnützigen Organisationen und unterrichten selbst – Nähen, Englisch oder die Grundlagen der Demokratie. In solchen Frauenkursen hat Raufa für ihren Plan geworben. Kleine zierliche sitzen neben stämmigen Jemenitinnen, eine zeigt nicht einmal ihre Augen, eine andere trägt eine figurbetonte *abaja*, eine dunkle Strähne lugt keck unter ihrem locker gebundenen Kopftuch hervor. »Was sollen wir denn zum Schwimmen anziehen?« Diese Frage beschäftigt sie am meisten. Zwischen den Frauen sitzt ein Mann in grünem

Trainingsanzug, ein männlicher Begleiter. Er erzählt vom Irak, seiner Heimat, wo er vor dem Krieg Turnstunden für Kinder gab. »Es ist so schade, dass hier kaum Sport getrieben wird, schon gar nicht von den Frauen«, bedauert er.

Dem Iraker gegenüber sitzt Husnia mit ihrem hellblauem Kopftuch. Husnia ist 28 und treibt Sport, Gymnastikübungen hinter verschlossener Zimmertür. Sie arbeitet als Lehrerin und brennt darauf zu lernen, was sie sich so gar nicht vorstellen kann: aus eigener Kraft durchs Wasser zu gleiten.

Aber durch welches Wasser? Die Liste mit den Anmeldungen füllt inzwischen eine ganze Seite, doch ein Schwimmbad für den Kurs fehlt noch immer. Und die Zeit wird knapp, denn bald muss Rea zurück nach Oldenburg, sie reist ein paar Wochen vor uns ab. Und Raufa ist auf dem Sprung zu einer Frauenkonferenz in den USA – die wenigen arabischen Feministinnen sind im Westen als Referentinnen heiß begehrt. Rea nutzt die Zeit des Wartens und geht mit dem Geld des Präsidentenneffen einkaufen. Auf einer der großen Ausfallstraßen hat sie ein Sportgeschäft entdeckt, wählt Schwimmreifen, Schwimmwesten und Schwimmbretter aus. Sogar Badeanzüge aus chinesischer Produktion kann sie ergattern. Mir verpasst Rea ein züchtiges Modell in Schwarz, das bis zur Mitte der Oberschenkel reicht; der Brustteil fühlt sich an wie ein Schaumstoffpanzer. Sie selbst entscheidet sich für ein grell gemustertes mit angeschnittenem Röckchen, das die Hüften umspielt.

Drei Wochen später kann ich den gepanzerten Badeanzug zum ersten Mal tragen. »Gesundheitsklub – Frauenabteilung« steht auf einem Leuchtschild in Arabisch und Englisch über dem Eingang zum Bad – dem einzigen, das am Ende nichts gegen die Veranstaltung eines Frauenschwimmkurses einzuwenden hatte. Eine Notlösung. Der Gesundheitsklub liegt in der Tourist City, einer tristen Anlage aus Wohnblöcken auf einem Hügel im Nordosten Sanaas. Reiche Russen aus dem Ölgeschäft leben hier mit ihren Familien, geschützt von hohen Mauern und bewaffneten Wächtern. Der schlechte Ruf der Tourist City ist trotzdem nach draußen gedrungen, vor allem der »Russenklub« auf dem Gelände ist berüchtigt. Blondierte Frauen mit hochtoupierten Turmfrisuren, tief dekolletierten Shirts im Leopardenmuster, neonfarbenen Miniröcken und Netzstrümpfen tanzen dort an Donnerstagabenden mit Männern, die sich zuvor an der Theke mit Wodka und Heineken Mut angetrunken haben. Nie würde eine auf ihren Leumund bedachte Jemenitin einen Fuß in die Tourist City setzen – es sei denn, dort bietet sich die einzige Möglichkeit, Schwimmen zu lernen.

Für regelmäßige Übungsstunden über mehrere Wochen hat Rea keine Zeit mehr, stattdessen bietet sie einen Intensivkurs an: 14 Tage lang können die Frauen täglich zwischen neun am Morgen und zwei Uhr nachmittags zum Unterricht in den Gesundheitsklub kommen.

Noch ist keine da. Rea und ich warten beim Tee auf der sonnigen Terrasse vor der Glasfassade der Männerabteilung. Durch die Scheiben beobachten wir Jungen, die sich gegenseitig ins Wasser schubsen und wie Hunde paddeln, und Männer, die kraulend im langen Becken ihre Bahnen ziehen. »Ich überlege, meine Doktorarbeit über Frauensport im Jemen zu schreiben«, sagt Rea. »Ob Frauen Sport treiben oder nicht, hat enorme Auswirkungen auf ihre Rolle in der Gesellschaft, finde ich. Und natürlich auch darauf, wie sie sich selber sehen.«

Die Frauenabteilung liegt auf der Schattenseite des Gebäudes. In die weiß gekachelte Halle fällt das Licht nur durch Fenster im Giebel, im Boden sind zwei schmale Becken eingelassen, viel zu kurz, um richtig zu schwimmen, aber lang genug, um mit ein paar Zügen anzufangen.

Salma ist die Erste. Ihr Mann bringt sie mit dem Auto bis zum Eingangstor, das ein blau uniformierter Wächter mit Kalaschnikow sichert. Salma trägt eine schwarze *abaja*, ein braunes Kopftuch rahmt ihr rundes Gesicht ein, sie strahlt. »Wann soll mein Mann mich wieder abholen?«, fragt sie. »Für den Anfang sind ein, zwei Stunden genug«, empfiehlt Rea. Salma bestellt ihren Mann trotzdem erst in vier Stunden. »Mein Mann ist am Meer aufgewachsen«, erzählt sie. »Er kann ausgezeichnet schwimmen. Einmal war ich mit ihm am Strand, aber nur zum Planschen und komplett angezogen natürlich. Jetzt komme ich gerade aus den Bergen, ich mache dort mit Kindern Theater.« Die Sätze sprudeln nur so aus Salma heraus, sie lacht und freut sich und ist doch ziemlich aufgeregt. »Ich will unbedingt schwimmen lernen«, wiederholt sie mehrmals. »Ich bin sehr dick, tut mir leid«, sagt Salma noch, bevor sie ihre weite *abaja* als Zelt nutzt, um sich darunter ungesehen umzuziehen. Kurz darauf steht sie ganz in Pink am Beckenrand. Der Badeanzug reicht von den Ellenbogen bis über die Knie, darunter zeichnen sich BH und Slip ab. Die langen schwarzen Haare stecken in einer Badekappe, ebenfalls pink.

Gemeinsam steigen wir die Treppe ins Wasser hinab, Chlorgeruch beißt in der Nase. Langsam schreiten wir durchs Becken, Hand in Hand wie bei der Polonaise. »Keine Angst, du kannst überall stehen.« Das laue Wasser kriecht über die Beine, bis zum Bauch, über die Brust fast bis zum Kinn. Immer fester klammert sich Salmas Hand an meine, ihr Körper wird steif, sie legt den Kopf in den Nacken, so wird das Wasser schon nicht in den Mund schwappen. »Noch ein Schritt, dann haben wir's geschafft!« Auf der Stufe am anderen Ende des Beckens ist die Gefahr fürs Erste gebannt. Im Sitzen üben wir dort Arm- und Beinbewegungen: Hände vor der Brust zusammennehmen, Arme mit Schwung nach vorn strecken, dabei einatmen, dann ausatmend die Hände in großem Bogen zum Körper zurückführen. »Und die Finger nicht spreizen!« Konzentriert ahmt Salma meine Bewegungen nach. Allmählich entspannt sie sich. »Ich will schwimmen lernen, um abzunehmen. Ich will schön sein für meinen Mann«, sagt sie. Vor der Hochzeit habe sie schon mal einen Versuch unternommen und auf einem Trimmrad trainiert – damit sie ins Brautkleid passte. »Inzwischen habe ich aber wieder 16 Kilo zugenommen.« Jetzt zieht Salma die orangefarbene Schwimmweste über den pinken Anzug. Sie rutscht von der Stufe, stellt sich auf Zehenspitzen, stößt sich mit den Füßen ab zu ihrem ersten Zug. Wasser schlägt ihr ins Gesicht, in den Mund, über die randlose Brille. Die Beine sacken zu Boden. Nächster Versuch. Selbst als ihre Lippen bereits blau vor Kälte sind und die Augen rot vom Chlor, kämpft sie weiter mit ihrem Körper und dem Wasser.

Husnia, deren Schwimmdress aus einer knöchellangen schwarzen Gymnastikhose und einem schwarzen T-Shirt besteht, übt derweil mit Rea. Husnias Haare stecken unter einer durchsichtigen Duschhaube. Sie kneift die Augen zusammen, runzelt die Stirn, murmelt *»bismillah«*, bevor sie an den Beckenrand geklammert die Beine wie ein Frosch zu spreizen versucht. »Im Wasser fallen die Bewegungen viel leichter als bei der Gymnastik«, freut sich Husnia. Ehrgeizig wiederholt sie die Übung, öffnet und schließt die Beine. »Mein Vater und meine Brüder wollten nicht, dass ich zum Schwimmkurs gehe. Wir haben uns richtig gestritten deswegen«, erzählt sie. »Heute Morgen bin ich dann einfach aus dem Haus gegangen, ohne zu sagen, wohin.«

Im zweiten Becken der Halle planschen zwei junge Jemenitinnen, die nicht zum Kurs angemeldet sind. Neugierig beobachten sie die mittlerweile fünf Kursteilnehmerinnen, ihre Lehrerin und deren Assistentin. Als Salma, Husnia und die anderen in den Duschkabinen verschwunden sind, trauen sie sich, Rea anzusprechen. »Können wir auch noch mitmachen?«, fragen sie. Sie sind Schwestern und kommen regelmäßig in den Frauengesundheitsklub, aber schwimmen können sie nicht. Wir vertrösten sie auf einen nächsten Kurs, den Raufa bereits plant. »Wir möchten aber so gern schwimmen lernen, wer soll uns das sonst beibringen?«, beharren sie. »Und ihr seid so geduldig! Ich würde die Frauen einfach mal richtig ins Wasser tauchen, wenn sie immer wieder dieselben Fehler machen!«

Am nächsten Tag trägt Husnia einen gelb-weiß geblümten Bikini über dem schwarzen Gymnastikanzug. Für heute hat sie sich vorgenommen, mit dem Schwimmreifen um den Bauch die Fünf-Meter-Bahn zu durchschwimmen. Ihre Nase schützt sie mit einer Haarklammer vor dem stark gechlorten Wasser, für die Augen habe ich ihr Klaus' Schwimmbrille mitgebracht. Wenn der uns hier sehen könnte!

Salma stöhnt. Arme, Beine und Schultern schmerzen, ihr ganzer Körper lehnt sich auf gegen die ungewohnte Beanspruchung, die Augen sind immer noch gerötet. Tapfer steigt sie trotzdem ins Wasser, versucht einen Zug, geht unter, stellt sich hin, stößt sich ab, versucht den nächsten, Bahn für Bahn, eine Stunde lang.

»Salma, genug für heute, raus aus dem Becken!« Rea genießt Autorität. Draußen scheint die Sonne, hier drin bibbern wir, schnell in die Sauna. Salma rollt ihren Badeanzug bis zum Bauchnabel nach unten, den fleischfarbenen BH behält sie auch zum Schwitzen an. Doch die feuchte Hitze bekommt dem Badeanzug nicht. Ein pinkfarbenes Bächlein quillt aus der Hüfte, ergießt sich auf die hölzerne Bank, tropft auf den Boden. Salma lacht. Die Farbreste auf dem Oberschenkel spült sie im Whirlpool ab.

Das dampfende, sprudelnde Wasser riecht modrig, lange schwarze Haare schwimmen darin. Im Pool sitzen die zwei Schwestern von gestern, sie winken Rea und mich heran. Sie sind 20 und 21 Jahre alt und lernen an einem privaten Institut Englisch. Sie hätten keine

Lust, richtig an der Uni zu studieren, erklären sie. »Ich will heiraten, nicht arbeiten«, sagt die Ältere. Verlobt sei sie schon, am Wochenende komme ihr zukünftiger Mann manchmal zu ihr nach Hause. »Dann kauen wir mit meinen Eltern *qat*.« Ihre gleichmäßigen weißen Zähne haben zum Zahnfleisch hin schon den verräterischen rotbraunen Rand. »Gehst du auch manchmal mit zu seiner Familie?«, will ich wissen. »Nein, das wäre doch *haram*«, entrüstet sie sich. Das Handy der jüngeren Schwester klingelt. Sie drückt es sich an die nassen Haare und kichert hinein. Ihr Freund ist dran. Den hat sie schon seit über einem Jahr, heimlich natürlich. »Ich habe ihn auf der Hadda-Straße kennengelernt, er studiert im selben Institut Englisch.«

»Und wo trefft ihr euch?«

»Wir können uns nicht treffen, nur telefonieren. Meine Eltern dürfen auf keinen Fall davon erfahren«, sagte sie, »sonst…« Sie fährt mit der Handkante von rechts nach links über ihren Hals.

Am dritten Kurstag stößt Amina dazu. »Ich bin in Aden groß geworden, da war alles viel lockerer«, erzählt sie, während sie auf den Stufen zum Schwimmbecken sitzt und die Beine grätscht und wieder schließt. Für die 35-Jährige, die aussieht wie 25, ist Schwimmen nicht der erste Sport ihres Lebens. »In der Schule unterrichteten uns zwei Akrobaten – einer kam aus China, der andere aus der DDR. Wir Mädchen turnten zusammen mit den Jungs, das war damals alles kein Problem.« Die Kunststücke kann sie noch heute. »Willst du mal sehen?«, fragt Amina und schwingt sich in den Handstand. »Guck mal auf das Etikett in meinem Trikot«, fordert sie mich auf, und ich fingere das weiße Zettelchen aus ihrem tiefen Rückenausschnitt. »C&A« steht dort. »Das hat mir mein Vater aus Deutschland mitgebracht.«

Die Schwimmbewegungen fallen Amina leicht. Mit der Hand stütze ich ihren zarten Körper am Bauch, schiebe sie durch das

Becken, während ihre Arme und Beine ausprobieren, wie sie den Widerstand des Wassers am besten brechen. »Okay so?«, fragt Amina immer wieder Richtung Beckenrand, wo Rea steht und von oben die Fortschritte ihrer Schülerinnen beobachtet. *»Tamam, tamam«*, lobt Rea. Das Urteil der Fachfrau ist Amina wichtig.

Vormittags arbeitet sie im Kulturministerium, nachmittags in einer Bibliothek. »Mein Mann ist beim Radio, aber zurzeit macht er in Sankt Petersburg seinen Doktor in Politik.« Er sei kein typischer Jemenit, sagt sie, was ihr sehr gefalle: »Er kocht und passt auf die Kinder auf.«

Husnia zieht an uns vorbei. Ihre Hände umfassen ein Schwimmbrett aus Styropor, mit der Kraft ihrer Beine schiebt sie sich durchs Wasser. Auf der Nase sitzt inzwischen ihre eigene Schwimmbrille.

Am Mittag ist das Gedränge in der Sammelumkleide groß. Salma zieht sich wieder unter ihrer *abaja* um, Amina zeigt allen ihren weinroten Spitzen-BH. Ein Deostift wird herumgereicht, Parfüm versprüht. »Sagt mal, wie enthaaren deutsche Frauen eigentlich ihre Beine?« Ich muss lachen. Wer hätte gedacht, dass mir das mühsame Arabischlernen einmal dazu nützen würde, einer Diskussion über die Vor- und Nachteile von Wachs- und Fadenepilation zu folgen.

Zehn Minuten später erkenne ich Amina nur an ihrer forschen und lauten Stimme wieder. Zum Abschied klappt sie ihren Gesichtsschleier für einen Augenblick zurück und drückt Rea einen Kuss auf die Wange. Ein schwarzes Phantom umarmt die halb nackte weiße Frau im bunt gemusterten Badeanzug. »Bis morgen, Rea, bis morgen, Susanne!«, sagt sie und geht leichtfüßig an dem Mann mit der Kalaschnikow vorbei zum Bus. Die nassen Haare haben einen dunklen Fleck ins Kopftuch gezeichnet.

Tag vier. Salma setzt heute aus, Amina bringt die älteste ihrer vier Töchter mit. Als die 15-Jährige sieht, wie ich bewegungslos auf dem

Rücken im Wasser treibe, ist sie fasziniert. Den »toten Mann« will sie auch lernen! Furchtlos springt sie ins Wasser. »Bring mir das bei!«, befiehlt sie und lässt sich von mir durchs Chlorwasser ziehen. Doch was ist der »tote Mann« gegen Reas Schwimmkünste! Elegant und trotzdem voller Kraft pflügt sie im Delfinstil durch das Becken. Die Frauen klatschen und johlen vor Begeisterung. »Mach den Delfin!«, verlangen sie immer wieder. Mit ein paar Zügen Brustschwimmen sind sie jetzt nicht mehr zufrieden – von nun an lautet ihr Ziel Delfinschwimmen.

Aber nicht heute, Amina macht erst einmal Pause. Sie setzt sich auf eine der weißen Kunststofffliegen in der Schwimmhalle, packt ihr belegtes Brötchen aus und lässt sich von der Frau an der Kasse eine Wasserpfeife bringen. Weißer Qualm steigt aus ihrem Mund. »Wie ist das, wenn man seine Tage hat, fließt das Blut dann beim Schwimmen ins Wasser?«, fragt Amina die Frauen, die am Beckenrand sitzen. Sie unterhalten sich über Orangenhaut und zeigen sich ihre Schwangerschaftsstreifen. Aus dem Überlauf des Beckens fingert Amina ein kleines mit Draht umwickeltes Röhrchen. Sie zeigt es den anderen Frauen, sie tuscheln und kichern. »Ich will auch mitlachen«, sagt Rea. »Das sieht aus wie ... wie ...«, kiekst Amina und deutet zwischen Reas Beine. »Wie das Ding, das sie dir einsetzen, damit du keine Babys mehr kriegst!« – »Warum haben die Frauen in Europa nur so wenige Kinder?«, will Amina wissen, nun wieder ganz ernst. »Und warum bekommt ihr sie so spät?« Rea erzählt, dass sie erst einen Beruf haben wolle. Und wie schwierig es in Deutschland sei, als Mutter zu arbeiten. »Oft wohnen die Großeltern weit weg und können sich nicht um die Enkel kümmern.« Die Frauen nicken stumm.

Plötzlich springt Amina auf, stellt sich auf die Treppe ins Wasser und beginnt zu singen. Ihre Tochter filmt sie mit dem Handy. Amina breitet die Arme aus, drückt die Schultern zurück, lässt die Hüften kreisen, den Hintern zucken, der Pferdeschwanz tanzt mit. Einen Bauch, den sie wackeln lassen könnte, hat sie trotz vier Geburten nicht.

Husnia lässt sich von der Bauchtanzeinlage nicht ablenken. Sie schwimmt Bahn um Bahn, den Kopf unter Wasser, in ihrem Schwimmreifen ist nur noch wenig Luft. Das Trikot, das sie heute unter dem gelben Bikini trägt, reicht gerade noch bis zu den Knien. »Jetzt versuche ich es mal ganz ohne Schwimmreifen«, ruft sie uns aus dem Becken zu. Die Frauen versammeln sich rund um den Pool, unterbrechen ihre Unterhaltung, blicken gebannt auf Husnia. Die streift den Reifen über den Kopf und reicht ihn Rea. Erfolg oder Scheitern legt sie in Gottes Hand, »bismillah ar-rahman ar-rahim«, flüstert sie, schon in Startposition, die Hände gefaltet wie zum christlichen Gebet. Sie stößt sich mit den Füßen an den Beckenstufen ab, taucht mit dem Gesicht ins Wasser, ihr Atem blubbert an die Oberfläche, ihr Körper gleitet ruhig durchs Becken. Erst am anderen Ende taucht der Kopf mit der Duschhaube wieder auf, ein triumphierendes Lächeln erscheint auf dem nass triefenden Gesicht. Husnia hat es geschafft! Als Erste im Kurs kann sie tatsächlich schwimmen! Die anderen Frauen klatschen bewundernd, Rea ist begeistert.

»Das Wasser ist mein Freund geworden«, sagt Husnia später, als wir auf der Terrasse mit einer »Bibsi« auf ihren Erfolg anstoßen. »Ich habe wirklich Schwimmen gelernt. Jetzt kann ich auch alles andere erreichen.«

Frau Präsidentin

Der Mann an der Rezeption schaut von seinem Fernseher auf. »Eine Verabredung mit Sumaja Radscha?«, wiederholt er und zeigt auf die Sessel, die gegenüber dem Fahrstuhl stehen. »Dort können Sie warten.« Er greift zum Telefon, guckt auf die stehen gebliebene Uhr hinter dem Empfangstresen und wieder zurück zum Bildschirm, über den Schwarz-Weiß-Aufnahmen von tanzenden Jemenitinnen flimmern. »Keiner da«, murmelt er, halb zu sich, halb zu uns, legt auf, mustert unser Aufnahmegerät, die Kamera und meinen nachgeschneiderten Anzug und tippt noch einmal die Zimmernummer ins Telefon. »Ja«, sagt er in den Hörer, »natürlich, selbstverständlich.« Mit einem bedauernden Augenaufschlag sieht er zu uns herüber. »Sumajas Kinder sind gerade da«, sagt er. »Sie fliegen heute Abend zu ihrem Vater nach Paris. Deshalb hat sie jetzt leider keine Zeit für Sie.« Unser Termin mit der Frau, die als Kandidatin bei der Präsidentschaftswahl in einem halben Jahr antreten will, ist geplatzt.

Drei Wochen später. Sumajas politischen Berater haben wir zu einem Vorgespräch bei Tee und Gebäck in unserem *mafradsch* empfangen, ihr eine Liste mit Fragen per E-Mail geschickt. Jetzt haben wir einen neuen Termin im Hotel Schammr. Der Mann am Empfangstresen erkennt uns wieder. »Zur Präsidentin?« Nach einer angedeuteten Verbeugung greift er zum Telefon. »Frau Präsidentin? Ihr Besuch ist da«, flüstert er lächelnd in den Hörer und schickt uns zu ihrer Suite.

Im sechsten Stock klingeln wir an der Tür. »Willkommen in meinem Büro«, empfängt uns eine rauchige Stimme. Die stämmige kleine Frau legt einen roten Seidenschal über die schwarzen langen

Haare und führt uns zu einem Sofa, auf dessen Rückenlehne eine weiße Tafel steht. Eine bunte Filzstiftzeichnung zeigt eine Frau mit lockigen Zöpfen, großen Ohrringen, Kussmund und hochgestrecktem Daumen. »Mein Sohn Mansour hat mich porträtiert«, lacht Sumaja. »Er ist zehn, meine Tochter Helen elf. Ihretwegen bin ich zurück in den Jemen gekommen. Sie sollen bald in ihrer wahren Heimat leben.«

Die 51 Jahre alte Jemenitin ist selbst dabei, sich wieder mit ihrer Heimat vertraut zu machen. Vor einem halben Jahr kam die Autorin und Fernsehjournalistin, die in Tais aufwuchs und in den USA studierte, aus Paris zurück nach Sanaa – und beschloss, bei der Wahl im Herbst als Nachfolgerin für den seit fast drei Jahrzehnten amtierenden Ali Abdallah Saleh anzutreten.

»So kann es nicht weitergehen mit diesem Land. Wir müssen etwas tun«, erklärt Sumaja. Noch ist völlig offen, ob überhaupt eine der Oppositionsparteien im Parlament die Exiljemenitin als Kandidatin nominieren wird. Doch darüber mag sie jetzt nicht nachdenken. »Wir werden gewinnen«, lacht Sumaja. »Egal, wie die Wahl ausgeht. Auch wenn wir in Wahrheit natürlich überhaupt keine Chance haben.« Dann wird sie schlagartig ernst. »Wisst ihr, warum ich einen Wahlkampf führen will?«, fragt Sumaja ohne Umschweife. »Ich habe jemenitische Kinder gesehen, die nachts heimlich über die Grenze nach Saudi-Arabien gehen, um dort zu arbeiten.« Sumaja zieht sich das Tuch weiter über die Schultern und hält es über der Brust zusammen, als wäre ihr kalt. »Jungen und Mädchen, die ihre Eltern und Geschwister ernähren müssen! Wo ist da die Regierung? Wo das Parlament? Wenn man diese Armut sieht ...«, sie seufzt. Auf der Liste der ärmsten Länder der Welt rutscht der Jemen jedes Jahr weiter nach unten, danach kommt nur noch Afrika. Jeder Dritte lebt mittlerweile unter der Armutsgrenze, die bescheidenen Vorräte an Öl und Gas werden immer knapper. In vielen Dörfern geht kaum ein

Mädchen zur Schule. Die Frauen bringen im Schnitt sechs Kinder zur Welt – die Bevölkerung wächst schneller als die Wirtschaft.

»Das ist nicht der Jemen, in dem ich groß geworden bin. Das ist nicht der Jemen, auf den ich während meiner Zeit im Ausland stolz war. Dieser Jemen hat jeden Zusammenhalt verloren. Wenn Kinder aufgegeben werden und für sich alleine sorgen müssen, dann läuft etwas völlig falsch.«

Sumaja schaut auf ihr buntes Porträt mit den langen Zöpfen. »Als ich drei war und meine Schwester acht, bat mein Vater den Imam um Erlaubnis, dass wir uns nicht verschleiern müssen. Wir waren die erste Familie in Tais, in der kein Kopftuch getragen wurde.« Sumaja zupft das Tuch zurecht, das sie sich lose übers Haar geworfen hat. Ihre Armreifen klimpern. »Heute verschleiern sich die jungen Frauen wieder. Ich hatte es gehört, gelesen, im Fernsehen gesehen, aber ich kann es noch immer kaum glauben ... Ich habe den Eindruck, wir sind um 20 Jahre zurückgefallen.«

»Und trotzdem wollen Sie als Frau für das höchste Amt im Staat kandidieren?«

»Das fragen die Islamisten auch immer«, entgegnet Sumaja kühl. »Ich wollte euch noch die entsprechende Sure im Koran raussuchen. Es gibt nämlich überhaupt keinen Grund, warum das Land nicht von einer Frau regiert werden sollte. Wir hatten vier Königinnen: die Königin von Saba, Arwa bint Ahmed, Asma bint Schihab, Hurra Alam ... Warum nicht eine Präsidentin? Ich will nicht als Frau für die Frauen antreten. Ich will etwas tun gegen den Niedergang des ganzen Landes, gegen die Armut, gegen die Korruption. Darunter leiden Männer, Frauen und Kinder doch gleichermaßen.«

Jetzt bricht es geradezu aus ihr heraus, ohne Punkt und Komma, keine Spur von gewählter Politikersprache. Manche Sätze enden im Nichts, andere springen ohne Atempause gleich zum nächsten Gedanken weiter. Bloß über ein konkretes Wahlprogramm will Sumaja nicht reden, »zu früh«, sagt sie, auch die E-Mail mit unseren Fragen hat sie nicht geöffnet. »Ich bin vielleicht nicht die intelligenteste Kandidatin, aber ich bin auch nicht die dümmste«, sagt sie. »Entscheidend ist, dass etwas passiert. Wir müssen aufhören, nur mit Phrasen und Ideologien zu spielen, während das Land zerstört wird.«

Doch die Voraussetzung für einen Machtwechsel ist eine echte Wahl. »Rechnen Sie überhaupt mit einer fairen Abstimmung?«

Sumaja lacht spitz auf. »Nein, natürlich nicht. Wer würde das erwarten?« Sie breitet die Arme aus. »Man muss ans Universum glauben, man darf sich nicht einschüchtern lassen. Aber wer hätte gedacht, dass Saddam Hussein jemals seine Unterhosen selbst waschen muss?«

Präsident Saleh habe viel für die Einheit und Stabilität des Landes getan, fügt Sumaja schnell hinzu. »Aber nach 27 Jahren verlierst du deine Hoffnungen, Träume und Ziele aus den Augen. Das ist ganz normal. Er ist müde. Die 27 Jahre werden zur Last. Das hat er doch selbst gesagt.«

Und damit eigentlich den Weg für einen Wechsel geebnet. Denn vor einem Dreivierteljahr hat Saleh tatsächlich das Ungeahnte angekündigt: Er werde nicht wieder antreten bei der nächsten Wahl, die Zeit sei reif für »junges Blut«, erklärte der 63-Jährige bei einem Empfang zu seinem 27. Amtsjubiläum und überraschte damit die geladenen Gäste aus dem In- und Ausland. Der mächtigste Mann im Staat, oberster Befehlshaber der Streitkräfte, Herr über die Regierung und im Grunde auch über das Parlament, die Justiz und die Medien, unangefochtener Machthaber seit Jahrzehnten – Feldmarschall Saleh will freiwillig das Feld räumen? Die Kommentatoren in den Tageszeitungen waren genauso baff wie die *qat*-Runden. Sollte sich Saleh wirklich zum Vorbild für die Demokratisierung auf der Arabischen Halbinsel aufschwingen? Oder war das alles nur der

Beginn einer großen Inszenierung, an deren Ende doch wieder ein fulminanter Wahlsieg für den Präsidenten stehen würde?

Zwei Tage nach der Ankündigung des Präsidenten saßen wir mit einem Tee zum Frühstück auf der Dachterrasse. Den Earl Grey hatten wir mit Wasser aus dem elektrischen Kocher überbrüht, weil die Gasflasche für den Herd gerade leer geworden war. Plötzlich Schüsse, wie Salven zur Feier einer Hochzeit. Aber an einem Mittwochvormittag? Über dem Tahrir-Platz steigen Rauchwolken auf.

Die E-Mail mit dem Betreff *security advice*«, die der deutsche Botschafter am Mittag verschickt, klärt auf. »Liebe Deutsche im Jemen, nachdem die Regierung in der vergangenen Nacht die lange geplanten Preiserhöhungen umgesetzt hat, ist es zu den von oppositionellen Kräften angekündigten und erwarteten Demonstrationen gekommen, die teilweise gewalttätige Formen angenommen haben.« Schon lange hatten die Weltbank und der Internationale Währungsfonds gefordert, die hohen Subventionen für Öl und Gas zu streichen. Benzin, bislang billiger als Mineralwasser, ist jetzt doppelt so teuer wie zuvor, Diesel kostet sogar dreimal so viel. Damit steigen schlagartig die Preise aller Früchte, die mit Dieselpumpen bewässert, und aller Waren, die mit Autos oder Lkws transportiert werden – über Nacht ist alles teurer geworden. »Zentren der Demonstrationen sind die Altstadt von Sanaa, Bab al-Jemen, der Tahrir-Platz, die Tais-Straße, die Straße Richtung Flughafen«, heißt es in dem Sicherheitshinweis weiter. »Die Botschaft rät, sich von allen Demonstrationen fern- und sich in den Wohnungen aufzuhalten.«

Der staatliche Rundfunk schweigt – wie zu allen brisanten Themen der Innenpolitik. Als ich mich bei Faris am Lädchen nach Neuigkeiten erkundigen will, ist das Tor verrammelt, der Platz verwaist. Im Internet kursieren Meldungen von schweren Verwüstungen und scharfen Schüssen der Sicherheitskräfte.

Ich verlasse das Haus erst wieder am nächsten Tag, um in der Saila ein Taxi anzuhalten. »Wir brauchen Gas«, sage ich dem Fahrer, der nur mit den Schultern zuckt. »Gas ist schon seit Tagen knapp. In der Neustadt gibt es auch keines mehr«, berichtet er. Jetzt hätten auch noch die Stämme in Marib die Straße nach Sanaa blockiert und die Route für den Nachschub abgeschnitten. Wir fahren trotzdem los, von einem Gasverkäufer zum nächsten. Die paar, deren Läden noch geöffnet haben, sitzen inmitten leerer Behälter und kauen *qat*. »Da ist wohl nichts zu machen«, entscheidet irgendwann der Taxifahrer. »Ich bringe dich wieder nach Hause.«

Überall sind Spuren der Verwüstung zu sehen: Die Straßen sind schwarz von verbrannten Autoreifen, Schaufensterscheiben zersplittert. Dutzende Demonstranten sollen bei den Straßenschlachten mit der Polizei ums Leben gekommen sein. »Unruhestifter sind das, Chaoten!« Der Taxifahrer ist wütend. »Keine richtigen Moslems.«

Am Tahrir stehen Panzer. Vor dem Postamt, der Yemen-Mobile-Zentrale und den Wechselstuben ist das Militär aufmarschiert: mit abgegriffenen Kalaschnikows bewaffnete Soldaten in grün-blauer Uniform, Schlagstöcke schwingende Dunkelhäutige im gelb-braunen Wüstendress, junge Männer in Zivil, die nur an ihrer Waffe als Militärs zu erkennen sind. Als der Taxifahrer die geballte Staatsmacht erblickt, scheint er seine Meinung zu ändern. »Die Regierung ist ja selber schuld. So stark darf man die Preise nicht erhöhen, das ist *haram*.« Nur einer könne Schlimmeres verhindern, ist der Fahrer überzeugt. »Der Präsident muss bleiben, auch die nächsten sieben Jahre. Sieh dir doch das Chaos an – das droht uns sonst jeden Tag.«

Zwei Tage lang ernähren wir uns von chinesischen Instant-Nudelsuppen, Rohkost und abgepacktem Vollkornbrot, das uns Freunde aus Deutschland mitgebracht haben, da klopft es spät am Abend laut am Hoftor. »Es gibt wieder Gas!«, ruft Faris, als er mich am Fenster erkennt. Schnell schraube ich die leere Flasche vom Herd und trage sie die vier Stockwerke nach unten. Faris balanciert zwei Flaschen auf einer Schubkarre. Die große Metalltür zum Gasladen, in dem sich sonst die vollen Flaschen bis unter die Decke stapeln, ist noch verschlossen. Doch in der Gasse, die von Faris' Lädchen zum Gasgeschäft führt, stehen die Nachbarn schon Schlange. Erst sind es etwa 50, dann 100, im Nu reihen sich vielleicht 200 leere Flüssiggasbehälter aneinander.

»In Deutschland ist das Gas unter der Straße verlegt«, erzähle ich. »Genau wie Strom und Wasser.«

Die Nachbarn staunen. Dann berichte ich, dass bei uns seit Tagen die Küche kalt blieb, weil die Gasflasche leer war. Die Männer reißen ihre Augen noch weiter auf. »Habt ihr wirklich keine Ersatzflasche im Haus?«, fragt einer, den Blick voll ungläubigen Mitleids.

Kleine Jungen und Mädchen und ein paar alte Männer kommen um die Ecke und rollen scheppernd leere Gasbehälter über das Kopfsteinpflaster. Faris wedelt mit den abgezählten Geldscheinen. »800 Rial für eine Flasche!«, ruft er. Dann zählt er vier Hunderter ab und hält sie in die Höhe. »Letzte Woche kostete sie bloß die Hälfte. So kann die Regierung nicht weitermachen. Der Präsident muss ein Machtwort sprechen.«

»Aber Saleh will doch die Macht abgeben«, werfe ich ein.

»Nein, nein, das geht nicht. Was sollen wir ohne den Präsidenten anfangen?« Die Jungen und Männer, die mit mir in der Schlange stehen, haben nie ein anderes Staatsoberhaupt erlebt. Nur die Alten erinnern sich zurück an die turbulente Zeit vor Saleh, an die Wirren des Bürgerkriegs und die ersten Jahre der nordjemenitischen Republik, als die Herrscher im Präsidentenpalast ermordet wurden, wenn sie nicht rechtzeitig zurücktraten.

Nach einer halben Stunde geht ein Aufatmen durch die Menge: Der Kleinlaster kommt, endlich! Doch mehr als 100 Gasflaschen hat der nie und nimmer geladen. Aufgeregt scharen sich die Jungen und die Alten um den Transporter, ihre leeren Flaschen lassen sie in einer ordentlichen Reihe auf dem Pflaster stehen. Aber der Fahrer bleibt sitzen, der Laden ist immer noch verschlossen. Da tauchen Uniformierte auf, Soldaten mit Kalaschnikows und weißen Helmen, die eine blaue Taube ziert. Sie drängen uns zurück auf den Bürgersteig, machen Platz, damit der Laster vor dem Laden rangieren kann. Ich muss an die Schüsse bei den Demonstrationen vor ein paar Tagen denken und gehe hinter der Gasflaschenschlange in Deckung.

Eine Stunde später ist unsere neue Flasche angeschlossen, morgen gibt es wieder Kaffee aus der Espressokanne zum Frühstück! Das Rollen der Gasflaschen auf dem Pflaster hören wir noch bis weit nach Mitternacht.

Einige Zeit später sind die zerbrochenen Schaufenster wieder repariert, die geplünderten Geldautomaten ausgetauscht, nur im Teer auf dem Tahrir sind noch die Abdrücke der Panzerketten zu sehen.

»Welchen Chefredakteur willst du noch mal interviewen?« Der junge Mann, der neben mir im Taxi sitzt, spricht einen vertraut klingenden Singsang. Sami hat fünf Jahre in Ludwigshafen gelebt, Medizin studiert – und den Dialekt der Pfälzer angenommen. Seine Doktorarbeit befasst sich mit den Nebenwirkungen von *qat*. Eine deutsche Freundin empfahl mir Sami als Übersetzer.

»Wir fahren zu Dschamal Amir«, antworte ich, »dem Chef von *Al-Wasat*.« Sami sagen beide Namen nichts. »Ich kenne mich ja gar nicht mehr aus im Jemen«, seufzt er. Er kann auch nicht glauben, dass Amir verschleppt und bedroht worden sein soll, bloß weil er die Namen prominenter Sprösslinge veröffentlichte, denen der Staat das Auslandsstudium finanzierte. »So schlimm ist der Jemen doch auch wieder nicht.«

Die Redaktionsräume von *Al-Wasat* sind in einem Hinterhaus an einer verstopften Einkaufsstraße zwischen Elektro- und Textilgeschäften versteckt. Im Treppenhaus weist ein vergilbtes Schild den Weg nach oben in ein bescheidenes düsteres Büro. »Wir sind eine der wenigen unabhängigen Zeitungen«, sagt Amir zur Begrüßung. »Keine Villa, keine Glasfassade. Dafür unabhängig.«

Das Gesicht des 39-Jährigen ist zerfurcht und mit kleinen Narben übersät. Über den breiten Schultern trägt er ein schwarzes Hemd und ein schwarzes Jackett. Amir schrieb für das Parteiblatt der Nasseristen, bis er nach einem kritischen Artikel über die saudisch-jemenitischen Beziehungen entlassen wurde und für eine Woche ins Gefängnis musste. Dann arbeitete er für die Zeitung der Sozialisten. Vor drei Jahren gründete er schließlich sein eigenes Wochenblatt: *Wasat* heißt Mitte.

»Die vielen Blätter, die du an den Zeitungskiosken am Tahrir oder in der Hadda-Straße liegen siehst, täuschen«, sagt Amir. Die meisten Publikationen dienten nur als Sprachrohr der Regierung, der Armee oder einer der zahllosen kleinen Parteien. »Es gibt vielleicht drei oder vier Zeitungen, die es wagen, Kritik am Präsidenten und seiner Regierung zu üben«, sagt der Chefredakteur. »Sie stehen unter großem Druck.«

Amir redet schnell, wie gehetzt, ohne Übersetzer hätte ich große Mühe zu folgen. »Die Zeitungen *Al-Bilad, Ad-Dustur* und *Asch-Schummu* zum Beispiel«, zählt Amir auf. »Sie sehen ihre Hauptaufgabe darin, kritische Journalisten durch den Schmutz zu ziehen und mundtot zu machen.« Sami stockt. Er kennt die Namen der Zeitungen nicht, und er will offenbar noch immer nicht glauben, was er da übersetzen muss. »*Asch-Schummu*, sagt er, hat Amir angeblich mehrmals beschuldigt, ein amerikanischer Spion zu sein. Die Regierung hat beschlossen, sagt er ...«, Sami sucht nach Worten, »... dass sie beschlossen hat, die Einsichten ... die Ansichten der

Leute zu ändern.« Sami seufzt. Seine Stimme wird immer leiser, er murmelt nur noch vor sich hin. »Und dass sie ihre Presseorgane für Schmutzkampagnen, Beschimpfungen und Diffamierungen benutzt.« Das alles schade der Pressefreiheit, sagt Amir, und sorge zugleich für noch mehr Politikverdrossenheit.

»Gibt es rote Linien, die die Journalisten bei ihrer Arbeit nicht überschreiten dürfen?« Sami formuliert meine Frage widerwillig auf Arabisch.

»Die wichtigste rote Linie ist der Präsident«, antwortet Amir. »Kritik am Präsidenten ist tabu.« Sami übersetzt. Aber dann platzt ihm der Kragen. »Das ist doch alles Quatsch!«, unterbricht er Amir. »Wenn ich den Präsidenten nicht mag, dann kann ich das doch sagen, was erzählen Sie denn hier!«

»Es geht nicht darum, ob ich ihn mag oder nicht, es geht um die Meinungsfreiheit«, fährt Amir Sami an. »Aber Moment mal. Wer übersetzt denn hier, und wer stellt die Fragen?«

Sami schweigt und rührt in seinem Tee. Amir wendet sich mir zu. Er drosselt sein Tempo ein wenig und beginnt von seiner Verschleppung im vergangenen Jahr zu erzählen, wie bewaffnete Männer ihn in ein Fahrzeug mit einem Nummernschild des Militärs stießen und ihm vorwarfen, das Staatsoberhaupt und seine Regierung nicht zu respektieren. Sie schlugen ihn und drohten, er solle an seine Kinder denken, bevor er weiter über Korruption und Vetternwirtschaft schreibe. Amir streicht sich über die krausen, an den Schläfen schon ergrauten Haare. Nach jedem Satz wartet er auf mein Nicken, bevor er weitererzählt. »Andere Journalisten erhielten Berufsverbot, weil sie spekulierten, der Präsident könnte vor der Wahl seinen Sohn als Nachfolger ins Amt hieven«, fährt Amir fort. »Oder mein Kollege von *Asch-Schura*. Er musste für ein Jahr ins Gefängnis, weil er über den Bürgerkrieg im Norden berichtete. Dort gibt es täglich Tote, das Militär verfolgt die Aufständischen in den Bergen mit unerbittlicher

Härte, aber in den Zeitungen lesen wir nichts darüber. Die Regierung behauptet, die Rebellen wollten wieder die Herrschaft des 1962 gestürzten Imams errichten. Wer das infrage stellt oder einen der Wortführer aus Saada zum Interview trifft, kommt ins Gefängnis.«

Der Chefredakteur schaut zu Sami, der wortlos an seinem Tee nippt. »Das sind die roten Linien«, sagt Amir. »Ob ich den Präsidenten nun mag oder nicht.«

Als wir wieder in den Wagen steigen, entschuldigt sich Sami für seinen misslungenen Einsatz als Übersetzer. »Tut mir leid, aber das konnte ich nicht akzeptieren. Ich kann mein Land nicht auf diese Weise beschmutzen.« Er mustert mich. »Diesen Unsinn wirst du hoffentlich nicht schreiben. Oder glaubst du ihm etwa?« Ich schweige. »Schade, dass du schon so bald wieder fährst«, sagt Sami und schaut aus dem Fenster. »Sonst hätte ich dir noch ein Treffen mit einem hohen Scheich organisiert. Den hättest du alles fragen können. Er hätte dir erklärt, wie es wirklich ist im Jemen. Viel besser als solche Schreiberlinge, die alles nur aus ihrem Blickwinkel sehen. Oder diese Frau, die sowieso nie Präsidentin wird.«

Wortgefecht

Die Fahrt mit dem Taxi dauert nur eine halbe Stunde. Doch die zerfallenen Turmhäuser, die hinter einem Schutthaufen am Straßenrand in den wolkigen Himmel ragen, sehen nicht aus wie das Sanaa, das wir kennen. Zwei ausgemergelte Hunde jagen über das Geröll. Die verwaschenen Lehmruinen verraten, welch zerstörerische Kraft der Regen hier entwickeln kann. Die Kulisse wirkt wie aus dem Bürgerkrieg, vielleicht wurden die Häuser tatsächlich zerstört, als die Anhänger des Imams in den 6oer- Jahren die Republikaner in Sanaa bombardierten. Nur ein strahlend weiß verziertes Minarett erhebt sich wie ein langer Zeigefinger hoch über die Trostlosigkeit und kündet davon, dass hier noch immer Menschen leben.

»Hier sind die Mieten billig«, sagt Kamal, während wir hinter ihm her durch den Vorort stapfen. Er hat seinen dunklen Anzug gegen die traditionelle Tracht getauscht und will uns mit Dichtern bekannt machen, Stammesdichtern. Vor kurzem sind wir ihm über den Weg gelaufen, bald 15 Monate nachdem wir unsere Unterschrift unter seinen Mietvertrag für den *mafradsch* im Ausländerhaus gesetzt hatten. »Was? Ihr reist demnächst schon ab?« Er sah uns ungläubig an. »Ist das Jahr schon vorüber?« Kamal dachte einen Augenblick lang nach. »Mein Freund Amin ist der beste Dichter in der Stadt, den müsst ihr unbedingt noch kennenlernen«, lud er uns schließlich ein. »Er trifft sich jeden Dienstag mit seinen Kollegen.«

Also folgen wir Kamal in einen Neubau aus Beton mit vergitterten Fenstern. Auf den kalten Fliesen im Flur stehen schon vier Paar Sandalen, wir streifen unsere Schuhe ab. Im dunklen *diwan* riecht es nach frischem *qat* und dem Rauch starker Zigaretten.

»Willkommen beim Verband der Volksdichter«, sagt einer der Männer, als er sich erhebt und zuerst mir, dann Susanne die Hand entgegenstreckt. »Mein Name ist Amin Qasim Mohammed al-Maschriqi.« Amin trägt ein frisch gebügeltes weißes Kleid, das grüne Jackett und den goldbestickten Gürtel mit dem Krummdolch hat er an einen Haken an der Wand gehängt. Auf dem niedrigen Tisch vor seinem Sitzpolster stapeln sich Bücher und Heftordner neben einer Schachtel Papiertaschentücher. Den Mann neben sich stellt uns Amin als Hussein vor, über die beiden Männer in der Ecke sagt er: »Das sind auch Dichter, aber die sind noch jung.« Amin ist Mitte 30, mit seinem schwarzen Bart und dem ernsten Gesicht sieht er älter aus. Die vier sitzen schon eine ganze Weile zusammen, ihre Wangen sind ausgebeult.

»Ein herzliches Willkommen euch beiden beim Verband der Volksdichter«, sagt Amin noch einmal und kramt einen Zettel aus seinen Unterlagen hervor, eine Seite aus einem Schulheft. Mit Kugelschreiber hat er ein paar Strophen darauf notiert. »Das Verkehrsministerium bat mich, zum arabischen Tag der Verkehrssicherheit ein Gedicht zu schreiben«, erklärt Amin. Er spricht klares Hocharabisch, betont langsam, damit wir ihn verstehen. Sobald wir ihn fragend ansehen, fordert er Kamal mit einem Blick auf, das fehlende Wort auf Englisch zu ergänzen.

Amin hält inne, schaut in die Runde, wartet, bis keine *qat*-Tüte mehr raschelt und ihm alle die gebührende Aufmerksamkeit widmen. Mit getragener Stimme beginnt er zu rezitieren. Es geht um die Lebensgefahr auf jemenitischen Straßen zwischen überladenen Autos ohne Licht und Bremsen. In den Versen wird der Dichter zum Fahrer eines Sammeltaxis, der laut hupend mit viel zu vielen Passagieren und offener Schiebetür über die kurvigen Gebirgsstraßen braust. »Setz dein Leben nicht aufs Spiel!« Beim Refrain wird Amin lauter und schneller, ab der zweiten Strophe murmeln ihn alle mit.

»*La tureiir hajatak bisuraa!*« Keiner kaut, keiner qualmt, gebannt lauschen die Männer dem Dichter, um dann wieder mit ihm einzustimmen: »Setz dein Leben nicht aufs Spiel!« Ich verstehe längst nicht jeden Vers, jeden Reim, trotzdem klingen Amins Worte auch in meinen Ohren melodiös und wunderschön. Wer weiß, vielleicht macht das Gedicht die Straßen tatsächlich sicherer als warnende Plakate. Nur jeder zweite Jemenit kann lesen, doch die Verse versteht jeder.

Jetzt will Hussein ein Gedicht vortragen. Er liest ziemlich eintönig, ein bisschen wehleidig klagt er über einen Kollegen, der Husseins Gedichtzyklus als seinen eigenen ausgegeben habe und jetzt Ruhm und Ehre damit einheimse. Das Lamento zieht sich in die Länge, eine Seite, noch eine, Hussein hält einen ganzen Stapel Blätter in den Händen. Kamal gähnt, auch mein Kopf wird schwer, der Zigarettenqualm brennt in den Augen. Hussein erntet höflichen Applaus. Jetzt ist es an Amin, auf Husseins Gedicht zu antworten, spontan, im selben Versmaß. Geistiger Diebstahl sei schlimm, reimt Amin, der Plagiator ein Schurke, doch wem nutze das Klagen über Vergangenes, wem das Beharren auf altem Recht? Der wahre Dichter, empfiehlt Amin, müsse den Blick nach vorne richten, sich Neuem widmen, den Verdruss der Vergangenheit hinter sich lassen. Zustimmendes Gemurmel im *diwan*, Hussein hebt abwehrend die Hände und schüttelt wortlos den Kopf. Er gibt auf. Diesen Dichterwettstreit hat Amin gewonnen.

Aus den Lautsprechern des überdimensionierten Minaretts erschallt ein ohrenbetäubendes »*allahu akbar*«. Amin reißt ein Stück Plastik von seiner Tüte ab, hält es mit der rechten Hand vor den Mund und spuckt den breiigen grünen Inhalt der Backe hinein. Beim Gebet ist *qat* verboten, aber die Dichterrunde ist noch lange nicht vorbei. Als Amin vom Beten zurückkommt, schiebt er sich den faserigen Ballen wieder in den Mund.

»Wie wird man zum Dichter?«, frage ich Amin. »Wann hast du dein erstes Gedicht gereimt?«

»Ich fing an, als ich neun war«, beginnt Amin zu erzählen. »Meine Mutter hatte sich mit meinem Vater gestritten, aus Verzweiflung flüchtete sie zu ihren Eltern. Mein Vater trieb sechs Schafe zum Haus des Schwiegervaters und bettelte um seine Frau, doch mein Großvater lehnte das Angebot ab, und mein Vater kam unverrichteter Dinge wieder zurück. Er war ganz niedergeschlagen. Also habe ich mich mit einem Lämmchen über den Schultern auf den Weg gemacht. Als ich vor meinem Großvater stand, improvisierte ich ein paar Zeilen.« Amin spricht – auswendig – genau den Vers, der ihm vor fast einem Vierteljahrhundert seine Mutter zurückbringen sollte. Diesmal verstehe ich außer »Vater« und »Ochse« kein Wort.

»Das ist der Dialekt aus Dhamar«, sagt Kamal. Die Stadt liegt nur 50 Kilometer im Süden von Sanaa, aber das Arabisch dort ist ganz anders als das, welches wir im Unterricht lernen oder mit unseren Nachbarn sprechen. Kamal hilft uns, Amins erstes Gedicht Zeile für Zeile zu übersetzen.

»Verehrter, wie weise du bist und wie stark, das gereicht dir zum Ruhme. / Mein Vater mag irren, doch höre mich an. / Ein Ochse gebührt dir und nicht bloß das Lamm / Vergeben kannst du, das weiß ich genau. / Dem Schwiegersohn also vergib nun mit gütigem Herzen, das bitte ich dich.«

Amins Augen hellen sich auf. Ja, der Vers tat seine Wirkung. Der Großvater gab nach und schickte seine Tochter wieder zu ihrem Mann. Die Ehe war gerettet. Den Neunjährigen nannten die Dorfbewohner von diesem Tag an nur noch »Amin, den Dichter«.

Amin der Dichter erzählt vom ersten Stammeskonflikt, den er schlichtete. »Ich war gerade 14. Meine Eltern waren Imker. Die vom Nachbarstamm behaupteten, unsere Bienen hätten den Nektar auf ihrem Gebiet gesammelt. Es gab einen Streit – um den Honig, aber auch um die Grenze. Schließlich verprügelten die vom anderen Stamm einen Hirten aus unserem Dorf – das war die Kriegserklärung.«

Ein alter angesehener Dichter vom Nachbarstamm schickt beschwichtigende Worte ins Dorf. »Nichtiges erregt euren Zorn / doch tragt ihr die Schuld, die Grenze verletzend.« Amin ist noch jung, aber dass die Ehre seines Stammes auf dem Spiel steht, erkennt er sofort. Er ist alt genug, eine Kalaschnikow zu bedienen. Aber viel besser als im Schießen ist er im Dichten.

Also dichtet er eine Replik. Wortgewaltig erhebt er Anklage gegen die verfeindeten Nachbarn: Hinterhältig hätten sie den Landsmann verprügelt, der doch ein Araber sei wie sie, »kein Mann aus der Fremde / nicht Russe noch Amerikaner«. Feige hätten sie sich aus dem Staub gemacht, den ehernen Stammeskodex verletzt. »Nur der Böse flieht / Der Gute muss sich nicht verstecken.« Schnell machen die erregten Strophen in den Dörfern die Runde. Das hätte keiner besser ausdrücken können, und niemand wagt Widerspruch. Selbst der alte Poet aus dem Nachbardorf schweigt. Amin behält das letzte Wort, der ganze Stamm seine Ehre.

Seitdem ist Amin ein begehrter Mann. Stammeskrieger fragen ihn nach einem passenden Gedicht zu Ehren eines Bräutigams, oder die Schuldigen eines Verkehrsunfalls bitten um ein paar Zeilen, mit denen sie die Familie der Opfer gnädig stimmen wollen. Ein großes Auto besitzt Amin nicht, die bescheidene Pension, die ihm die Armee zahlt, reicht nicht für einen repräsentativen *diwan* in der Innenstadt. Dennoch fühlt er sich reich. »Geld kann man verlieren, dann ist man ein Niemand«, sagt Amin. »Die Macht der Poesie dagegen ist dauerhaft.« Amin will kein Geld verdienen mit seiner Dichtung – das wäre unter seiner Würde. Er ist Poet, kein Lohnschreiber.

Amin erzählt von einem Autounfall, bei dem vor ein paar Jahren ein zwölfjähriger Junge starb. Ein Scheich aus dem Dorf des Fahrers fürchtete Rache und bat den Dichter um Hilfe. Gemeinsam mit ein paar Dutzend Dorfbewohnern sowie einer Menge *qat,* Schafen und einem Ochsen besuchte Amin die Familie des Opfers. Als er dem Vater des getöteten Jungen gegenüberstand, rezitierte Amin ein wohlüberlegtes versöhnliches Gedicht. »Ihr seid meine Gäste«, antwortete der tief gerührte Vater. »Ich vergebe euch, nehmt euren Ochsen wieder mit nach Hause.« Die gleiche Reaktion nach einem Mord: »Der Vater des Opfers küsste mir die Stirn, nachdem ich ein paar Zeilen improvisiert hatte«, erinnert sich Amin. Ihm fallen immer mehr Konflikte ein, in denen seine Worte Blutvergießen verhinderten. Doch Hussein, Kamal und die anderen beiden Poeten kennen die alten Erfolgsgeschichten längst, sie wollen lieber neue Verse hören.

Ein paar Tage später sind wir im Hof des Arabia Felix mit Steven Caton verabredet, Professor für Anthropologie an der Universität Harvard. In der kleinen Ausländergemeinde von Sanaa spricht sich schnell herum, wenn wieder ein Wissenschaftler oder Entwicklungsexperte in der Stadt ist – und von wem könnten wir mehr erfahren über die jemenitische Poesie als vom Autor zweier Bücher über Stammesdichtung?

Auf der Einfassung eines Blumenbeetes sitzt ein Mann, vertieft in ein Buch. »Ist er das?«, raune ich Susanne zu. »Nein, bestimmt nicht, der sieht aus wie ein Tourist.« Der Mittfünfziger mit der großen runden Brille und dem Seitenscheitel wirkt nicht wie jemand, der Ende der 70er-Jahre für zwölf Monate in ein abgelegenes Bergdorf zog, um dort die Kunst der Stammesdichtung zu studieren. Erst als nach einer Viertelstunde immer noch kein Harvard-Professor, so wie wir ihn uns vorstellen, das Hotel betreten hat, sprechen wir ihn an: »Mister Caton?«

»Guten Tag«, erwidert der amerikanische Professor. Auf Deutsch erzählt er, wie seine Eltern, der Vater Amerikaner, die Mutter Deutsche, in die USA übersiedelten, als er zehn war, und wie sich seine Klassenkameraden in der Schule über seinen deutschen Akzent lustig machten. »Ich konnte *tree* und *three* nicht auseinanderhalten«, lacht Steven. »Es war schrecklich. Ich ging zu meiner Mutter und sagte: ›Ich will kein Deutsch mehr reden.‹ Deswegen spreche ich jetzt nur noch Deutsch wie ein Junge aus der dritten Klasse.« Also einigen wir uns auf Englisch.

»Was trinken wir? Nescafé im Arabia Felix oder Cappuccino bei uns?«

Steven entscheidet sich für unseren *mafradsch*. Zusammen gehen wir das kurze Stück bis zu unserem Haus. Steven erzählt von seinen Plänen, die Anthropologie an der Universität Sanaa zu etablieren, von seinem neuen Projekt über den Umgang der Politik mit der dramatischen Wasserknappheit – und warum er nach all den Jahren wieder in den Jemen zurückgekommen ist: »Wenn man eine Affäre beendet hat, geht man eigentlich nicht zurück. Sonst läuft man Gefahr, sich noch einmal zu verlieben. Und genau das ist mir mit dem Jemen passiert.«

Steven nimmt auf den blauen Polstern im *mafradsch* Platz, blickt hinüber zum Haus unseres Nachbarn Hussein und erzählt von seiner ersten Romanze mit dem Jemen – vor mehr als 25 Jahren. Nach Abschluss seines Studiums reiste er nach Saudi-Arabien, um die Bedeutung von Poesie im arabischen Alltag zu ergründen. Aber niemand wollte ihm helfen, der Anthropologe erhielt keinen Zugang zu seinem Forschungsobjekt. »Da empfahl mir jemand den Jemen. Die Jemeniten seien offen und hilfsbereit, hieß es. Außerdem gab es eine Art Abkommen, das der Jemen mit seinen Geberländern getroffen hatte: Als Gegenleistung für das Geld aus der Entwicklungshilfe sollten ausländische Forscher Zugang zum Land erhalten.«

In der Hauptstadt des damaligen Nordjemen suchte Steven monatelang nach einem Dorf, in dem er den Alltag der Stammesdichter würde studieren können. »Viele empfahlen die Provinz Chaulan im Osten von Sanaa, dort sollte es die besten Dichter geben, aber die Gegend galt auch als gefährlich. Ich versuchte es trotzdem, ließ mich sogar im Staatsfernsehen interviewen, von einer Frau, die damals schon bekannt war und heute noch bekannter ist: Amat al-Alim Ali as-Suswa.« – »Die ehemalige Ministerin für Menschenrechte?« – »Ja, ihr Programm lief zur besten Sendezeit am Freitag. Wir hatten verabredet, dass sie am Ende des Interviews an die Leute in Chaulan appellieren würde, diesen jungen Mann bei ihnen leben und und forschen zu lassen.« Der Aufruf blieb zwar ohne Wirkung, im Oktober 1979 konnte Steven aber trotzdem das Haus zweier amerikanischer Entwicklungshelfer aus dem Peace Corps in einem von Nachkommen des Propheten bewohnten Dorf übernehmen.

In Chaulan reist er über die Dörfer, trifft Dichter auf *qat*-Runden und Hochzeiten, wird sogar Zeuge eines wahrhaften Stammeskrieges. Und er beginnt zu verstehen, was die Poesie mit der rauen Welt der Stammeskrieger zu tun hat. Steven lehnt sich zurück und beginnt mit ausholender Geste seine Erklärungen.

»Zunächst einmal ist Gewalt im tribalen Kontext ein komplexes kulturelles Phänomen. In den frühen Phasen eines Streits erfüllt Gewalt mitunter die Funktion von Theater, der Krieg ist in Wahrheit eine Darstellung von Krieg.« Steven spricht lange Sätze in vornehmem Ostküstenenglisch ins Mikrofon, eine schöne Abwechslung zum Kauderwelsch, mit dem wir uns hier sonst durchschlagen.

Er wendet sich Susanne zu. »Wenn ich dich zum Beispiel herausfordern will, weil ich denke, du hast mich übers Ohr gehauen, dann kann ich sagen: ›Ich fordere dich heraus, Susanne.‹ Ich ziehe meinen Krummdolch, ramme ihn dir aber nicht in die Brust, sondern gebe ihn Klaus. Und Klaus muss jetzt die *dschambia* nehmen und verwahren, er ist moralisch verpflichtet, den Streit beizulegen. Und du als Herausgeforderte musst sagen: ›Ich bin die Angeklagte‹ und deine *dschambia* ebenfalls Klaus übergeben. Und wir werden zusammen darüber reden. Normalerweise umringt uns dann eine Menschenmenge, es geht hin und her, jeder macht Vorschläge, es wird debattiert, und am Ende gibt es fast immer eine Einigung. Wenn du die dann nicht akzeptierst, obwohl alle denken, sie ist gerecht, dann verärgerst du nicht nur mich, sondern auch Klaus. Dann hast du zwei potenzielle Feinde.«

Steven macht eine kurze Kunstpause, schlägt die Beine übereinander und nimmt einen großen Schluck aus der Kaffeetasse.

»Es ist eine rein symbolische Geste, mit der *dschambia* zu drohen. In unserer Gesellschaft ist die Waffe eine Waffe. Hier dagegen ist eine Waffe Symbol in einem größeren Kontext. Jemenreisende, die das nicht verstehen, denken oft, sie befänden sich im Krieg: jeder gegen jeden, das Leben ist böse, blutig und kurz. Sie erkennen nicht, dass das Tragen von Waffen wie der *dschambia*, der Kalaschnikow und des Gewehrs im Grunde dazu dient, Gewalt zu verhindern. Man muss übrigens nicht den Krummdolch wählen. Auch eine Uhr oder ein Autoschlüssel können zum Symbol deiner Ehre werden.«

»Aber – was hat Dichtung damit zu tun?«

»Gewalt und Kriegsführung folgen strengen Regeln, und das gilt auch für die Dichtung. Die Poesie folgt einem komplexen System der Metrik und des Gleichklangs. Die Verse reimen sich, an ihren Enden oder im Innern, und stetig wechseln die Laute. Selbst wenn sich der Autor maßlos aufregt über das Thema, zu dem er spricht, zwingt diese strenge Struktur zur Kontrolle, die rohen Gefühle werden durch den Akt der Komposition gleichsam kanalisiert, es ist eine Form der Katharsis.«

»Unsere Nachbarn hier habe ich noch nie dichten gehört«, wirft Susanne ein. »Können das in den Stämmen wirklich alle?«

»Dem Stammesideal zufolge ist jeder Mann und jede Frau ein Poet. Man kann nie wissen, wann jemand einem ein Gedicht vorträgt. Stell dir vor, du steigst als alter Mann in den Bus, alle Plätze sind besetzt. Da könntest du jetzt einem jungen Mann ein Gedicht vortragen: ›Betagt bin ich schon, und wenn Ehre du hast, so lasse mich ausruh'n.‹ Der junge Mann lacht entweder und steht auf und überlässt dir den Platz, oder besser: Er überlässt dir den Platz und trägt dir ein Gedicht vor, das genauso gut oder besser ist als deines. Es geht um Ehre, nicht nur um Höflichkeit.«

In Chaulan nennen die Dichter dies »Herausforderung und Antwort«, sagt Steven, und was er erzählt, erinnert mich ein bisschen an die Battle-Raps aus 8 Mile. Den Film mit dem amerikanischen Rapper Eminem in der Hauptrolle habe ich mir gerade auf einer aus Fernost importierten DVD im Supermarkt gekauft. Mit ausgefeiltem Sprechgesang ziehen die Rapper übereinander her, bis das johlende Publikum in jeder Runde neu den Sieger kürt.

»In den Stämmen läuft es so, dass man sich gegenseitig in Versform herausfordert. Gewöhnlich geht es um ein Thema, das alle betrifft: einen unliebsamen Nachbarn, die Politik des Präsidenten, eine Dürre … Aber wenn du angesprochen wirst, dann musst du in den nächsten paar Minuten mit einer Antwort aufwarten. Sie muss im gleichen Versmaß sein, sie muss sich darauf reimen – und sie muss eine Stufe besser sein. Mindestens gleich gut, aber besser wäre ideal. Und wenn die Antwort tatsächlich besser war, dann muss der andere noch einmal antworten. Das ist eine Art der Eskalation. Aber man darf nie jemanden direkt beleidigen, sonst verliert man den Wettbewerb. Mir wurde erklärt: Man nennt nie jemanden einen Idioten, man zeigt, dass er einer ist.«

Ich gieße Kaffee nach. »Wo habt ihr eigentlich diese italienische Espressokanne her?«, fragt Steven. Ich erzähle von dem kleinen Kaffeeladen gleich rechts am Anfang der Hadda-Straße, wo wir nach unserem Ausflug zu den Kaffeebauern auch schwarz geröstete Matari-Bohnen fanden. »Den Laden kenne ich«, sagt Steven. »Dort habe ich erst letzte Woche nach einer Kanne gefragt – ausverkauft. Es gibt einfach keine Espressokannen mehr in dieser Stadt.« – »In zwei Wochen kannst du unsere haben«, sage ich. »Die brauchen wir dann nicht mehr.«

Da klingelt das Handy, Kamal ist am Apparat. »Amin will euch noch mal sehen, ihr seid doch nicht mehr lange da«, sagt er. Und als er hört, wer gerade in unserem *mafradsch* sitzt: »Viele Grüße an den Professor!«

Wir verabreden uns für Donnerstag. Kamals schmales hohes Haus ist nicht weit von Ibrahims Garküche entfernt. Auf der Eisentür steht mit Filzstift auf Arabisch und Englisch sein Name geschrieben. Mit einem Büschel *qat* unterm Arm drücke ich die elektrische Klingel und höre das Surren im Treppenhaus. Einmal, zweimal, immer wieder. Bis eine Frauenstimme von oben ruft: »*Maaaaan?*«

»Ich bin Klaus, wir wollen zu Kamal«, rufe ich zurück.

Da öffnet sich auch schon die Tür. »Ich habe gerade noch mein Mittagsgebet nachgeholt«, entschuldigt sich Kamal, bevor er uns durch das dunkle Treppenhaus in den ersten Stock führt. Der *diwan* ist mit einem dicken geblümten Teppich ausgelegt, quer über den Sitzpolster liegen Decken und Kissen. Aus der engen Gasse dringt nur wenig Licht durch die schmalen Fenster. Amin und Hussein sind über ein Buch gebeugt. Auf der Titelseite steht ein Satz, der vom Propheten überliefert ist: »Jemenitisch ist der Glaube, und aus dem Jemen kommt die Weisheit.«

»Das Buch wurde im Auftrag der Regierung gedruckt«, sagt Amin. Er schlägt Seite 90 auf und lässt den Zeigefinger über zehn Strophen gleiten, die im Blocksatz untereinander stehen. Links unten prangt ein Bild mit seinem Namen, der bartlose Dichter darauf sieht viel jünger aus. »Es geht um Blutrache, Entführungen und Terrorismus«, sagt Amin. Das Buch ist das Ergebnis eines Wettbewerbs, den die Regierung nach den Anschlägen vom 11. September

2001 ausschrieb. Einzureichen: Gedichte. Thema: die Liebe zum Jemen und der Abscheu vor Gewalt.

Hunderte schickten ihre Verse ein, die von Amin gehörten zu den prämierten. »Denn wir lieben unser Land, wir sind stolze Araber«, sagt er. »Ich hasse nicht die Amerikaner oder die Israelis. Wir hassen die amerikanische Regierung und die israelische Besatzungsmacht. Aber gegen deren Machenschaften ist Terrorismus auch keine Lösung.« Also reimte Amin, um seine Landsleute von dieser Position zu überzeugen. »Verfall nicht dem Wahnsinn, bleib fern den Flammen! / Dein Sinnen verwirrt dich und raubt deinen Stolz! / Wer harten Herzens zerstört, wer Terror sät, / Wird selber zerbrechen«, liest er vor.

»Amin, glaubst du wirklich, dass sich Terroristen von Reimen beeindrucken lassen?« Amin scheint mir meine Zweifel nicht übel zu nehmen. Er selbst ist sich sicher: »Gedichte können Menschen überzeugen, die sich weder durch Gesetze noch durch Gewalt einschüchtern lassen. Denn Gedichte berühren das Herz.«

»Gibt es in Deutschland eigentlich auch Dichter?«, fragt Amin. »Ich habe noch nie ein deutsches Gedicht gehört.« Wir überlegen. »Über allen Gipfeln / Ist Ruh / In allen Wipfeln / Spürest du / Kaum einen Hauch / Die Vögelein schweigen im Walde / Warte nur, balde / Ruhest du auch«, trägt Susanne schließlich vor. »Klingt schön«, sagt Amin. »Aber sind alle deutschen Gedichte so kurz?«

Dann legt Amin einen Block auf sein Knie. Sein Kugelschreiber fliegt über das Blatt, Zeile für Zeile, selten streicht er ein Wort durch und ersetzt es durch ein neues. »Er schreibt ein Gedicht für euch, über euch«, sagt Kamal. »Zum Abschied.« Es dauert nicht lange, bis Amin fertig ist und die ersten Zeilen verliest:

»Wir haben Klaus getroffen / Und uns über Susanne gefreut. / Das *qat* war trocken / Und wurde durch sie wieder grün. / Dunkel war die finstere Nacht / Dann kam der leuchtende Morgen.«

Abschied

Die alte Frau im Nachbarhaus, verhüllt mit einem verwaschenen geblümten Tuch, lehnt sich weit aus ihrem kleinen Fenster. Durch die offene Terrassentür kann sie bis in unsere Küche blicken und beobachtet den vermutlich ersten Brunch ihres Lebens. Wir haben ein kleines Büfett aufgebaut: frisch gebackene *kudam* und die letzten Reste Import-Vollkornbrot, Croissants vom Bäcker »Paris for French«, dänischen Käse und Lurpak-Butter, Joghurt mit Granatäpfeln und Mangos, Matari-Kaffee und Apfelsaftschorle in Sektflaschen.

Das Haus ist voller Menschen. Suad sitzt neben Ferial und deren verschleierten Schwestern auf der Küchenterrasse. Die Feministin aus Tais erzählt von ihren Plänen für den nächsten Imam-Workshop, die Germanistikstudentin vom bevorstehenden Sprachkurs am Rhein. »Wir sehen uns wieder, *inschallah*«, sagt Suad. – »Wir treffen uns bald in Deutschland«, freut sich Ferial. Sie hat Hamdanis Lieblingsplatz erwischt, die Katzenhaare hinterlassen einen weißen Flaum auf ihrer schwarzen *abaja*. Eine Etage höher spielen jemenitische Freunde liebevoll mit den Kindern deutscher Entwicklungshelfer im *mafradsch*. Der Botschafter ist mit seiner Frau gekommen, vor unserem Hoftor hat er zwei Soldaten postiert.

»Ich wette, ihr seid bald wieder hier«, sagt Steven Caton. »So ist es bisher noch jedem ergangen, der sich einmal in den Jemen verliebt hat«, lacht er. Wir packen ihm die versprochene Espressokanne ein; den Schlüssel für unser Postfach geben wir einer Freundin. »Post Box 5604, Sanaa« ist von nun an ihre Anschrift.

Nur Raufa und Hussein fehlen bei unserer Abschiedsfeier: Die Organisatorin des Frauenschwimmkurses referiert gerade in Oldenburg über die Geschlechterverhältnisse im Jemen, unser Nachbar besucht mit seiner Familie einen Onkel in Kairo – die erste Auslandsreise für Frau und Töchter. Zum Abschied hat mir Saada bereits ein silbernes Döschen für Kajal geschenkt, Hussein steckte Klaus ein Tütchen mit Blumensamen von seiner Terrasse in die Tasche.

Gestern Abend spazierten wir zum letzten Mal über den *suq*, hörten noch einmal dem Hämmern der Schmiede zu, bedankten uns beim Werkzeugmann für Schrauben und Heimwerkertipps, hielten Kerzenständer, *dschambias* und Weihrauchklumpen in der Hand. Doch als Souvenirs sind sie zu schwer. Wir wollen mit möglichst leichtem Gepäck reisen, wenn wir in den kommenden vier Wochen von Amman mit dem Zug nach Hause fahren.

Ibrahim lud uns zum Abschied auf eine *fasulia* ein, Alunäpfe und Zeitungspapier hat er inzwischen durch tiefe Glasteller und Plastikfolie ersetzt. Er erzählte von seinem Sohn, der gerade die ersten Schritte macht und für den er sich eine bessere Zukunft als in einer Garküche wünscht. Abdallah saß hinter seinem Tresen, die dicke Brille hoch auf die Stirn geschoben, und hielt sich ein Japanisch-Wörterbuch dicht vor die Nase. »*Konnichiwa*«, begrüßte er uns. »So sagen die Japaner. Es kommen immer mehr, um sich die Stadt anzusehen.« Er schickte einen seiner kleinen Jungen zum Teeholen und verriet uns, dass er gern eine zweite Frau heiraten würde. »Und was werdet ihr in Deutschland alles über den Jemen schreiben?«, wollte er wissen, bevor er uns auf Deutsch verabschiedete: »Auf Wiedersehen, alles Gute!«

Der *aqil* stand in seiner tarnfarbenen Jacke auf dem Platz, vertieft ins Gespräch. Trotzdem sah er uns kommen und winkte uns mit seinem Spazierstock heran. »Morgen reisen wir nun wirklich ab«, verkündeten wir. Doch das wusste der Viertelvorsteher längst.

»Wann kommt ihr wieder?«, fragte Faris, als wir für unseren letzten Abend auf der Dachterrasse zwei alkoholfreie Beck's kauften und ihm die Abzüge der Porträtfotos überreichten, die wir in den vergangenen Wochen von ihm gemacht hatten. »Ich bin traurig, dass ihr geht.« – »Wir auch, sehr sogar.« Wie Faris sich verändert hat im vergangenen Jahr! Der Kinderspeck ist aus seinem Gesicht verschwunden, neulich sprach sein Vater sogar schon von Heirat.

Spät in der Nacht, die beiden Rucksäcke waren endlich gepackt, saßen wir ein letztes Mal zwischen kräftigen Oleander- und Bleiwurzbüschen in der lauen Luft. Die weißen Bögen der Brüstung waren braun gefärbt vom Regen, der Putz bröckelte. Gips-Mohammed würde wohl bald wieder einen Auftrag bekommen. Hamdani kuschelte sich in meinen Schoß und schnurrte. Der Versuch, ihn in einem neuen Zuhause unterzubringen, war gescheitert: Noch bevor die Jungen, die sich so sehr einen Kater gewünscht hatten, zum ersten Mal mit ihm spielen konnten, büchste er aus und lief einmal quer durch die Millionenstadt zu uns zurück. Ab morgen wird er sich den anderen Straßenkatern anschließen, denen eine Nachbarin täglich Hühncheninnereien über die Hofmauer wirft.

Schwarz erhoben sich die Berge rund um Sanaa am Horizont, weiß strahlte der Stuck der Häusertürme im Mondlicht, bunt leuchtende *qamarias* verrieten, wer in der Nachbarschaft so spät noch auf war. 15 Monate und zwei Wochen hatten wir in dieser Kulisse gelebt – und uns noch immer nicht satt gesehen.

»*Ma as-salama!*« Der Grenzbeamte am Flughafen lächelt. »*Maschallah*, du sprichst ja Arabisch!«, freut er sich. »Deswegen war ich so lange hier«, entgegne ich und reiche ihm meinen Pass. Auch das Ausreisevisum, das bescheinigt, dass wir keine offenen Rechnungen mehr im Jemen haben, quittiert der Uniformierte mit einem anerkennenden Nicken. An dem großen geschmiedeten Hoftorschlüssel, den uns Chiara zur Erinnerung mitgegeben hat, stört sich diesmal niemand.

»Bismillah ar-rahman ar-rahim«, tönt es aus dem Bordlautsprecher, bevor die Maschine der königlichen jordanischen Fluggesellschaft abhebt. Über der saudi-arabischen Wüste bieten die Stewardessen in ihren kurzen Röcken Wein aus dem Heiligen Land an.

»Welcome to Jordan!« Bei der Einreise am Flughafen von Amman werden unsere Augen gescannt und digitale Fingerabdrücke genommen. Im Hotel zeigt uns der Mann an der Rezeption auf Google Earth, wo es die besten Falafel in der Nähe gibt. Wir starren auf die Satellitenbilder des Stadtzentrums und staunen. »Hattet ihr im Jemen kein DSL?« Ich schüttele den Kopf und denke an das verknotete Telefonkabel, das aus dem *mafradsch*-Fenster hing – und wie froh wir über diese Verbindung ins Internet waren.

Der Falafelverkäufer lamentiert über die hohen Preise in Jordanien, seit reiche Iraker ins Land strömten, sei alles noch viel teurer geworden. »Im Jemen ist das Leben billig«, empfiehlt ihm Klaus. Der Mann lacht laut auf. »Im Jemen! Da sind doch alle Analphabeten und komplett verrückt nach *qat*!«

Am nächsten Morgen ziehe ich zum ersten Mal die kurzärmelige taillierte Bluse an, die ich mir eigens für die Rückreise habe schneidern lassen, die Kittel habe ich bei Freunden in Sanaa deponiert. Wir laufen durch Einkaufsstraßen und Fußgängerzonen, vorbei an Filialen europäischer Ketten. Die Auswahl an Marken und Moden überfordert mich. Ich schlüpfe in ein Trägerkleid und ziehe es gleich wieder aus, weil ich mir darin nackt vorkomme. Klaus ersetzt seine Hemden vom jemenitischen Schneider durch italienische. Der Verkäufer mit den gelglänzenden Haaren mustert ihn, sein Blick bleibt an den Sandalen hängen, die Klaus seit 15 Monaten trägt. »Ein Stockwerk tiefer führen wir auch Schuhe«, sagt der Verkäufer.

»Wollen Sie im Restaurant speisen oder im Biergarten?«, fragt der Kellner in der Pizzeria auf einem der Hügel der Stadt. Die Klimaanlage im Freien verströmt kühle Luft, aus den Lautsprechern perlt amerikanischer Pop, auf den weiß gedeckten Tischen sind Stoffservietten, Gabeln und Messer drapiert. Allein die Auswahl der Vorspeisen umfasst drei Seiten der dreisprachigen Karte. Wir bestellen Pizza mit Spinat, der Parmesan auf dem Salat ist echt. »Ich liebe dich«, sagt der Kellner, als er merkt, dass wir Deutsche sind. Am Nachbartisch turtelt Händchen haltend ein Paar, zwei Tische weiter ist eine Frau im pinken Spaghetti-Top ins Gespräch mit einer Kopftuchträgerin vertieft. Von fern weht ganz leise der Ruf zum Nachtgebet auf die Restaurantterrasse. Durch die Musik ist der Muezzin kaum zu hören.

Der Schaffner pfeift, der Zug schnaubt los. 90 Stunden Bahnfahrt liegen vor uns, sechs Etappen in fünf Ländern. Eine langsame Annäherung an die alte Heimat. Gemächlich schleppt sich die Diesellok durch Olivenhaine, die Hunde der Schafhirten rennen mit dem Waggon um die Wette.

Irgendwann liegen blühende Wiesen vor dem Fenster, dunkelgrüne Kiefern. Ein Flüsschen schlängelt sich entlang der Strecke, die Häuser haben wieder rote Dächer. Eine Fähre bringt uns über den Bosporus – nach Europa.

Zurück in Berlin

Die Ampel springt auf Grün, doch der Beamte in der wattierten Uniformjacke bleibt breitbeinig mitten auf der Straße stehen. Unser gelber Doppeldeckerbus muss warten, die Kreuzung ist gesperrt, Polizei auf allen Seiten. Aus dem Funkgerät des Busfahrers dringen Sprachfetzen: »Stau im ganzen Regierungsviertel ... nichts geht mehr ... höchste Sicherheitsstufe.« Die Autofahrer hinter uns machen ihrem Ärger mit einem Hupkonzert Luft, die Fahrgäste im Bus greifen zum Handy, telefonieren, schreiben SMS. Zwei Teenager überlegen laut, für welchen Promi die Straße wohl freigehalten wird. Tom Cruise? Brad Pitt? Auf Ali Abdallah Saleh kommen sie nicht.

»Wollen Sie auch zum jemenitischen Präsidenten?«, frage ich die beiden arabisch aussehenden Männer neben mir. Der mit dem Schnauzbart nickt, er arbeitet als Korrespondent für einen ägyptischen Sender. »So ein Theater wegen eines Politikers!«, schimpft er. »Das gibt's doch sonst bloß in Arabien!« Ich erzähle den beiden vom Besuch des deutschen Kanzlers in Sanaa, da biegen endlich die schwarzen Limousinen mit der Motorradeskorte um die Ecke.

Als wir in der Friedrich-Ebert-Stiftung die Personenkontrolle mit dem Metalldetektor passieren, hat der Staatsgast schon zu reden begonnen. »Wir haben Freiheit und Demokratie zum Durchbruch verholfen«, sagt er gerade, faltet den Zettel auf dem Pult zusammen, steckt ihn in die Anzugtasche. Und erzählt frei von den Präsidentschaftswahlen vor anderthalb Jahren, bei denen er schließlich doch noch antrat und die er auch wieder gewann. »Aber nicht mit 97 Prozent«, triumphiert Saleh – der Jemen sei schließlich keine Diktatur. Drei Viertel der Wähler stimmten für ihn, der Rest für den Mann der

Opposition, »Frau Präsidentin« Sumaja Radscha schaffte es am Ende nicht einmal auf die Kandidatenliste. 2013 kann Saleh sein 35-jähriges Amtsjubiläum feiern.

Dann spricht er vom rasanten Bevölkerungswachstum, von den begrenzten Ölvorräten und vom Terrorismus. Beim ersten Selbstmordanschlag auf Touristen kamen im Sommer 2007 in Marib acht Spanier ums Leben, ein halbes Jahr später wurden in der Provinz Hadramaut zwei Belgierinnen erschossen. Trotzdem sollten die Deutschen weiterhin in den Jemen kommen, wirbt der Präsident. »Investieren Sie bei uns!« Krankenhäuser, Hotels und Ölförderanlagen brauche das Land. Und vielleicht auch Mediziner. Bevor Saleh zurück nach Sanaa fliegt, muss ihn die Berliner Polizei noch zu einem Zahnarzttermin geleiten.

Die strengen Sicherheitsvorkehrungen haben ihren Grund: In Berlin leben nicht nur Saleh-Fans. 250 Meter von seinem Rednerpult entfernt, auf der anderen Seite des Landwehrkanals, trafen wir ein paar Monate nach unserer Rückkehr einen Mann aus Saada, dessen Familie den Bürgerkrieg im Nordjemen anführt. Jahja al-Huthi, der Bruder des Rebellenführers, ist aus seiner Heimat geflohen. Jetzt lebt der einstige Parlamentsabgeordnete als anerkannter politischer Flüchtling in Deutschland und wirbt für die Sache seiner Sippe.

»Bismillah«, eröffnete der 47-Jährige das Interview am Kamin einer Hotellobby und sprach bei Tee und Cola von »Genozid«, »Selbstverteidigung« und »Diktatur«. Mit den Luftangriffen auf die Bergdörfer wolle Saleh von seiner »gescheiterten Politik« ablenken, sagte al-Huthi.

»Es ist nicht unser Ziel, wieder den Imam an die Macht zu bringen und einen schiitischen Gottesstaat zu errichten«, versicherte er und drehte das Drahtgestell seiner Brille in den Händen. Die Huthis zählen zu jenen Prophetennachkommen, die bis zur Revolution über 1000 Jahre lang den Herrscher in Sanaa stellten. »Wir verteidigen uns nur gegen die wahhabitischen Eiferer aus Saudi-Arabien, mit denen Saleh gemeinsame Sache macht.« In dem blutigen Konflikt müssten jetzt die Deutschen vermitteln, forderte al-Huthi. »Sie haben die besten Beziehungen zum Jemen.«

In Turnschuhen und einem weinroten Rock steigt Ferial am Hauptbahnhof aus dem ICE. »Ich freue mich so, euch zu sehen!«, sagt sie. Die Germanistikstudentin aus Sanaa hat ihre Stadt noch nie verlassen, saß nie in einer Eisenbahn, war nie länger als ein paar Stunden allein. Bis zu ihrer Abreise verbrachte Ferial jede Nacht in der Dreizimmerwohnung, die sie sich mit ihren Eltern und sieben Geschwistern teilt. Jetzt ist der Sprachkurs in Mainz, den sie als Belohnung für ihre guten Deutschnoten bekommen hat, zu Ende. Die 20-Jährige, die ihren Gesichtsschleier zu Hause nur im Hörsaal ablegt, will sich für ein paar Tage Berlin anschauen – mit buntem Kopftuch: »Meine Mutter meinte, in Deutschland bräuchte ich es nicht. Aber ohne fühle ich mich ganz komisch.«

Wir gehen zusammen in die Kirche zum Barockkonzert, denn über die Literatur der Epoche hat Ferial im letzten Semester an der Uni Sanaa ein Referat gehalten. Und in eine amerikanische Komödie – Ferials erster Kinobesuch. Am besten aber gefällt es ihr an der Spree. Versonnen schaut sie auf das träge fließende Wasser, Boote voller Touristen ziehen vorbei, während wir durch Berlins Mitte spazieren. Am Ufer deutet Ferial auf den grünen Rasen. »Kann ich hier meine Schuhe ausziehen? Ich bin noch nie barfuß über eine Wiese gelaufen.« Ferial nimmt ihre Turnschuhe in die Hand und läuft los. »Das kitzelt so schön an den Füßen.«

Nachbar Hussein ist unserer Einladung bisher noch nicht gefolgt. Asrar und Afkar schickten eine Karte zu Weihnachten, mit ihren

Eltern telefonieren wir alle paar Monate. Hussein berichtet, wie sehr die Brotpreise schon wieder gestiegen seien und dass in den Städten des Südens mittlerweile Hunderttausende gegen die Regierung auf die Straßen gingen. Er erzählt von einem weiteren Unfall mit seinem babyblauen BMW, von Familienbesuch aus Ägypten und den Fortschritten der Töchter in der Schule: »Sie sind immer unter den Besten«, sagt der stolze Vater.

»Und was gibt es Neues in der Nachbarschaft?«

»Faris arbeitet jetzt in einem Büro und nicht mehr im Laden«, weiß Hussein. »Und die schönen Blumen auf eurer Dachterrasse sind alle eingegangen. Ihr fehlt uns.«

Draußen rumpelt eine Straßenbahn vorbei. In einem Topf auf unserem Balkon stecken die Samen aus Sanaa in der Erde.

Oft genügt ein Foto ...

Nachwort zur Taschenbuchausgabe

»What do you want in Yemen?« – Landeten wir heute in Sanaa, würde der Flughafenbeamte hartnäckiger nachfragen als bei unserer Ankunft vor fünf Jahren. Mit einem Jahresticket zum Arabischlernen in den Jemen? Das erweckt mittlerweile Misstrauen. Auch die westlichen Geheimdienste haben jetzt ein Auge auf all jene, die zu einem Sprachkurs nach Sanaa fliegen. Denn der Nigerianer, der Weihnachten 2009 versuchte, eine Passagiermaschine auf dem Weg nach Detroit in die Luft zu sprengen, hatte im Jemen Arabisch gelernt – und dort den Auftrag für den Anschlag bekommen. Wieder einmal wurde die Weltöffentlichkeit gewahr, dass Armut, Terror und Staatszerfall nicht nur die inneren Probleme eines abgelegenen Landes sind.

Der polyglotte Schmuckhändler Abdallah, unser *Fasulia*-Koch Ibrahim und der Stammessohn Said heißen Ausländer heute noch herzlicher willkommen als uns damals. Denn sie bekommen nicht mehr viele zu Gesicht. Die meisten Reiseveranstalter haben den Jemen aus Angst vor Anschlägen und Entführungen vorerst aus dem Programm genommen. Wer heute auf eigene Faust nach Sanaa reist, darf die Stadt kaum noch verlassen. Die Wolkenkratzer von Schibam, die Ruinen der Sabäer und die Zauberberge von Machwit, die wir noch unbekümmert im Sammeltaxi ansteuerten: zu gefährlich, sagt die Touristenpolizei.

Die Nachrichten aus dem Jemen stimmen uns traurig, wir sorgen uns um Freunde und Nachbarn. Doch die Faszination ist ungebrochen. Oft genügt ein Foto, um die Sehnsucht nach der vertrauten Fremde zu wecken. Mehrere Male hat es uns in den vergangenen Jahren zurück nach Südarabien gezogen, noch immer fühlen wir uns in der Altstadt von Sanaa wie zu Hause. Das Leben in den Gassen ist wie eh und je. Nur mit unserer Unbeschwertheit ist es vorbei; zu viel ist in den vergangenen Jahren im Jemen passiert.

Niemand kann sagen, wann aus dem einstigen *Arabia Felix* wieder ein glückliches Arabien wird. Manche befürchten derzeit eher ein zweites Somalia. »Der Jemen hat schon so viele Krisen überlebt«, hält Außenminister Abu Bakr al-Qirbi dagegen. Den erbitterten Bürgerkrieg nach der Revolution von 1962, die wiederholten Kämpfe zwischen Nord und Süd. »Wir werden auch die Schwierigkeiten meistern, in denen wir jetzt stecken.«

Berlin, im Juni 2010

Glossar

abaja   Mit einem langen dünnen Überkleid verhüllt sich fast jede Frau, wenn sie das Haus verlässt. Die Auswahl reicht von unförmigen schwarzen Gewändern bis zu figurbetonten paillettenbestickten Modellen.

alhamdulillah   »Lob sei Gott.« Die gängige Antwort auf die Frage nach dem Befinden: »*Keif al-hal?*«.

as-salamu aleikum   »Der Friede sei mit euch.« Islamischer Friedensgruß, immer im Plural, weil er auch den beiden Engeln auf den Schultern gilt, die sich gute und schlechte Taten merken.

bismillah   »Im Namen Gottes.« So beginnen nicht nur die Suren im Koran, sondern auch Reden, Schriftstücke und Unternehmungen aller Art, zum Beispiel Autofahrten.

dabab   Zum Minibus umfunktionierter Kleintransporter aus japanischer Produktion. Die Routen sind an farbigen Aufklebern und den Rufen der Fahrer zu erkennen. Firmennamen deutscher Handwerker erinnern manchmal an die Vorbesitzer.

diwan   Versammlungsraum, Wohnzimmer und Essplatz in einem. Matten und Sitzkissen können auch zum Schlafen dienen.

dschambia   Kleiner geschwungener Dolch, der in einer noch stärker gekrümmten Scheide steckt. Das Männlichkeitssymbol mit meist stumpfer Klinge kostet umgerechnet zwischen vier und mehreren tausend Euro.

fasulia   »Bohnen«. Der scharfe Eintopf wird zum Frühstück oder Abendessen serviert und mit Brot gelöffelt.

haram   Nach islamischem Recht verboten: zum Beispiel Schweinefleisch – gibt es bloß auf den Empfängen westlicher Botschaften – und Alkohol, der nur auf dem Schwarzmarkt gehandelt wird.

inschallah   »So Gott will.« Der Koran schreibt vor: »Und spricht nicht davon, morgen etwas zu tun, ohne *inschallah*.« Bedeutung im Alltag zwischen »vielleicht«, »mal sehen« und »hoffentlich«.

mafradsch   Im Raum mit der besten Aussicht, im obersten Stockwerk der Turmhäuser, versammeln sich die Männer am Nachmittag zum *qat* kauen und Wasserpfeife rauchen.

maschallah   »Gott hat es gewollt.« Ausdruck der Bewunderung und des Respekts, der – wie *inschallah* für Zukünftiges – daran erinnert, dass alles in Gottes Hand liegt.

qamaria   *Qamar* heißt der Mond, durch die *qamaria* scheint sein Licht in die Häuser. Die Oberlichter aus farbigem Glas sind meist halb rund und zieren traditionell die Häuser im Bergjemen.

qat   Für die aufputschenden Blätter geben die meisten Jemeniten zwischen einem und 20 Euro am Nachmittag aus. Das Q ist im Hocharabischen ein kehliges K, das die Sanaanis aber eher wie ein G aussprechen.

Saila   Kommt von »fließen«. In Sanaa ist das Wadi zur Straße durch die Altstadt ausgebaut. In der Regenzeit fließt darin eine braune Brühe, in der Schuljungen schwimmen üben.

sanna   Das Männerkleid, hocharabisch *thaub,* reicht nach dem Vorbild des Propheten Mohammed bis zum Knöchel. Im Nordjemen wird es mit Gürtel, Krummdolch und Sakko getragen.

suq   »Markt«. Der größte in Sanaa beginnt hinter dem Stadttor Bab al-Jemen. Viele der Gesetze, die jahrhundertelang Preise, Öffnungszeiten und die Belegung der Marktstände regelten, gelten bis heute.

Tahrir   Platz der Befreiung, gesprochen mit einem sanft gehauchten »ch« wie in Ahmed oder Saleh. Riesige Verkehrsinsel gesäumt von Saftbars, Fotostudios und der Hauptpost. Von hier aus führt die einzige Fußgängerunterführung Sanaas in die Altstadt.

Die Erkundung der Welt

Dieter Kreutzkamp
Das Blockhaus am Denali
Leben in Alaska

Auf das Angebot einer Freundin, ihr Blockhaus am majestätischen Mount Denali für eine Auszeit zu nutzen, folgen Dieter Kreutzkamp und seine Frau Juliana dem Ruf der Wildnis.

Carmen Rohrbach
Im Reich der Königin von Saba
Auf Karawanenwegen im Jemen

Nach Erfahrungen auf allen Kontinenten beschließt Carmen Rohrbach, sich den großen Traum ihrer Kindheit zu erfüllen: Allein durch den geheimnisvollen Jemen, mit viel Intuition und wachem Blick.

Fergus Fleming / Annabel Merullo
Legendäre Expeditionen
50 Originalberichte

Die großen Entdecker der Geschichte in Originalberichten und -illustrationen: eine buntgemischte Gruppe aus Forschern, Seefahrern, Wanderern und Abenteurern, die Außerordentliches leisteten.

MALIK NATIONAL GEOGRAPHIC